Jonas Verlag

Umschlagabbildung: Parkhaus Neuer Wall (1956)
in Hamburg von Herbert Sprotte und Peter Neve
(Hamburgisches Architekturarchiv, Foto: Ernst Scheel)

Bibliografische Information der Deutschen Nationalbibliothek

Die Deutsche Nationalbibliothek verzeichnet diese Publikation in der Deutschen Nationalbibliografie; detaillierte bibliografische Daten sind im Internet über *http://dnb.d-nb.de* abrufbar.

für Kunst und Literatur GmbH
Weidenhäuser Str. 88
D-35037 Marburg
www.jonas-verlag.de

Gestaltung: Simone Tavenrath
Druck: Fuldaer Verlagsanstalt

ISBN 978-3-89445-447-0

Joachim Kleinmanns

PARKHÄUSER

Architekturgeschichte einer ungeliebten Notwendigkeit

JONAS VERLAG

Torengarage (1929–1930) von Greve in Den Haag, 1958

Inhalt

Vorwort ... 7
Einführung ... 9
Parken ... 9
Parkhaus ... 11

Teil I — Die Entwicklung bis zum Zweiten Weltkrieg

Anfänge ... 14
Vorbilder ... 16
Auguste Perrets ›Garage Ponthieu‹ in Paris ... 18
Die Zwanzigerjahre – Zeit des Experimentierens ... 23
Die magische Zahl Tausend ... 26
Perrets Erbe in Halle an der Saale ... 30
Langsamer Abschied von der Mechanik – Aufzuggaragen ohne Schiebebühne ... 33
Die entscheidende Frage – geschlossene Boxen oder freie Aufstellung? ... 35
Parken als Wissenschaft – gerades oder schräges Parken? ... 37
Ein deutscher Pionierbau – die Stuttgarter Schwabengarage ... 39
Rampenparkhäuser ... 42
Parkhäuser mit geraden Rampen ... 43
Noch einmal Paris ... 47
Sosline-Ramp-Garagen ... 50
Split-level-Garagen ... 50
Wendelrampen ... 53
Wendelrampen mit Gegenverkehr ... 53
Getrennte Wendelrampen für Auf- und Abfahrt ... 56
Doppelhelix ... 60
Parkrampengaragen ... 68
Material und Konstruktion ... 72
Stahlbetonbau ... 72
Stahlbau ... 73
Fassaden ... 74
Tiefgaragen ... 75
Die Dreißigerjahre und die Reichsgaragenordnung – Verordnen statt Bauen ... 76

TEIL II DIE ENTWICKLUNG SEIT 1945

Die ersten Nachkriegsjahrzehnte in BRD und DDR ... 82
Von 1970 bis zum Ende des Jahrhunderts ... 88
Kombination mit öffentlichem Personenverkehr ... 92
Bautypen ... 93
Wirtschaftlichkeit ... 93
Unselbständige Parkhäuser ... 97
Entwicklungen seit 2000 ... 100
Aufzugparkhäuser – mechanische Parksysteme ... 102
Vorbilder ... 103
Längsförderer ›Autosilo‹ ... 103
Querförderer ... 107
Paternoster-Garagen ... 109
Drehscheiben-Garagen ... 111
Verschiebesysteme ... 111
Mechanische Parksysteme nach 1990 ... 111
Rampenparkhäuser ... 117
Split-level-Garagen ... 119
Wendelrampengaragen ... 126
Getrennte Wendelrampen für Auf- und Abfahrt ... 128
Doppelhelix ... 131
Parkrampengaragen ... 134
Turmgaragen ... 140
Tiefgaragen ... 145
Material und Konstruktion ... 151
Stahlskelett-Fertigbau ... 151
Stahlbeton-Fertigbau ... 154
Fassaden ... 159

Ausblick ... 179
Anmerkungen ... 185
Anhang ... 201
Abkürzungen ... 201
Literaturhinweise ... 201
Bildnachweis ... 203
Ortsregister ... 204
Namensregister ... 206
Dank ... 208

Vorwort

Ein Königreich für einen Parkplatz! Wer Auto fährt, kennt das Problem: Das Auto bringt nicht nur die Freiheit individueller Fortbewegung, sondern wird zum ›Klotz am Bein‹, wenn das Ziel erreicht ist. Sobald wir vom fahrenden zum Fußvolk wechseln, brauchen wir einen Abstellplatz für das Gefährt, einen Parkplatz. Also nicht nur einen pro Auto, sondern »einen bei der Wohnung, einen am Arbeitsplatz, einen zum Einkaufen, einen im Erholungsgebiet usw.«[1]

Verkehr ist Bewegung, und Stillstand ist es – nach Vorstellung des Stadtplaners – ebenso, nicht nur im Stau. Auch unbemannt herumstehende Automobile nennt er ›ruhenden Verkehr‹. Dieser ruhende Verkehr war spätestens mit der Motorisierungswelle der 1950er Jahre in der Bundesrepublik Deutschland zum Problem geworden. Parkende Autos hatten die großen, ehedem den Fußgängern gehörenden Plätze erobert, besetzten geräumte Trümmergrundstücke, behinderten am Straßenrand abgestellt den fließen wollenden Verkehr, und auf der Suche nach freien Parkplätzen umherirrende Autos verstopften die meist engen Straßen und Gassen der historischen Stadtkerne.

Weil der Platz in den Innenstädten beschränkt ist, blieb nur das übrig, was man auch mit den Menschen schon gemacht hatte, sie nämlich in mehreren Etagen übereinander zu stapeln.

Es entstand ein »Ort der Moderne«, das Parkhaus, das im öffentlichen Bewusstsein wenig Sympathie findet: »Drückende, niedrige Betondecken. Düstere, enge Treppenhäuser hinter schweren Brandschutztüren. Das durchschnittliche Parkhaus ist eine Reihe beklemmender Räume, die Fluchtinstinkte wecken. Im Stadtgefüge bleibt es meist ein störender Fremdkörper.«[2] Vor allem Frauen fühlen sich in Parkhäusern unsicher,[3] was aber nicht immer auf der Architektur, sondern auf der generellen Belästigung oder gar Bedrohung – auch andernorts – durch Männer beruht.

1 *Fahrradparkhaus (2001) von VMX Architects gegenüber dem Amsterdamer Hauptbahnhof, 2010*

Einführung

Mit der Verbreitung des 1885 erfundenen Automobils wurde ab etwa 1900 eine Infrastruktur notwendig, die sich nicht nur auf den Ausbau des Straßennetzes beschränkte, welcher seinen Höhepunkt in der Erfindung der Autobahn zeigt, sondern neben diesen Bewegungsflächen auch spezielle Versorgungs- und Aufbewahrungseinrichtungen umfasst, insbesondere Tankstellen und Garagen. Dienen die Tankstellen in erster Linie der Bewegung der Automobile, indem sie die Versorgung mit Treibstoff gewährleisten, so sind die Garagen in erster Linie dem Stillstand der Automobile geschuldet.

Während die Architektur-, Technik- und Kulturgeschichte der Tankstelle in Deutschland seit den 1980er Jahren in mehreren Publikationen dargestellt worden ist,[4] fehlt eine vergleichbare oder sogar umfassendere Untersuchung der Garagenarchitektur bis heute, wenn auch seit den 1980er Jahren bis in die jüngste Vergangenheit Ansätze gemacht wurden.[5] Vom Gegenstand her konzentriert sich die vorliegende Studie auf die Hochgarage. In ihr stellte sich den Architekten und Ingenieuren eine Bauaufgabe, die von der Bedeutung der Innovationsnotwendigkeit verkehrsgenerierter Architektur nur noch mit den ebenfalls neuartigen Eisenbahnbauten seit der Mitte des 19. Jahrhunderts zu vergleichen sei, so der Denkmalpfleger Thomas Goege.[6] Vorbilder indes waren vorhanden, worauf noch zurückzukommen sein wird. Die Hochgarage, heute im allgemeinen Sprachgebrauch meist als ›Parkhaus‹ bezeichnet, ist ein mehrgeschossiges oberirdisches Bauwerk zum Abstellen von Automobilen – oder, in Ausnahmefällen, auch von Fahrrädern (Abb. 1). Zwar erscheint die Tiefgarage von nicht minderer Bedeutung, doch besitzt diese nur eine nach innen gewandte Architektur, da sie – im Erdboden verborgen – kein Außen kennt, sieht man einmal ab von den oberirdisch notwendigen Ein- und Ausfahrten und -gängen sowie Lüftungseinrichtungen. Die Tiefgarage spielt daher in dieser Darstellung nur eine untergeordnete Rolle.

Parken

Das Abstellen eines Automobils wird als ›Parken‹ bezeichnet, und dieser Begriff leitet sich aus der militärischen Fachsprache ab. Er ist erheblich älter als das Automobil. So erläuterte Heymann 1839 in der *Allgemeinen Enzyklopädie der Wissenschaften und Künste*: »Park, ein Ausdruck der im Kriege bei Wagenzügen der Truppe überhaupt in Anwendung kommt [...]. Bei Wagenzügen überhaupt ist es Regel, solche – nicht nur bei dem Übernachten, oder wenn unterwegs gefüttert und sonst gerastet wird, sondern auch dann, wenn es bei etwanigem Stopfen einer Colonne darauf ankommt, sie aus dem Wege zu schaffen [...] – seitwärts vom Wege in Park auffahren (parkiren), d. h. nach ihren Abtheilungen reihenweise auffahren zu lassen. Einen in Park aufgestellten Wagenzug nennt man auch [...] eine Wagenburg.«[7] Noch ein Jahrhundert später, 1938, erklärt der Neue Brockhaus den Park als »Sammelstelle für Kriegsgerät«.[8]

Das Wort Park, das vom spätlateinischen parcus herrührt und nach Meinung der Lexikon-Autoren des 19. Jahrhunderts[9] auf altkeltische Wurzeln zurückgeht, meint zunächst einen abgesonderten Raum. Unter anderem wird hierunter eine Umhegung zur sicheren Übernachtung von Schafherden verstanden, wofür Jacob

2 *Parkzeitkontrolle in Hamburg, um 1965*

und Wilhelm Grimm die deutsche Entsprechung Pferch anführen. Hieraus entwickelten sich die Bedeutungen Tierpark und Park im Sinne von Gartenanlage bzw. Landschaftspark. Neben diesen verzeichnen die Grimms als dritte die Bedeutung »militärisch, eingehegter platz für munition, geschütz, wagen u. s. w. sowie die gesamtheit der wagen, geschütze [...]«.[10] Der Park ist also nicht nur der Platz, wo diese Wagen abgestellt werden, sondern bezeichnet auch die dort abgestellten Wagen selbst – im Sinne des heute noch geläufigen Wortes Fuhrpark. Dieser Park ist zunächst nur »die Vereinigung der Wagen für den Transport der Armeebedürfnisse«.[11] Neu ist im Grimm'schen Wörterbuch die Übertragung des Begriffs auf den »wagenpark einer eisenbahn«.[12] Von dort war es nicht mehr weit zum Fuhrpark im heutigen Sinne.

Der Park(platz) ist also die Stelle, wo eine größere Anzahl von Wagen, nämlich der (Fuhr)Park, geordnet abgestellt wird, wenn er nicht in Bewegung ist. Dieses Abstellen wird im 19. Jahrhundert (und in der Schweiz noch heute) Parkieren, später Parken genannt. Der Parkplatz ist aber mehr als Aufbewahrungsort, er ist ein Ort der Transformation: Hier wird der Autofahrer zum Fußgänger und der Fußgänger zum Autofahrer.

Kaum tauchte der Begriff des Parkens in Verbindung mit Kraftfahrzeugen in den Lexika des frühen 20. Jahrhunderts auf, wurde er stets in Verbindung mit dem entsprechenden Paragrafen der Straßenverkehrsordnung genannt. Das Parken wurde definiert als das »vorübergehende Abstellen« von Kraftfahrzeugen »an einer hierfür vorgesehenen Stelle auf Straßen oder Plätzen, dem Parkplatz«.[13] Das Abstellen wird aber erst dann vom Halten zum Parken, wenn es nicht nur zum Aus- und Einsteigen oder Be- und Entladen geschieht, wie der Gesetzgeber 1955 in Paragraph 16 der Straßenverkehrsordnung festlegte.

Verschleiert wird mit dem Gesetzestext die Tatsache, dass Automobile nicht »vorübergehend abgestellt« werden, sondern vorübergehend fahren. Die meiste Zeit, etwa 23 von 24 Stunden, werden Automobile nämlich nicht bewegt.[14] Ein im Parkhaus abgestelltes Auto benötigt durch die notwendigen Erschließungsflächen (Rampen und Fahrgassen) rund 25 m², zwei Mal so viel wie ein Kinderzimmer oder hundert Mal soviel wie ein stehender Mensch.

Das vorübergehende Abstellen von Kraftfahrzeugen, das Parken auf öffentlichen Straßen und Plätzen hatte die Reichsgaragenordnung 1939 grundsätzlich unentgeltlich erlaubt, wie auch 1955 *Der Große Brockhaus* noch vermerkte – doch damals stand der Parkometer schon wenige Stichwörter weiter.[15] Dieser »am Straßenrand für je ein Fahrzeug aufgestellte Kontrollapparat mit optischer Zeitanzeige [...] soll vor allem in Inneren der Großstädte einen flüssigeren Verkehr ermöglichen«.[16] Den »coin controlled parkingmeter« hatte 1932 Carl Magee in Oklahoma erfunden.[17] In West-Deutschland setzte er sich unter dem Namen Parkuhr durch (Abb. 2). Im Lauf der 1990er Jahre wurden diese Parkuhren fast überall durch solarbetriebene gebührenpflichtige Parkscheindrucker ersetzt. Der Verkehr ist dadurch zwar nicht flüssiger geworden, doch zumindest zahlen jene, die den öffentlichen Raum mit ihrer Sondernutzung in Beschlag nehmen, eine – wenn auch geringe – Gebühr. Immerhin: Parken ist erheblich billiger als Fahren. Eine Stunde Parken kostet in der Innenstadt rund 2 Euro, eine Stunde Fahren auf der Autobahn mindestens 50 Euro Betriebskosten, vom Verdienstausfall oder Chauffeurlohn ganz zu schweigen.

Parkhaus

Wird der Platz knapp, werden Parkplätze übereinander geschichtet, also ein Haus zum Parken gebaut, ein Parkhaus. Was spätestens seit der Massenmotorisierung der 1950er und 1960er Jahre als eindeutiger Begriff für eine mehrgeschossige Großgarage gilt, meinte noch um 1900 etwas völlig Anderes. Ein Parkhaus war nämlich ein im Park stehendes Haus. Als bekanntes Beispiel mag der 1869 bis 1872 erbaute Restaurationsbetrieb ›Parkhaus‹ im Bremer Bürgerpark dienen, mit über tausend Sitzplätzen eines der beliebtesten Ausflugsziele der Bremer Bevölkerung.[18]

Die ersten Häuser zum Parken von Kraftwagen wurden – so zumindest die schriftlichen Quellen – auch nicht Parkhaus, sondern »Auto-Hotel«,[19] »Garagen-Palast«,[20] »Hochhausgaragen«[21] oder, noch 1955, »Garagenhäuser«[22] genannt. Der Begriff »Auto-Hotel« zielte auf den Rundum-Service, der nicht nur Stellplätze bot, sondern auch Tankstelle, Waschanlage, Wartungs- und Reparaturwerkstätten, Sozialräume für die Chauffeure und teilweise sogar Übernachtungsmöglichkeiten. Noch einen Schritt weiter ging der Betreiber einer Berliner Garage 1930 mit der Namensgebung »Kant-Garagen-Palast«. Die Bezeichnung »Palast« wurde seinerzeit kritisiert, da sie die soziale Kluft zwischen den wohlhabenden Automobilisten und den »kleinen Leuten« verstärke: »Schon das Wort ›Palast‹ ist ein Wort, das nicht mehr in die Zeit paßt, in der der Grad der Lebensführung ständig sinkt.«[23]

In den 1950er Jahren gesellte sich für mehrgeschossige mechanische Garagen der Begriff Auto-Silo hinzu, erstmals in Karlsruhe und Basel. Mit dem Aufkommen der ersten Planungen für unterirdische Garagen wird entsprechend zu dem Begriff Hochgarage derjenige der Tiefgarage gebildet. Bevorzugt für die Hochgarage, jedoch auch als Sammelbegriff für Hoch- wie Tiefgaragen setzte sich dann in den 1950er Jahren die Bezeichnung Parkhaus durch.

Teil I Die Entwicklung bis zum Zweiten Weltkrieg

Garage Ponthieu, Innenansicht mit einem Automobil auf der oberen Bühne

Anfänge

1885 war mit dem Benz-Motorwagen die Keimzelle des Automobilverkehrs entwickelt worden.[24] 1894 bot Carl Benz den ersten erschwinglichen deutschen Kleinwagen, den zweisitzigen Benz-Velo, für 2.000 Mark an. Doch die geringen Fertigungszahlen verbieten es, hier schon von einem ›Volkswagen‹ zu sprechen. Denn um 1900 zählte man in Deutschland alles in allem erst 3.000 Autos. Die Mehrheit der Bevölkerung hegte Misstrauen gegenüber den pferdelosen Benzinkutschen. Erst als Kaiser Wilhelm II. 1903 drei Daimler-Wagen erwarb, wurden Automobile ›salonfähig‹. Bis zum Vorabend des Ersten Weltkriegs war die Zahl der zugelassenen Kraftfahrzeuge in Deutschland auf immerhin 93.000 gewachsen, doch Hochgaragen gab es dort vor 1914 noch nicht.

Denn selbst in den Großstädten bestand daran noch kein großer Bedarf. Einzelgaragen in den Villenvororten und kleinere ebenerdige Sammelgaragen in den Stadtkernen genügten vorerst. Zur Erledigung vorübergehender Geschäfte stellte man das Fahrzeug am Straßenrand ab. Ohnehin saß meist ein Chauffeur am Steuer.

Die Lage war in den höher motorisierten Ländern, in den Vereinigten Staaten von Amerika, in England und Frankreich, anders. War die Zahl der Kraftwagen in Deutschland 1907 bis auf 16.000 gestiegen, so hatten sich Frankreich mit 40.000 und die USA mit 143.000 schon deutlich abgesetzt[25] – und die Schere ging in den folgenden Jahren weiter auseinander.

In den USA hatte Henry Ford mit dem Modell T schon am 1. Oktober 1908 einen wirklichen Volkswagen vorgestellt. Er kostete 850 Dollar (etwa 3.570 Mark). Bei 2,9 Litern Hubraum leistete er 20 Pferdestärken und erreichte eine Höchstgeschwindigkeit von 20 km/h. Der Volksmund nannte diesen Kraftwagen in Anspielung auf einen häufigen Pferdenamen ›Tin Lizzy‹ (Blech-Liesel). Nicht zuletzt forcierten auch die geringe Besiedlungsdichte, die großen Entfernungen und das dünne Eisenbahnnetz die Motorisierung in den Vereinigten Staaten von Amerika. In Europa lagen die Voraussetzungen anders und uneinheitlich. So setzten sich Frankreich und Groß-Britannien gegenüber dem Deutschen Reich nach 1900 mit einer schnelleren Zunahme an Kraftfahrzeugen deutlich ab.

Daher sind die ältesten Hochgaragen der Welt auch nicht in Deutschland, sondern in Groß-Britannien, den USA und Frankreich zu finden. Bis in das Jahr 1901 lässt sich die Geschichte der Hochgarage zurückverfolgen: Das erste bisher nachweisbare mehrgeschossige Parkhaus eröffnete im Mai dieses Jahres in London in der Denman Street am Piccadilly Circus. Es hatte sieben Etagen, in welche die Automobile mit einem elektrischen Aufzug befördert wurden.[26] Offenbar war die Anlage durch den Umbau bestehender Bauwerke entstanden, Genaueres lässt sich wegen der rudimentären Quellenüberlieferung leider nicht feststellen.[27]

Wenige Jahre später, 1905 bis 1906, entstand in New York City nach Entwurf der Architekten Snelling & Potter in der 93. West Street ebenfalls eine mehrgeschossige Aufzuggarage. Der Skelettbau aus Stahlbeton war mit Backsteinen verblendet.[28] Auch die Architekten Marshall & Fox verkleideten ihre Stahlbeton-Hochgarage, den 1907 am Plymouth Place in Chicago/Illinois errichteten ›Chicago Automobile Club‹ (Abb. 3), mit einer Backsteinfassade, die sie im Kolonialstil gestalteten.[29] Das sechsgeschossi-

3 Chicago Automobile Club (1907) von Marshall & Fox

ge Bauwerk, von dem nur eine Fassadenansicht überliefert ist, zeigte zur Straße hin allerdings keine Parkgeschosse, sondern erschien wie ein Wohn- und Geschäftsgebäude. Im Erdgeschoss befanden sich große Schaufenster und breite Autodurchfahrten. Der Bau besaß eine Grundfläche von 68 × 95 Fuß (etwa 21 × 29 m). Die Bauweise in Stahlbeton wurde als feuerfest bezeichnet[30] – bei der Angst vor Brand und Explosion von Automobilen ein nicht unbedeutendes Detail.

Es gibt allerdings keinen Beleg dafür, dass diese frühen Hochgaragen Anfang des 20. Jahrhunderts in Deutschland bekannt gewesen wären. Das trifft erst auf ein französisches Exemplar zu. Und aus Frankreich war auch wenige Jahre zuvor der Begriff ›Garage‹ nach Deutschland gelangt. Er wird zurückgeführt auf das französische ›garer‹ – in Obhut nehmen. Eingang in das deutsche Vokabular fand er mit der Verbreitung des Kraftwagens als Bezeichnung für dessen Abstellraum. Dabei wurde unterschieden zwischen der Hausgarage für eigene Kraftfahrzeuge, der Mietgarage für eine größere Anzahl fremder Wagen sowie der Sammelgarage, die für mehrere Autobesitzer in Wohngebieten gemeinsam errichtet wurde.

Im Freien ließ man einen Kraftwagen über Nacht nicht stehen, denn dazu war er zu wertvoll – eine Diebstahlsicherung gab es noch nicht – und seine Technik zu empfindlich. Im Winter drohte Frost den Kühler zu sprengen, weshalb die frühen Garagen heizbar waren. Die im bürgerlichen Villenbau im Hintergrund etablierte Remise mit Pferdestall und Kutscherwohnung bot zunächst die Möglichkeit, statt der Kutsche einen Kraftwagen aufzunehmen.

Mit der Motorisierung der Mittelschicht nach dem Ersten Weltkrieg wurden Einzelgaragen neben oder hinter deren Wohnhäusern erbaut. Ebenso kommt es beim Neubau nun zur Integration der Garage in das Wohnhaus, insbesondere als Kellergarage: »Bei Einzelvillen ist vielfach die Garage ein nachträglich bescheiden im Hintergrund mehr oder weniger glücklich hinzugefügtes Anhängsel. Es mehren sich die Ausführungen, bei denen die Menschen mit dem Kraftwagen unter einem Dach wohnen«,[31] bemerkte 1926 der Garagenfachmann Georg Müller. Dieser hatte Mitte der 1920er Jahre Erfahrungen zum Garagenbau in dem Berliner Ingenieurbüro Koch & Kienzle gesammelt und wurde durch zahlreiche einschlägige Veröffentlichungen bekannt.

War am Stadtrand und auf dem Land die Möglichkeit einer Einzelgarage auf dem Grundstück gegeben, so fehlte der Raum dafür in den dicht bebauten Innenstädten. Es entstanden ein- bis mehrgeschossige Großgaragen, deren Fassungsvermögen von weniger als hundert Automobilen bis zu über tausend reichen konnte.

Vorbilder

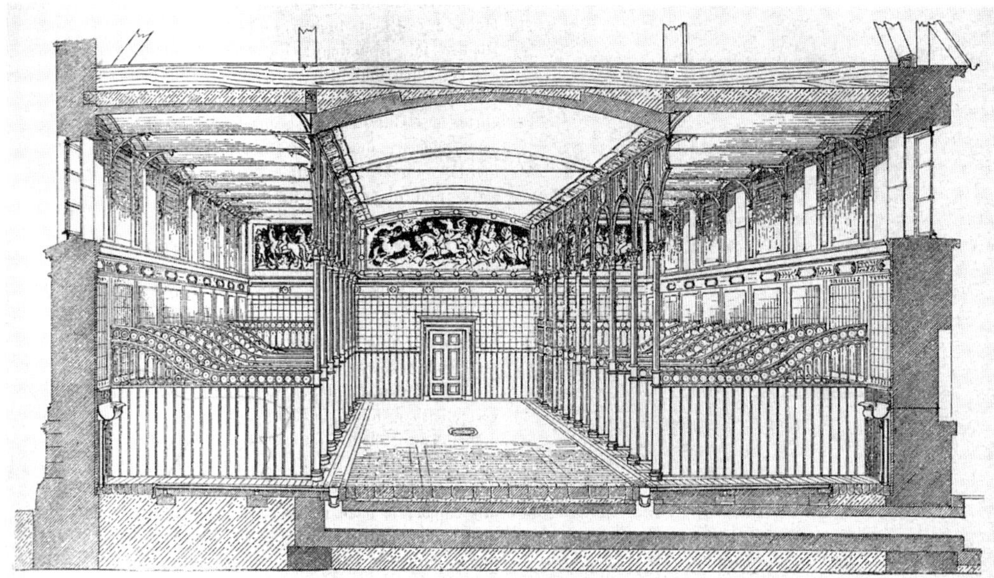

4 *Fürstenbergischer Reitstall (1876) in Donaueschingen von Weinbrenner*

Die funktionalen Vorbilder der Großgarage werden in den Quellen durch die Begriffe »Autohotel«, »Karawanserei« und ähnliche deutlich. Ein gestalterisches Vorbild ist ebenso vorhanden. Es sind die Marställe: »Bei grosser Pferdeanzahl, d.h. in Fabrik-, Kavallerie-, Mar- und Gestütsställen erfolgt die Aufstellung wegen der bequemeren und besseren Übersicht über die Pferde in zwei Längsreihen an beiden Frontwänden« (Abb. 4), heißt es in Engel-Schuberts *Handbuch des Landwirtschaftlichen Bauwesens*.[32]

Das Automobil kann seine Herkunft von der Pferdekutsche nicht leugnen. So wurde nicht nur der Kraftwagen als pferdeloser Wagen bezeichnet und dessen Motorleistung nach Pferdestärken bemessen, sondern auch seine ›Haltung‹ aus der Pferdehaltung abgeleitet. Conradi bemerkte in diesem Zusammenhang 1926: »wie früher jeder Kavallerist und Reiter überhaupt nach Einrücken in die Stallung als erste und unbedingte Pflicht die Versorgung seines Pferdes erachtete, so soll heute jeder Fahrer nach Heimkehr in die Garage eine kurze Spanne Zeit für die Pflege des Wagens einberechnen.« Denn zu jeder Zeit »soll der Wagen sich in voller Bereitschaft befinden, soll auf Abruf unmittelbar zur Verfügung stehen. Dies ist nur möglich, wenn die notwendige Unterhaltungsarbeit wie Waschen, Reinigen, Trocknen, Ledern, Durchschmieren und Oelen unmittelbar nach Rückkunft zur Garage vorgenommen werden«.[33]

Es scheint – bei so viel Verwandtschaft zum Pferd – nur konsequent, dass die Chauffeure ihre Wagen in der Großgarage in eine ›Box‹ einstellen wollten. Schon die Bezeichnung spricht für sich. ›Box‹ ist ein aus dem Englischen im 19. Jh. übernommener Fachausdruck, zunächst in der Schreibweise ›Boxe‹, Plural ›Boxes‹, in Gebrauch. Im folgenden Satz aus dem *Handbuch der Architektur* kann man den Begriff ›Pferd‹ ohne weiteres durch ›Automobil‹ ersetzen: »Feste, unbewegliche Standwände (Kastenwände) bieten für theuere Luxuspferde [...] die größte Sicherheit und Bequemlichkeit, beanspruchen jedoch etwas mehr Raum für jedes Pferd.«[34]

Wie die Pferde wurden die Automobile mit ihrem Hinterteil der Fahrgasse zugewandt ›aufgestallt‹. Und so, wie Futter- und Geschirrkammern Bestandteil des Pferdestalles waren, wurden in der Großgarage Tankstelle und Automobilzubehör untergebracht.

Dennoch behaupteten Architekten Anfang der 1930er Jahre: »Gegenüber dem Fabrikbau hat die Garage einen Vorteil in der Entwicklung, sie ist noch nicht belastet mit architektonischer Tradition.«[35] Dies kann aber nicht unwidersprochen bleiben. Die Vorbilder für Rampen wie für mehrgeschossige Pferdeställe lassen sich in der Architekturgeschichte leicht ausmachen: Rampen kommen überall dort vor, wo Lasten oder Tiere Höhen überwinden mussten und gleichen in ihrer Anordnung den Treppen. Allerdings haben sie eine geringere Steigung. Neben geradläufigen, gegenläufigen und einfachen gewendelten Rampen kommen sogar die komplizierteren Formen wie Halbrampen mit versetzten Geschossen oder Doppelhelix-Rampen vor. Selbst eine Zweigeschossigkeit ist beim Pferdestall schon vorgebildet, wenn auch nicht weit verbreitet. So wurden die Stallungen des ›Magasin du bon marché‹ in Paris »des beschränkten Raumes wegen [...] zweigeschossig ausgeführt«.[36] Die beiden Rampen in das Unter- und Obergeschoss haben eine Steigung von etwa 15 Prozent und sind um 90 Grad gewendet.

Auguste Perrets ›Garage Ponthieu‹ in Paris

Es wundert nicht, dass die erste bedeutende europäische Hochgarage in Paris entstand. Denn diese Metropole war – neben London und den USA – führend in der Motorisierung und ebenso im Hochgaragenbau. Auguste Perrets 1907 errichtete ›Garage de la Société Ponthieu-Automobiles‹ (Abb. 5) stand bis zu ihrem Abbruch 1970 im 8. Pariser Bezirk, 51, Rue de Ponthieu, einer wenig mondänen Parallelstraße zur Avenue des Champs-Élysées. Sie war Autohandlung und Mietgarage für die Anwohner des Quartiers, da auf den dicht bebauten Grundstücken keine Möglichkeiten zum Bau privater Hausgaragen bestanden. Ihre Planung reicht in den Juni des Jahres 1906 zurück, das Baugesuch ist auf den 12. Januar 1907 datiert.[37]

Wir wissen nicht, ob Perret eines der oben genannten amerikanischen Beispiele kannte, aber seine Idee einer Hochgarage unterscheidet sich zunächst in nichts von diesen. Bautechnisch handelte es sich um einen Stahlbeton-Skelettbau. Kein anderer Baustoff, keine andere Konstruktion schien am Beginn des 20. Jahrhunderts geeigneter, eine Hochgarage zu konstruieren. So verband sich konsequent eine neue Bauaufgabe mit einer neuen Baukonstruktion und Bautechnik. Auch das Problem der vertikalen Erschließung löste Perret wie die meisten seiner Vorläufer mit einem Aufzug. Den frühen Automobilen traute man die häufigen Fahrten auf steilen Rampen, wie sie etwa die erwähnten Pferdestallungen des ›Magasin du bon marché‹ besaßen, kaum zu. Vor allem aber genügten die geringen Abmessungen fast aller frühen Hochgaragen dem Platzbedarf von Rampen noch nicht oder kaum.

Während Perrets erster Fassadenentwurf von 1906 teilweise noch eine Backstein-Verkleidung zeigt, ließ er im ausgeführten Bauwerk Stützen und Träger des Betonskeletts offen vor die füllenden Flächen treten – so wie es zuvor schon Henri Sauvage 1903 bei einem Pariser Wohnhaus gewagt hatte.[38] Die Felder der Skelettkonstruktion schloss Perret mit Glasscheiben in Stahlrahmen.

Damit unterscheidet sich sein Entwurf von den vorgenannten Hochgaragen. Er versuchte nicht, das Bauwerk durch die Fassadengestaltung zu ›verstecken‹, sondern vollendete die moderne Bauaufgabe nicht nur mit einer modernen Konstruktion, sondern auch mit einer modernen Fassade. Wie die Fensterrose einer Kathedrale dominierte die ornamentale Verglasung über der Einfahrt die Fassade. Dieses Motiv verwandte Perret geradezu provokativ und in prophetischer Erkenntnis, welche Bedeutung dem Automobil im Verlauf des 20. Jahrhunderts zuwachsen würde. Goege leitete gar den Anspruch einer Gleichstellung der Hochgarage mit dem Sakralbau daraus ab.[39]

Viel entscheidender aber ist: Wie gestaltete Perret nun die Garage Ponthieu über die viel gewürdigte Fassade hinaus, wie löste er die Bauaufgabe funktional? Der ›zweispännige‹ Aufbau mit mittlerer Fahrgasse und beidseitigen Einstellplätzen bot die optimale Flächenausnutzung und ergab einen dreischiffigen Grundriss, der sich weit in die Tiefe erstreckte (Abb. 6).

5 *Garage Ponthieu (1907) in Paris von Perret, Außenansicht*

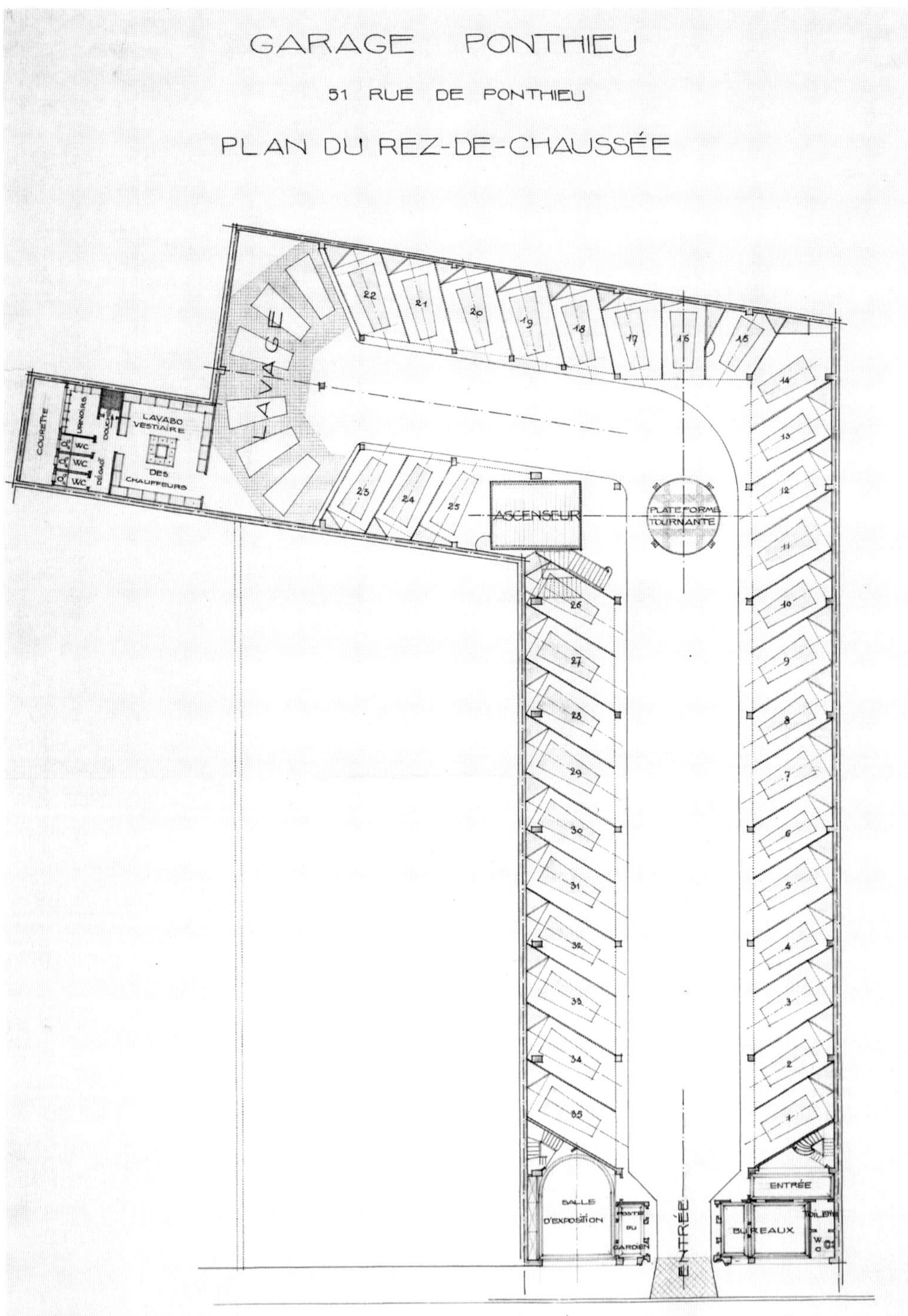

6 *Garage Ponthieu, Erdgeschossgrundriss*

Das ›Mittelschiff‹ reichte über die gesamte Höhe des Bauwerks (was wohl neben der Fassadengestaltung Goeges Interpretation als Sakralbau anregte) und war mit einem flachen Satteldach gedeckt. Das schmale Grundstück ist weiter hinten schräg nach links abgewinkelt. Die Grundstücksbreite von 18,5 m beschränkte die Breite der Fahrgasse auf 8 m, so dass Perret die Stellplätze in den 5,20 m tiefen Seitenschiffen mit 60 Grad schräg zur Fahrbahn angeordnete, um ein bequemes Einparken ohne lästiges Rangieren zu ermöglichen. Denn die Abmessungen und Wendekreise sowie der Kraftaufwand beim Lenken sind mit heutigen Verhältnissen nicht gleichzusetzen. Die Stahlbetonstützen mit einem Querschnitt von 25 × 35 cm standen in 4,30 m Abstand. Jeweils zwei Kraftwagen fanden dazwischen Platz. Die vier Stützenreihen standen zurückversetzt, so dass die Parkgeschosse in den Mittelgang und zu den seitlichen Außenwänden etwa 70 cm auskragten. Auf diese Weise reduzierte Perret die Spannweite der Decke und konnte deren Stärke einschließlich der Unterzüge und Vouten auf 95 cm beschränken.

Der Vorliebe des 20. Jahrhunderts für Raster und Module kam die Bauaufgabe Hochgarage entgegen, denn das stereotype ›Lagergut‹ Auto eignete sich hervorragend dafür. Pro Geschoss brachte Perret 43 Stellplätze unter, im Erdgeschoss waren es zugunsten von sechs Waschplätzen im hinteren Bereich und den Schau- bzw. Büroräumen an der Straße nur 35. Im Gegensatz zu den meisten der frühen deutschen Großgaragen – vergleichbar ist etwa die ›Großgarage Süd‹ in Halle an der Saale – enthielt Perrets Pionierbau keine abgeschlossenen Einzelboxen, abgesehen von Gittertüren vor den Stellplätzen im Erdgeschoss.

Durch das verglaste flache Satteldach, ein niedriges Band von Oberlichtern und die großzügige Fassadenverglasung fiel ausreichend Licht in die Halle. Ergänzend waren elektrische Kugelleuchten installiert, von denen auch zwei von außen die Einfahrt beleuchteten.

Weil einerseits die Automobile der Frühzeit für größere Steigungen wenig geeignet waren und andererseits auch der Raum für eine Rampe fehlte, hatte Perret seine dreigeschossige Hochgarage mit einem Aufzug entworfen, der die Fahrzeuge aus dem Erdgeschoss in die beiden oberen Etagen beförderte. Er positionierte ihn links vor der Abwinklung der Fahrgasse. Eine davor angeordnete Drehscheibe, auf der die Kraftwagen um 90 Grad nach links oder rechts gedreht wurden, um vor- oder rückwärts in den Aufzug einfahren zu können, ersparte umständliches Rangieren in der relativ schmalen Fahrgasse, komplizierte allerdings den Parkierungsvorgang um einen zusätzlichen Arbeitsschritt. Aus dem Aufzug musste das Automobil aus eigener Kraft oder durch Anschieben auf eine Schiebebühne rollen (Abb. 7).

Diese ließ sich elektrisch auf zwei Schienen das Mittelschiff entlang vor einen leeren Ein-

7 Garage Ponthieu, Innenansicht mit einem Automobil auf der oberen Bühne (siehe auch Abb. S. 13)

stellplatz bewegen. Je nachdem, ob dieser links oder rechts der Schiebebühne lag, musste der Kraftwagen vor- oder rückwärts eingeparkt oder bei einer bevorzugten Richtung bereits im Erdgeschoss auf der Drehscheibe vor dem Aufzug in die entsprechende Stellung gedreht werden. Mit ausziehbaren Geländern vor den Stellplätzen sicherte Perret das Garagenpersonal und die Chauffeure gegen ein Herabstürzen. Treppen für deren Weg zum oder vom Fahrzeug waren in Zwickeln zwischen dem Ausstellungs- bzw. Büroraum und den ersten Stellplätzen vorn sowie neben dem Fahrzeugaufzug angeordnet.

Größter Nachteil der Garage war die umständliche Beförderung der Kraftfahrzeuge in mehreren Arbeitsgängen. Die Garageneinfahrt war so schmal, dass Gegenverkehr hier unmöglich war. Damit Kraftwagen jederzeit herausfahren konnten, durften sich nicht mehr als zwei bis drei einfahrende Fahrzeuge in der Fahrgasse mit gehörigem Abstand zu Einfahrt und Drehscheibe stauen. Um überhaupt einen Stauraum zu erhalten und die Fahrzeuge nicht auf der Straße warten lassen zu müssen, hatte Perret den Aufzug so weit hinten angelegt. Es ist anzunehmen, dass das Konzept bei rund 120 Nutzern der Garage akzeptabel funktionierte, größere Kapazitäten hätten aber eine größere Stauzone und einen weiteren Aufzug erfordert.

So ordnete Perret 1928 bei einer geplanten Garagenerweiterung eine gleichartige zweite Fahrgasse mit eigenem Aufzug links von dem bestehenden Bau an.[40] Das Erweiterungsprojekt mit zusätzlichem Keller- und Obergeschoss auf dem benachbarten Grundstück mit der Hausnummer 49 wurde jedoch aus unbekannten Gründen nicht realisiert.

Funktional fächerte Perret ein breites Programm auf. Neben den Stellplätzen war ein Autoverkauf mit Ausstellungsraum links der Einfahrt vorgesehen, rechts das Büro des Garagenbetreibers untergebracht. Von hier aus erfolgte auch die Kontrolle der Ein- und Ausfahrten. Hinter den Waschplätzen am Ende der Fahrgasse lagen die Sozialräume der Chauffeure mit Duschen und Toiletten. Über dem dritten Parkgeschoss erhob sich zur Straße außerdem ein flacheres Bürogeschoss.

Perrets Garage Ponthieu war bereits 1908 der Fachwelt in französischen und englischen Architekturzeitschriften vorgestellt worden.[41] Doch dem Prototyp folgte lange Zeit so gut wie nichts. Erst nach dem Ersten Weltkrieg mit dem zunehmenden Kraftwagenverkehr entstanden zahlreiche Mietgaragen, auch in den Innenstädten Deutschlands. Zwar lassen sich vor dem Ersten Weltkrieg schon einige ebenerdige Hallengaragen in Deutschland nachweisen, aber nur eine einzige Hochgarage. Sie entstand 1913 bis 1914 nach Entwurf von Arnold Kuthe in Verbindung mit einem Wohn- und Geschäftshaus der ›Aktiengesellschaft für Automobilunternehmungen‹ in der Berliner Chausseestraße,[42] war jedoch so wenig in der Öffentlichkeit bekannt, dass die 1930 erbaute Kant-Garage den Titel »erste Hochgarage Berlins« erhielt.[43]

Die Zwanzigerjahre – Zeit des Experimentierens

Durch den Ersten Weltkrieg wurde die Motorisierung im Deutschen Reich, die bis dahin ohnedies relativ kraftlos verlaufen war, um Jahre zurückgeworfen. Auch nach dem Krieg wuchs die Zahl der Kraftfahrzeuge nur langsam. 1922 war mit 72.651 Automobilen die Vorkriegszahl noch lange nicht wieder erreicht, wohingegen in den USA in der Zwischenzeit schon die Marke von 10 Millionen Kraftfahrzeugen überschritten worden war. Wie krass die Motorisierungsgrade voneinander abwichen, zeigen erst recht die Kraftfahrzeug-Zahlen im Verhältnis zu den Einwohnern, selbst im europäischen Vergleich: So gab es 1923 in Frankreich einen Personenkraftwagen pro 136 Einwohner und in der Schweiz pro 233, in Deutschland waren es noch 625. Ein Jahr darauf kamen in Deutschland auf ein Kraftfahrzeug 200 Einwohner, in den USA teilten sich zu dieser Zeit ganze sieben Personen einen Kraftwagen. 1927 hatte sich das Verhältnis in Deutschland auf ein KFZ pro 81 Einwohner gesteigert.[44] Selbst in einer Großstadt wie Berlin mussten sich 1928 noch 54 Einwohner ein Kraftfahrzeug teilen, 1931 waren es 37.[45] Zwar stieg die Zahl der Kraftwagen bis Mitte der 1930er Jahre auch in Deutschland kräftig an (von 1 Million 1928 auf 1,75 Millionen 1934[46]), doch das Verhältnis zu den USA, Frankreich oder England änderte sich kaum.[47]

Andererseits gab es auch europäische Länder, die sich im Vergleich zu Deutschland in der Entwicklung des Automobilismus noch schwerer taten – etwa Italien.[48] Italien orientierte sich stärker an Paris als an Deutschland, war doch die Entwicklung in der französischen Metropole wesentlich weiter.[49] Dort waren 1928 einschließlich der Touristen rund 100.000 Kraftwagen unterwegs, mehr als in ganz Italien. De Cupis schätzte 1929 die Zahl der Pariser Hochgaragen auf 15 mit einem Fassungsvermögen von jeweils 500 bis 1.200 Fahrzeugen. Dennoch kannte und schätzte man in Italien die deutschen Garagen-Fachbücher, allen voran Müllers *Großstadt-Garagen*.[50]

Lange hatte dem Kraftwagen das Etikett eines Luxusgegenstandes angehangen. Aber 1926 stellte Müller fest: »Es ist doch längst nicht mehr so, daß der Kraftwagen nur Sport- und Luxusfahrzeug, sondern in neun Zehntel aller Fälle ein reines Beförderungsmittel, eine Zeitsparmaschine ist, die es dem produktiv Tätigen und Schaffenden gestattet, seine Arbeitsleistung zu vervielfachen«.[51] Und in der Tat war 1925 mit dem Hanomag 2/10 PS, dem ›Kommissbrot‹, ein Kleinwagen für die Mittelklasse auf den Markt gekommen. Bis 1928 wurden davon fast 16.000 Exemplare am Fließband produziert. Mit diesem Zweisitzer hatten die Konstrukteure ein Auto geschaffen, das die Motorisierung weiter vorantrieb. Die Entwicklung spiegelt sich auch in den Herstellungszahlen: 1924 produzierte eine einzelne deutsche Firma wie die Horch-Werke täglich 4 bis 4,5 Kraftfahrzeuge, die Tagesproduktion aller deutschen Automobilfirmen lag bei rund 100. Im Jahr darauf sollten es nach Müllers Erwartungen höchstens 300 Stück sein. Zum Vergleich

8 Berlin 1929, parkende Automobile am Rand und in der Mitte der Friedrichstraße

führte er die Tagesproduktion von 15.000 Automobilen in den USA an.[52]

1924 informierte die Zeitschrift *Bauwelt* über Prognosen von Verkehrsexperten: »Der Siegeszug des Kraftwagens wird wie in Amerika unaufhaltsam vordringen und in diesem wiederum die Zukunft dem kleinen Selbstfahrer vorbehalten sein. Wir werden dahin gelangen, daß bald Arbeitgeber und Arbeitnehmer ihren eigenen Wagen steuern und hierdurch einen so verstärkten Bedarf an Garagenraum benötigen, daß die vorhandenen Unterstellungsmöglichkeiten bei weitem nicht mehr ausreichen.«[53] Die kommende Notwendigkeit großer Garagen wurde klar erkannt. Übertrieben war aber sicherlich die Klage des Automobilhandels, potentielle Kunden kauften keinen Kraftwagen, da sie keine Möglichkeit zur Unterstellung fänden.[54] Dennoch, Politik und Verwaltung reagierten auf die plausiblen Prognosen nicht.

Die Vereinigten Staaten von Amerika waren, wie oben erwähnt, in der Motorisierung wesentlich weiter als Europa und vor allem weiter als Deutschland. 1928 erklärte der US-amerikanische Städtetag, in den Städten würde abgesehen vom Wetter nichts häufiger diskutiert als das Parken der Automobile.[55] Mehrgeschossige Parkhäuser versprachen, das Problem zu lösen. Nach den erwähnten Vorläufern aus den ersten Jahren des 20. Jahrhunderts entstanden nach dem Ersten Weltkrieg in den hoch motorisierten Städten der Ostküste weitere Parkhäuser mit dem teilweise riesigen Fassungsvermögen von tausend Automobilen.

In einzelnen Bauten haben die Vereinigten Staaten von Amerika sicherlich großen Einfluss ausgeübt. Auch die mögliche Entwicklung der Motorisierung Europas konnte dort studiert werden. Amerikanische Parkhäuser wurden aber in den deutschen Bauzeitschriften und Fachbüchern wenig rezipiert. Zwar blickte schon Müller in seinem 1925 erschienenen Fachbuch zum Großgaragenbau über den ›großen Teich‹, und ebenso sechs Jahre später Hans Conradi im *Handbuch der Architektur*,[56] doch konkret belegen lässt sich ein Einfluss auf den deutschen Großgaragenbau nicht. Wir können davon ausgehen, dass die in der Mitte der 1920er Jahre in Deutschland geplanten Bauten weitgehend unabhängig von amerikanischen Vorbildern entstanden.

Zuerst war das Parkplatzproblem in den Großstädten virulent geworden, auch in Deutschland (Abb. 8). Wo überhaupt Platz für Hallengaragen gewesen war, erfolgte nach dem Ersten Weltkrieg der Umschwung zur Stockwerksgarage. Nur noch in einem einzigen Fall wird eine ebenerdige, eingeschossige Hallengarage in einer deutschen Bauzeitschrift veröffentlicht: die Garage Gillis in Königsberg in Preußen.[57]

Dieses Bauwerk war 1926 auf einem ehemaligen Militärgelände errichtet worden, wo ein ausreichend großes Grundstück zur Verfügung stand. Es bot einhundert Kraftwagen Platz. Zur Straße schloss ein dreigeschossiger, unterkellerter Flügel mit Zimmern für Autobesitzer und Chauffeure, einer Wohnung für den Verwalter, Lager- und Büroräumen die Anlage ab.

Damit ist das Aufgabenspektrum einer Großgarage schon umrissen, was folgte, war lediglich eine Entwicklung in die Höhe oder Tiefe. Dafür mussten Verfahren erdacht werden, wie die Kraftwagen die einzelnen Geschosse erreichten – entweder durch mechanischen Transport über Aufzüge und Schiebebühnen oder aus eigener Kraft über Rampen.

Bei den führenden deutschen Architekten war die neue Bauaufgabe, wie sie in den dicht bebauten Innenstädten notwendig wurde, zunächst nur bedingt auf Interesse gestoßen, obwohl sie mit einem solchen Bauwerk doch ihre Modernität hätten unter Beweis stellen können, wie es Perret uneingeschränkt gelungen war.

Mitte der 1920er Jahre begann jedoch eine merkliche Auseinandersetzung mit dem Thema ›ruhender Verkehr‹ in den Großstädten. »Welche Vorteile bringt die moderne Großgarage dem Autobesitzer?«, fragte der Garagenkonstrukteur Otto Pistor 1925.[58] Zu diesem Zeitpunkt bestand bereits der ›Arbeitsausschuss für das Garagenwesen‹ der deutschen Gesellschaft für Bauingenieurwesen. Es formierten sich auch die Garagenbesitzer zu Interessengemeinschaften. Schon vor 1925 hatte sich der Verband Berliner Großgaragenbesitzer e. V. gegründet, seit 1929 erschien in Wien die Fachzeitschrift *Die Garage*.[59]

Die ersten Hochgaragen in den Städten erregten Aufmerksamkeit in funktionaler, technischer, kultureller und architektonischer Hinsicht und wurden geradezu euphorisch als Symbol eines epochalen Fortschritts empfunden.[60] In der *Deutschen Bauzeitung* hieß es 1929: »Der Garagenbau gehört zu den brennendsten und interessantesten Problemen der heutigen Baugestaltung. [...] Die Grundstücke im Innern großer Städte verlangen durchweg einen Mehrgeschoßbau.«[61] Der Architekt und Garagenfachmann Conradi urteilte 1928: »Der Garagenbau ist heute eine verkehrstechnische Notwendigkeit. Hygienische, betriebs- und verkehrstechnische, besonders auch städtebauliche und feuerpolizeiliche Erwägungen müssen der Großgarage den Vorzug geben vor zersplitterten, unkontrollierbaren Einzel- und Kleinanlagen.«[62]

Nachdem bereits 1925 in München eine Garagenausstellung stattgefunden hatte,[63] konzipierte der Deutsche Automobilhändler-Verband 1926 ebenfalls eine Ausstellung, um die Idee der Großgarage der Öffentlichkeit näher zu bringen.[64] Und 1931 wurde eine Garagenausstellung als eigene Abteilung auf der Deutschen Bauausstellung gezeigt. In deren Vorfeld schrieb die *Bauwelt*: »Die große Reihe der gewünschten, aber nicht zustande gekommenen Garagen zeigt, dass schon die Beschaffung des notwendigen Baulandes eine städtebauliche Aufgabe ist, auf die mindestens in den noch nicht voll ausgebauten Stadtteilen rechtzeitig Rücksicht zu nehmen ist. Auch bautechnisch und wirtschaftlich ergibt sich eine Unzahl, großenteils neuer Gesichtspunkte und Schwierigkeiten. Typische Lösungen sind nur für einen kleinen Teil der bisher gestellten Aufgaben gefunden. Von der Garagenausstellung und dem außerordentlich großen, hier zusammengetragenen Material dürfte eine ganz wesentliche Förderung des Problems zu erwarten sein.«[65]

Neben der ganz praktischen Aufgabe der Unterbringung des ruhenden Verkehrs galt die mehrgeschossige Großgarage nun auch als Zeichen des Fortschritts: »Der Garagenbau ist eines der jüngsten baulichen Attribute des modernen Stadtbildes«.[66]

Die magische Zahl Tausend

Diese Einschätzung steht im Widerspruch zu derjenigen Müllers wenige Jahre zuvor, dass »der Garagenbau das Städtebild voraussichtlich nicht entscheidend beeinflussen« wird, da nicht »Riesengaragen« für tausend oder mehr Wagen die Regel sein würden, sondern mittlere Anlagen von einigen Hundert Kraftwagen Fassungsvermögen, die »fast unsichtbar« in die »großstädtische Baumasse« eingegliedert werden könnten.[67] Es war aber nicht nur 1925 bis 1926 mit der ›Garage Raspail‹ eine Garage für tausend Kraftwagen in Paris entstanden, auch in Deutschland spielte die magische Zahl eine Rolle. So hatten die Brüder Luckhardt mit Alfons Anker 1924 auch in Berlin eine Großgarage für tausend Automobile projektiert[68], und Stefan Balla hatte gleichzeitig ebendort eine »Turmgarage mit Schofförhotel«[69] für tausend Autos entworfen (Abb. 9). Wenige Jahre nach der ›Garage Raspail‹ wurden weitere Hochgaragen für tausend Wagen in New York (Kent Garage, 1928), Chicago (Quincy Garage, 1930) und Budapest (Zentral-Postgarage, 1926) realisiert.

Es ist charakteristisch für die Entwicklung, dass, noch während mit der Ausführung der ersten Hochgaragen experimentiert wurde, solche visionäre Planungen für riesige Garagen entstanden und zum Teil auch ausgeführt wurden. Der Mythos einer ›Großgarage für tausend Autos‹ hatte Mitte der 1920er Jahre auch die Pariser in seinen Bann gezogen. 1925 war dort Konstantin Stepanovic Mel'nikov mit dem sowjetischen Pavillon auf der Internationalen Kunstgewerbe- und Industrie-Ausstellung in Erscheinung getreten.[70] Noch im selben Jahr hatte er im Auftrag der ›Compagnie Générale des Voitures à Paris‹, der größten Taxigesellschaft der Stadt,[71] zwei Alternativentwürfe für riesige Großgaragen geschaffen, die allerdings nie gebaut wurden.[72] Das erste Projekt beruhte auf einer scherenartigen Doppelrampe und sollte auf einer Brücke die Seine überspannen (Abb. 10). Die Verkehrsführung innerhalb der achtgeschossigen Garage organisierte Mel'nikov so, dass jede Parkposition mit nur einer einzigen Wende (U-Turn) erreicht werden konnte.

Das Grundmuster dieser Garage – eine Schrägaufstellung, bei welcher der Stellplatz durchfahren werden konnte, also kein Rangieren oder rückwärts fahren nötig war – übertrug Mel'nikov nach seiner Rückkehr nach Moskau auf die Planung der Bakhmetevsky-Garage für 104 Überlandbusse. Die Anordnung der Stellplätze ergab den Grundriss eines 8.500 m² großen Parallelogramms. Die Fassade besteht dort noch traditionell aus roten Backsteinen, wie bei der hufeisenförmigen LKW-Garage in der Novo-Ryazanskaya Straße, 1926 bis 1929 mit Vladimir Grigor'evic Šuchov für je 110 LKW in zwei Etagen gebaut.

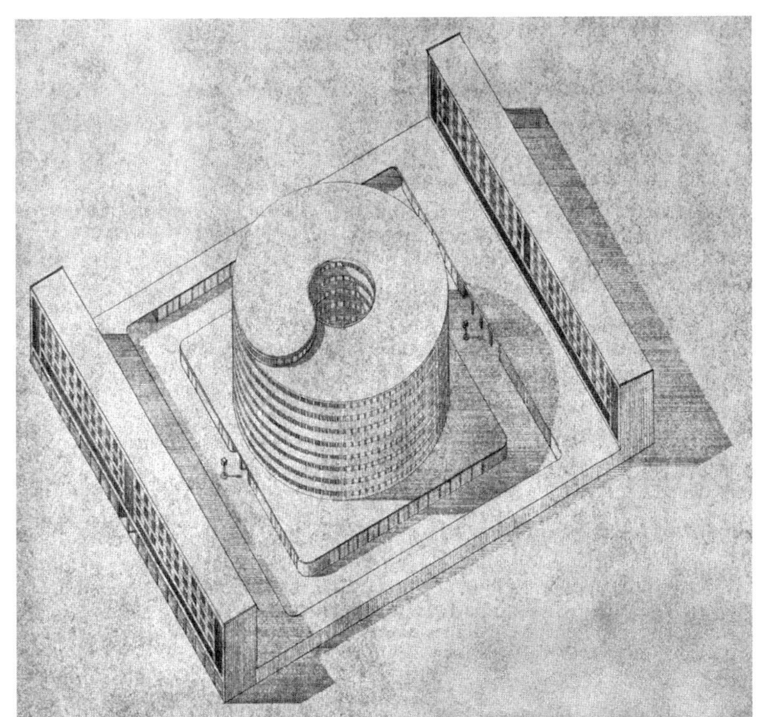

9 *Projekt einer Turmgarage für tausend Autos (1924) von Balla*

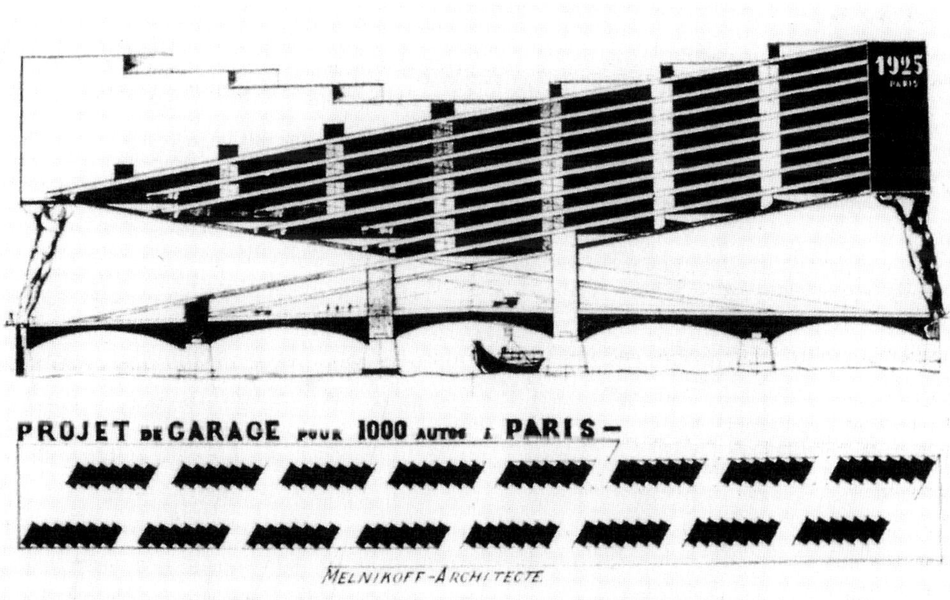

10 *Mel'nikovs erstes Projekt einer Garage für tausend Autos (1925) in Paris, Grundriss und Querschnitt*

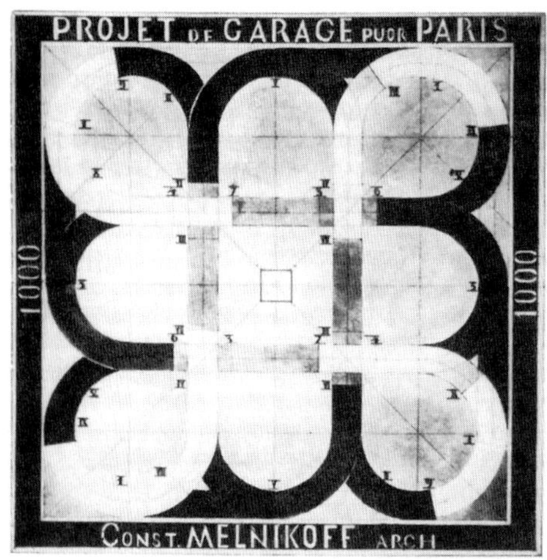

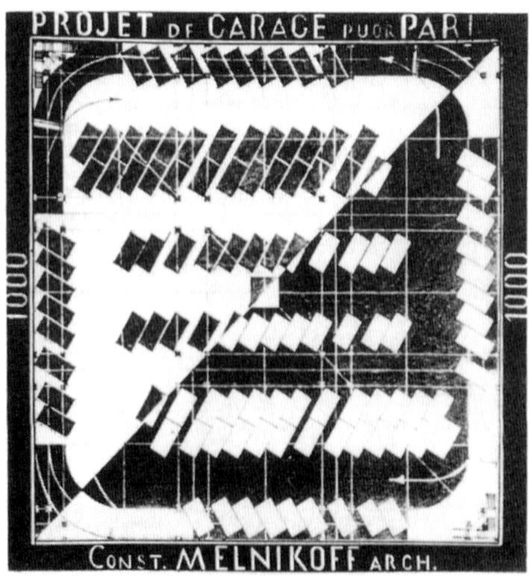

Im Unterschied dazu stehen seine späteren avantgardistischen Garagen, die Intourist-Garage in der Suschevsky Val Straße (1933–1936 mit Andrey Kurochkin)[73] und die Gosplan-Garage in der Aviamotornaya Straße (1934–1936), in denen er die innovative Aufstellung aber nicht anwandte. Die Garagen Mel'nikovs wurden in Deutschland offenbar nicht rezipiert, wie auch bezeichnenderweise bis heute keine deutschsprachige Monographie über diesen Architekten vorliegt.

Das Durchfahren des Stellplatzes, also die Vermeidung des Rückwärtsrangierens, war bei einer Garage für Lastkraftwagen oder Omnibusse funktional notwendig, bei einer Garage für Personenkraftwagen aber ein Platz raubender Luxus.

Weitaus interessanter als das erste ist Mel'nikovs zweites »Projet de Garage pour Paris«: Der 38,5 m hohe Kubus ist einschließlich Dachparkplatz elf Etagen hoch (Abb. 11). Die Konstruktion beruht auf einem Raster von drei mal drei Feldern. Jedes Feld ruht auf vier Eckstützen, die Gebäudeecken sind durch vier weitere Stützen verstärkt. Bei den beiden sich diagonal gegenüberliegenden Ecktreppenhäusern kommt gar noch eine sechste Stütze im Treppenauge hinzu. Das Stützenraster beträgt 3,5 m, so dass eine Rampenbreite dazwischen Platz findet. So kann der Verkehr durch die Konstruktion geführt werden, ohne den Kraftfluss zu unterbrechen. Wo keine Deckenöffnung für eine Rampendurchführung nötig ist, wird der Zwischenraum durch auskragende Deckenfelder geschlossen. Der Rampenverlauf entspricht einem Webmuster aus ›Kette und Schuss‹.

Die Garage besitzt eine Einfahrt und an den drei übrigen Seiten je eine Ausfahrt. Die Auffahrt erschließt alle Geschosse. Für die Fahrt bis zum zehnten Obergeschoss, dem Dach-

11 Mel'nikovs zweites Projekt einer Garage für tausend Autos (1925) in Paris, Grundrisse und Querschnitt

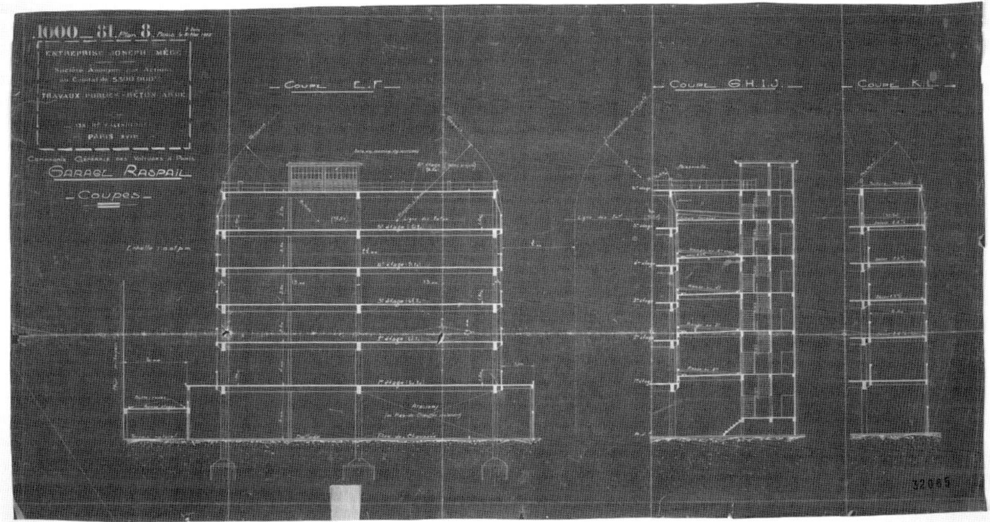

12 *Garage Raspail (1925) für tausend Stellplätze am Boulevard Raspail in Paris, Blaupause der Bauunternehmung Joseph Mège*

parkplatz, werden 1 min. 6 sec. angegeben (je Geschoss 6 sec.). Die Abfahrt ist über drei Rampen organisiert, von denen eine im zehnten und zwei – sich diagonal gegenüberliegend – im neunten Obergeschoss beginnen. Das Entleeren der Garage kann also mit der dreifachen Geschwindigkeit des Befüllens erfolgen. Die Rampen kreuzen sich nirgends und sind auf so wenige Kurven wie möglich reduziert. Deren Radius ist stets derselbe.

Die innovative Vorhang-Fassade ist in ein quadratisches Raster gegliedert, dessen Modul dem Stützenabstand, d. h. einer Rampenbreite entspricht. Bis auf die geschlossenen Eckfelder, die dem Bauwerk auch optisch Halt geben (und die beiden Treppenhäuser verbergen), ist die Fassade verglast. Bei 13 Quadraten Gesamtbreite ergibt sich eine Grundfläche von 45,5 m × 45,5 m, eine Gesamtgeschossfläche von 22.772,75 m^2, das entspricht bei tausend Stellplätzen einem Bedarf von knapp 22,8 m^2 pro Kraftwagen – also trotz der großzügig bemessenen Rampen auch für heutige Verhältnisse eine äußerst wirtschaftliche Zahl.

Mel'nikov war seiner Zeit mit diesem Entwurf zu weit voraus. Denn statt seines genial erscheinenden Projektes wurde in Paris eine traditionellere Hochgarage mit flach geneigten Rampen und zusätzlichen Automobilaufzügen am Boulevard Raspail realisiert. Von den Plänen ist eine Blaupause mit Schnitten erhalten (Abb. 12).[74] Die Ausführung der ›Garage Raspail‹ lag bei dem großen Pariser Bauunternehmen Joseph Mège,[75] der Plan ist auf den 9. Juni 1925 datiert. Als Bauherr ist die ›Compagnie Générale des Voitures à Paris‹ belegt, eben jene Taxigesellschaft, für die Mel'nikov seine beiden Garagenentwürfe geschaffen hatte. Im Erdgeschoss wurden Werkstätten untergebracht, in den fünf Obergeschossen jeweils 200 Parkplätze, davon ein Fünftel in Boxen. Auf dem Flachdach, das nur vom Maschinenhaus der Aufzüge und den Treppenhäusern überragt wurde, war ein Tennisplatz projektiert. Die Garage war 26 m breit und 100 m lang. Der Entwurf soll von Henri Sauvage stammen,[76] doch lässt sich diese Vermutung nicht verifizieren.[77]

Die Geschosshöhe betrug im Erdgeschoss 5 m, in den Parkgeschossen 3,5 m. Dieses sehr hohe Maß in den Parkgeschossen war dem Komfort stützenfreier Parkgassen geschuldet. Die dadurch notwendige, für damalige Zeit enorme Deckenspannweite von 13 m erforderte 70 cm hohe Unterzüge. Die Geschossdecken selbst sind nur 15 cm stark. Bei 3,50 m Geschosshöhe blieb also eine lichte Höhe von 2,65 m.

Die weitgehend unbekannte Garage geriet 1926 durch Le Corbusiers Entwurf für Künstlerateliers auf dem Dach des Bauwerks in den Blick der Fachwelt. Zwei Entwurfsblätter dazu befinden sich wie die erwähnte Blaupause in der Fondation Le Corbusier in Paris.[78] Da diese Ateliers aus finanziellen Gründen auf der Garage Raspail nicht gebaut werden konnten, plante Le Corbusier im gleichen Jahr ein ähnliches Projekt auf der etwa gleich großen ›Garage Cardinet‹ in der Rue Cardinet in Paris.[79] Auch bei dieser war die ›Compagnie Générale des Voitures à Paris‹ Bauherr und Joseph Mège der ausführende Unternehmer. Die Ateliers wurden hier aber ebenso wenig errichtet.

Perrets Erbe in Halle an der Saale

Mit der ersten zaghaften Konjunktur des Hochgaragenbaus rückte in den 1920er und 1930er Jahren die Garage Ponthieu wieder in den Blick der Architekten.[80] Der deutsche Garagenexperte Georg Müller verlieh ihr zwar das Prädikat »vielbesichtigt«, befand 1925 aber: »Die Anlage ist für deutsche Verhältnisse nicht nachahmenswert«,[81] ohne dafür allerdings seine Gründe zu offenbaren. Nachteile benannte erst Conradi 1931: »Die Schiebebühne, die ein zeitraubendes Zwischenglied zwischen Wagenstand und Aufzug darstellt, die das Fassungsvermögen einer Anlage nur minimal steigert, wird vermutlich auch im künftigen Garagenbau nur in Ausnahmefällen auftreten«[82], womit er Recht behalten sollte.

13 *Großgarage Süd (1927–1929) von Tutenberg in Halle an der Saale, Fassade zur Liebenauer Straße*

Dennoch lässt sich noch heute in Deutschland ein unmittelbarer Nachfolgebau besichtigen, die ›Großgarage Süd‹ in Halle an der Saale. Hier wurde 1927 bis 1929 Perrets damals zwanzig Jahre altes Prinzip einer Aufzuggarage mit Schiebebühnen wiederholt. Die ›Großgarage Süd‹ liegt auf der Pfännerhöhe 71–72.[83] Südwestlich grenzt das Bauwerk an die Liebenauer Straße und ist daher dort unvorteilhaft schräg angeschnitten. Die Planung stammt von dem örtlichen Bauingenieur Walter Tutenberg, der zugleich Investor und Bauunternehmer war. Am 19. August 1927 reichte er eine erste Zeichnung bei der Baupolizei ein, am 20. Oktober desselben Jahres eine detaillierte Planung.[84]

Bautechnisch handelt es sich wie bei Perret um einen Stahlbeton-Skelettbau mit Backsteinausmauerung und großzügigen Verglasungen in Stahlrahmen. Die Grundfläche misst etwa 22 × 43 m. In der Putzfassade zur Liebenauer Straße betonen zu Gruppen zusammengefasste, liegende Fenster die Horizontale der Parkgeschosse, ein vertikales Fensterband zeigt das Treppenhaus an (Abb. 13). Im Erdgeschoss befindet sich links daneben das Ausfahrttor. Über einem Kranzgesims trug eine niedrige Attika den aufgemalten Schriftzug »Gross-Garage Süd«. Stilistisch folgte Tutenberg den Formen des Neuen Bauens; wo er an das Neubaugebiet des Bauvereins für Kleinwohnungen grenzte, passte er sich jedoch dessen »expressionistischen Nachklängen« an.[85]

Die Hauptfassade der Garage mit der Einfahrt ist in einem Hof hinter Wohngebäuden gelegen. Eine 9 m breite und in der Giebelspitze 15 m hohe Fensterwand aus Stahl und Glas sowie ein gläsernes Mansarddach belichten die zentrale Fahrzeughalle über alle vier Geschosse (Abb. 14).

Seitlich befinden sich in fünf Etagen 150 geschlossene Boxen (Abb. 15). Die drei Obergeschosse und der Keller wurden durch einen elektrischen Aufzug anstelle der dritten Box rechts erschlossen. Von diesem Aufzug wurden die Kraftwagen in den einzelnen Obergeschossen mittels elektrischer Schiebebühnen (wie bei Perrets Garage Ponthieu) vor- oder rückwärts in die Boxen verteilt bzw. im rechten Teil durch eigene Motorkraft auf Betondecken in die jeweilige Box gefahren. Neben den Chauffeuren der Kraftwagen war zusätzlich Bedienpersonal für den Aufzug und für die Schiebebühnen notwendig. Für letztere wurde eine genietete und geschraubte Stahlskelettkonstruktion in die Fahrzeughalle eingestellt. Die Schiebebühnen waren für 3 t Tragkraft ausgelegt und fuhren auf Schienen. Der Antrieb erfolgte über einen Unterflur-Elektromotor mit Zahnrad-Kettenzug.

Die lichte Geschosshöhe beträgt 3,30 m. Die Boxentore wurden als Stahljalousien konstruiert, ragen also nicht in die Fahrgasse. Der Bauantrag erläuterte: »Im Parterre und in der ersten Etage befindet sich im hinteren Teil eine geräumige maschinelle Reparaturwerkstatt, in welche die Wagen direkt hineinfahren können [...]. Ueber dem Bureau liegt je ein geräumiger, behaglicher Aufenthaltsraum für Herrenfahrer und Chauffeure. Ueber diesen liegen in zwei Geschossen Schlafräume. Außer den modern eingerichteten Toiletten-Anlagen sind gut eingerichtete Waschräume und Bäder und Duschen für Chauffeure und Herrenfahrer vorgesehen, ferner ein amerikanischer Frisiersalon für Damen und Herren. Im Kellergeschoß wird eine von der Garage betriebene Wagenreinigungsanstalt eingerichtet, welche es ermöglicht, daß Wagen in kürzester Zeit unter sorgsamster Pflege gesäubert, geölt und vollkommen instand gesetzt werden. Sämtliche Einrichtungen sind Tag und Nacht geöffnet und werden durch das sich ablösende Personal ständig bedient.«[86] Außerdem waren ein Reifen- und Zubehörhandel sowie seit 1930 vier Tanksäulen und eine Telefonanlage zum Rufen der Chauffeure Teil des Dienstleistungs-Angebots. Bis in die 1950er Jahre war der Betrieb tatsächlich rund um die Uhr geöffnet. Für Ortsfremde bot Tutenberg sogar einen Lotsendienst vom Stadtrand zur Garage bzw. von der Garage zur Ausfallstraße an.

Die Lokalpresse charakterisierte das Bauwerk in Anknüpfung an historisch bekannte

14 Großgarage Süd, Innenansicht der Halle gegen den Einfahrtgiebel

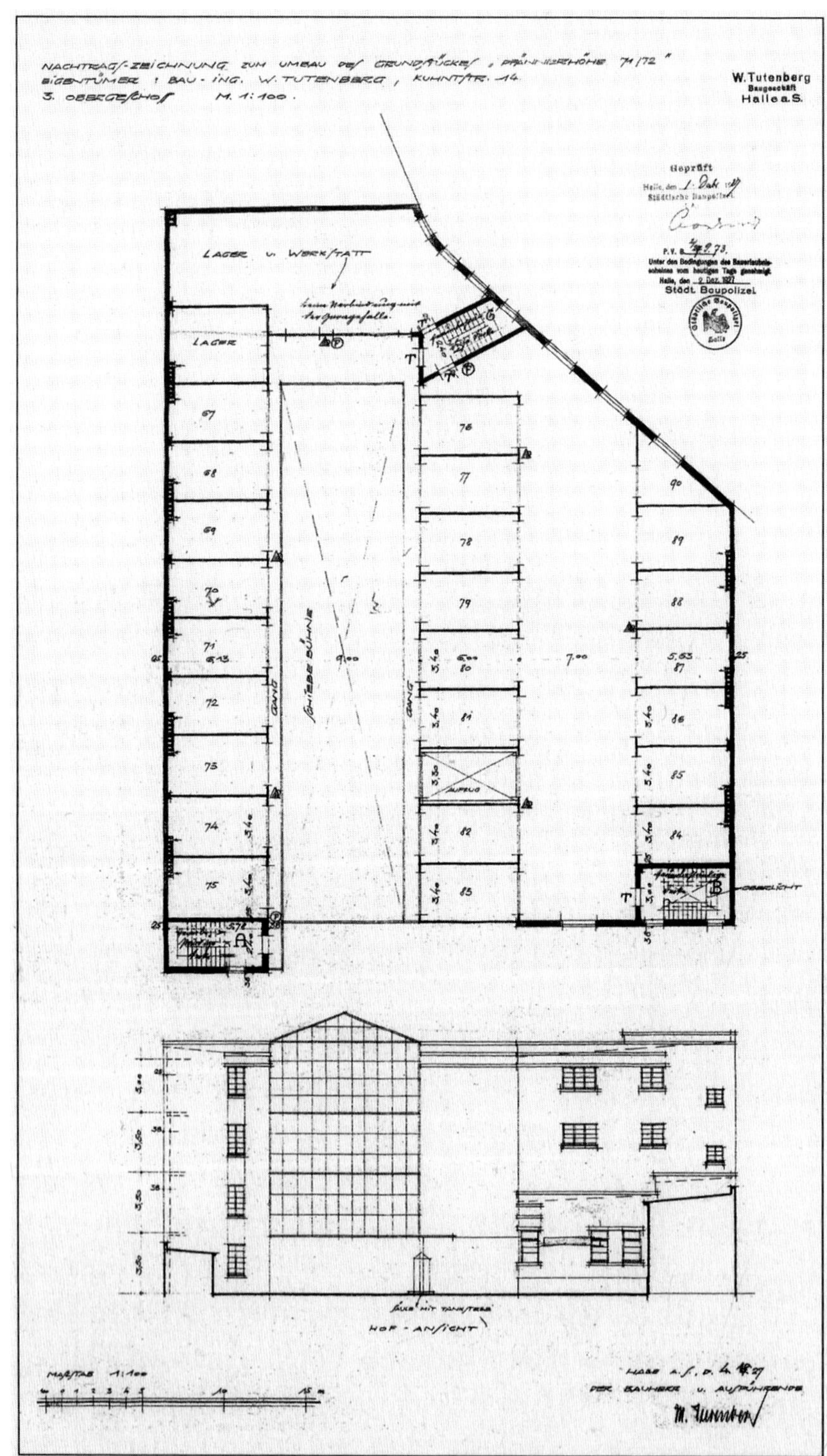

15 *Großgarage Süd, Grundriss des dritten Obergeschosses und Ansicht*

Funktionsbauten als »moderne, großstädtische Karawanserei«.[87] Der Bauverein für Kleinwohnungen erhob hingegen Einwände, denn die Mieter befürchteten eine Lärmbelästigung.

Die Miete für eine Abstellbox lag zwischen 35 und 40 Mark im Monat, einschließlich des Heizkostenanteils im Winter – ein erheblicher Betrag, der den Mietkosten einer Wohnung entsprach. Wer sich allerdings in den 1920er Jahren einen Kraftwagen leisten konnte, vermochte diese Summe wohl ohne Schwierigkeiten aufzubringen. Dennoch war der Betreiber, glaubt man seiner Aussage, auf zusätzliche Einnahmen aus den Nebengeschäften wie Tankstelle und Zubehörhandel angewiesen. Die Kunden waren verpflichtet, diese in Anspruch zu nehmen.

1955 galt die Garage als größte der DDR.[88] In den 1960er Jahren wurde der Betrieb verstaatlicht. Mangelnder Bauunterhalt führte dazu, dass der Technische Überwachungsverein 1992 den Aufzug sperrte, was das vorläufige Ende der Garage bedeutete. Doch der Eigentümer, der ›Bauverein Parkhaus GmbH‹, eine hundertprozentige Tochter des ›Bauvereins Halle‹, realisierte von 2007 bis 2009 die Wiedernutzbarmachung des in die Denkmalliste der Stadt Halle eingetragenen Bauwerks. Der Bauverein verzichtete jedoch auf Waschanlage und Tankstelle, die heute in Großgaragen kaum noch wirtschaftlich betrieben werden können. Für die Weiternutzung wurde die Garage erweitert und eine Wendelrampe angebaut, denn die wartungsintensive und energieaufwendige Aufzug- und Schiebebühnentechnik dient nur noch als Schauobjekt. Von 150 Plätzen blieben nach der Maßnahme noch 88.

Als ähnliches Projekt entstand in Zürich etwa gleichzeitig die ›Capitol-Garage‹. Deren Grundstück war zwar städtebaulich günstig gelegen, von seiner Form her aber wenig geeignet. Zur Erleichterung des Manövrierens musste hier eine Drehscheibe vorgesehen werden,[89] wie sie von Perrets ›Garage Ponthieu‹ bekannt war. Der notwendige Wechsel zwischen den verschiedenen Bewegungsvorrichtungen auf dem Weg zum Parkstand oder von dort zur Ausfahrt machte das Parken unbequem und langwierig.

Langsamer Abschied von der Mechanik – Aufzuggaragen ohne Schiebebühne

Während das Konzept der Aufzuggarage mit Schiebebühne in den USA in den 1920er Jahren zur vollautomatischen Garage führte, setze sich in Europa die Rampengarage durch – zunächst jedoch über eine Zwischenstufe: die Aufzuggarage, in deren einzelnen Ebenen sich die Fahrzeuge aus eigener Kraft bewegten. Eines der frühesten und darüber hinaus architektonisch interessantesten Projekte ist Adolf Radings[90] Großgarage für Breslau (Abb. 16). Die Realisation seines Entwurfs von 1922 fiel jedoch der Inflation zum Opfer.

Das Gipsmodell zeigt ein siebengeschossiges Bauwerk von lang gestrecktem Grundriss mit polygonal vorspringenden Stirnseiten. Die Parkgeschosse mit flachen Fensterbändern sind gleichsam zwischen die breiteren Kopfbauten eingespannt und kragen nach oben hin zunehmend aus.[91] Das Bauwerk ist wie ein freistehender Solitär geplant, auch wenn das Modell einen benachbarten viergeschossigen Bau verrät. Die expressionistische, plastische Architektur lässt Verwandtschaft zu Bauten Hans

16 Großgaragenprojekt für Breslau von Rading, Gipsmodell (1922)

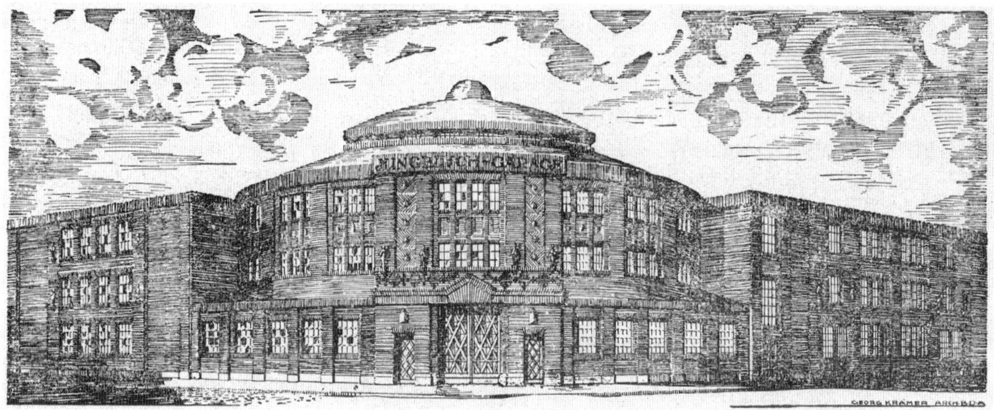

17 *Jungbusch-Garage (1928) in Mannheim von Krämer*

Poelzigs und Erich Mendelssohns erkennen. Je Geschoss gibt es 36 Stellplätze, insgesamt 256. In der Mitte verläuft die etwa 8,5 m breite Fahrgasse, begrenzt von den Stützenreihen. Die Garage ist rund 95 m lang, einschließlich der Anbauten vor Kopf im Erdgeschoss rund 110 m.[92]

An den Stirnseiten bewältigen 16 Wagenaufzüge, acht Aufzüge links für die Einfahrt, acht rechts für die Ausfahrt, den Vertikaltransport der Kraftwagen. Für 16 Wagen ist also jeweils ein Aufzug vorhanden, was längere Wartezeiten vermieden hätte. Zwei Einfahrten in die Hochgarage befanden sich entsprechend links, zwei Ausfahrten rechts. Außerhalb der Aufzüge sollten sich die Automobile aus eigener Kraft bewegen. Gegenüber Perrets ›Garage Ponthieu‹ stellt dies eine funktionale Verbesserung dar. Der eine Kopfbau besaß einen zweigeschossigen Vorbau, der im Erdgeschoss einem Ausstellungs- und Verkaufsraum für Automobile Platz bot und im Obergeschoss Büroräume barg. Im ausladenden Erdgeschoss waren bei engem Stützenraster Automobil-Werkstätten untergebracht. Die Kopfbauten boten zudem Platz für je drei Personenaufzüge und ein Treppenhaus, sowie in jedem Parkgeschoss zwei Material- und zwei Personalräume.

Die folgenden Jahre brachten weitere Hochgaragen-Projekte, die eine Aufzugförderung für die Kraftwagen vorsahen. 1927 bis 1928 wurde der Entwurf des Architekten Adolf Warnsdorf aus Leipzig auf dem Grundstück des ehemaligen Gasthauses ›Goldene Laute‹ in Tradition dieses historischen Ausspanns errichtet.[93] Gleichzeitig entstand der ›Stern-Garagenhof‹ in Chemnitz. Obwohl Garagenhof genannt handelte es sich bei diesem Bauwerk um eine sechsgeschossige Hochgarage. Für den Entwurf zeichneten Schindler, Luder & Schröder verantwortlich.[94] Standort war die Zwickauer Straße. Im Oktober 1928 wurde der Betrieb aufgenommen. Es waren aber nur drei Aufzüge für die 300 Stellplätze vorhanden. Letztere teilten sich auf in 120 abgeschlossene Boxen mit Eisenrolltoren und 180 offene Stellplätze.

Ebenfalls eine Aufzuggarage entwarf Georg Krämer mit der Mannheimer ›Jungbusch-Garage‹, die 1928 errichtet und im Zweiten Weltkrieg zerstört wurde.[95] Sie stand an einer Straßenecke im Quadrat J6, 5. An einen dreigeschossigen runden Kuppelbau auf der Straßenecke schlossen sich zu beiden Straßen dreigeschossige Flügelbauten an (Abb. 17). Der Kuppelbau barg allerdings kein zentrales Wendelrampenhaus, wie man aufgrund der äußeren Architekturform hätte annehmen können, denn es handelte sich um eine Aufzuggarage. Sie bot Platz für 150 Wagen in Sammelhallen und hundert Wagen in Einzelboxen. Dazu gab es eine Werkstatt, einen Autowaschplatz sowie Wasch- und Baderäume für Chauffeure, Ausstellungs- sowie Büroflächen.[96] Die Lokalpresse feierte dieses Bauwerk irrigerweise als erste Hochgarage Deutschlands: »Seit einigen Tagen ist eine architektonisch wie technisch mustergültige Hochbau-Garage, die erste in Deutschland, die Boxen über einander angeordnet enthält, dem Betrieb übergeben worden.«[97] Und die Betreiber meinten, hier einen Bau zu besitzen, »der wohl seinesgleichen in Deutschland suchen dürfte«,[98] was keineswegs zutraf.

Die entscheidende Frage – geschlossene Boxen oder freie Aufstellung?

Freie Aufstellung zwischen Bodenmarkierungen, wie wir es heute gewohnt sind, oder geschlossene Boxen – das war damals die entscheidende Frage beim Bau eines Parkhauses. In der Frühzeit des Automobils waren die deutschen Automobilisten geschlossene Boxen gewöhnt, die daher auch in die ersten Hochgaragen eingebaut wurden (Abb. 18). Dies hängt damit zusammen, dass die ersten Großgaragen Heimatgaragen waren, die Kraftwagen hier also ihren festen Standort hatten, an dem die Chauffeure auch ihre Garderobe, allerlei Werkzeuge und Pflegemittel aufbewahren wollten. Hinzu kam, dass die Baupolizei, etwa in Berlin, noch Mitte der 1920er Jahre nur bis zu vier Wagen in Gemeinschaftsboxen zuließ, wie 1924 in der *Bauwelt* berichtet wird.[99] Nachteile einer solchen Bauweise waren, dass geschlossene Boxen aufwendiger herzustellen waren, mehr Platz einnahmen – insbesondere da die offenen Boxentore oft in die Fahrgasse ragten und diese daher breiter angelegt werden musste –, eine flexible Vergabe kurzfristig unbelegter Plätze verhinderten und schließlich die Brandlast (Ölvorräte, ölige Lappen und ähnliches) erhöhten und die Brandbekämpfung erschwerten. Lediglich bei schräger Boxenanordnung ergab die vorspringende Trennwand zur Nachbarbox ein Feuer hemmendes Hindernis, wenn sie massiv gemauert oder betoniert war. Die von Conradi empfohlene Drahtabtrennung der Boxen erlaubte hingegen ungehinderte Feuerausbreitung.[100]

1930 wurden in Deutschland noch 50 Prozent aller Kraftwagen in Boxen abgestellt, die in den Vereinigten Staaten von Amerika unbekannt

18 Boxen in einer Hochgarage (1928) von Staudt in Krefeld

waren.[101] Auch in Frankreich war die Boxenaufstellung weniger verbreitet. Nur in Italien stritten, wie in Deutschland, beide Systeme um die Vorherrschaft. In der ›Casa dell'Automobile‹ an der Piazza Verdi in Rom fanden in zehn Geschossen und auf dem befahrbaren Flachdach fast 900 Wagen Platz. Jede Box verfügte über Tageslicht und natürliche Lüftung, Fern- und Haustelefon, Waschbecken, Pressluft, Wasseranschluss mit Gummibrause und Wasserrinne mit Ablauf an der Front. Schwere Benzingase konnten durch besondere Öffnungen im Fußboden nach außen entweichen. Eine Besonderheit war, dass die Boxen nicht vermietet, sondern verkauft wurden. Voraussetzung für das Gelingen dieses Konzeptes war natürlich der Stamm einer wohlhabenden Kundschaft.[102]

Als Gegenbeispiel führte Conradi 1926 die ›Sta Garage‹ in der Viale Manzoni in Rom an, eine eingeschossige Hallengarage: »Die Hallen sind ohne jegliche Unterteilung, beiderseits stehen die Wagen frei nebeneinander mit Zwischenräumen von 20–30 cm, so daß volle Ausnützung des vorhandenen Raumes gewährleistet ist. Außer dieser vollkommenen Ausnutzung der Grundfläche (d.h. jeder Wagen nimmt nur den seiner Breite entsprechenden Raum und Boden ein, ist also nicht in einer stets gleichmäßig breiten Boxe untergebracht, die den verschiedenen Breiten der Wagen keine Rechnung trägt), ist zu bedenken, daß bei offener Aufstellung die doppelte Anzahl von Wagen unterzubringen ist.«[103] Als größten Vorteil sieht er die dadurch erheblich geringere Garagenmiete. Diese enge Aufstellung mit 20–30 cm Zwischenraum, auch hintereinander, erlaubte tatsächlich eine hohe Flächenausnutzung, ließ sich aber nur mit Garagenpersonal organisieren. Tatsächlich wird in italienischen Großstädten dieses verdichtete Parken bei ›Heimatgaragen‹ noch heute praktiziert. Die meist Abends hereinkommenden Autos werden über Nacht in der Reihenfolge ihrer angekündigten Abholung ›sortiert‹. Dieses System funktioniert – auf manuelle Weise – wie das Parkieren mit Palettensystemen in automatischen Parkhäusern (siehe Seite 112).

Nicht ungewöhnlich war Ende der 1920er Jahre, dass in Großgaragen beides – Boxen und offene Stellplätze – angeboten wurde. Beispiele sind der oben erwähnte Stern-Garagenhof und die Jungbuschgarage. Letztlich sollte sich der Bau von Hochgaragen mit Einzelboxen auf wenige Jahre beschränken. Schon 1924 hatten die Architekten Hans und Wassili Luckhardt sowie Alfons Anker in der *Bauwelt* die boxenlose Großgarage prophezeit: »Diese gemeinsame Aufstellung der Wagen, die außer in Amerika sich übrigens in fast allen außerdeutschen Staaten bewährt hat, dürfte auf die Dauer auch bei uns nicht zu umgehen sein [...] insbesondere dann, wenn das System des Selbstfahrers sich weiter durchsetzt«,[104] und schrieben weiter: »Die jetzt von ihrer Amerikafahrt heimgekehrten Vertreter der deutschen Automobilindustrie berichten von der dort allgemein bewährten Aufstellung in Hallen, ohne getrennte Boxeneinteilung.«[105]

Boxen erschienen auch deshalb ungünstig, da sie den Verkehrsfluss hemmten: Die Fahrer mussten vor der Box anhalten und aussteigen, um das Tor zu öffnen oder zu schließen.[106] Um eine Rentabilität bei den Boxengaragen zu erzielen, waren höhere Mietpreise notwendig. Die Boxenaufstellung war also letztlich ein Privileg wohlhabender Fahrer und ohnehin höchstens für ›Heimatgaragen‹ sinnvoll.

Die Art der Aufstellung, offen oder in Boxen, hatte jedoch keine Auswirkungen auf die Konstruktion, da die Binderabstände so gewählt wurden, dass der Zwischenraum zwei Boxen oder drei offenen Parkständen Platz bot. Dieser Abstand betrug zwischen 6 m und höchstens 9 m. Größere Abstände waren konstruktiv ungünstig. Als optimal stellte sich ein Stützenabstand von 7,50 m heraus.

Parken als Wissenschaft – gerades oder schräges Parken?

Perrets Grundrisslösung mit zentraler Fahrgasse und seitlichen Einstellplätzen mit 60 Grad Einfahrtwinkel führt zur Frage der funktionalen und ökonomischen Aufstellung der Kraftwagen. In den so genannten Garagenhöfen waren Einzelgaragen rund um eine Hoffläche aufgereiht. Diese Aufstellung erlaubte bequemes Rangieren und bot Platz für die Wagenpflege außerhalb der Box, nahm aber eine verhältnismäßig große Fläche ein. Auf teuren innerstädtischen Grundstücken und erst recht im Hochgaragenbau war eine möglichst Platz sparende Aufstellung und Verkehrsführung der Kraftwagen gefordert.

Will man auf einer begrenzten Fläche möglichst viele Kraftwagen abstellen, ohne dass andere Fahrzeuge bewegt werden müssen, um die Parkfläche mit einem bestimmten Automobil wieder verlassen zu können, ist eine geordnete Aufstellung notwendig. Die jederzeitige Zugänglichkeit jedes Stellplatzes erfordert, dass ein Teil der Grundfläche für Fahrgassen vorgesehen wird. Handelt es sich nicht nur um einen Parkplatz, sondern um ein Parkhaus mit mehreren Etagen, sind außerdem noch Aufzüge oder Rampen notwendig, auf denen die Fahrzeuge in die einzelnen Geschosse und zurück gelangen. Da es beim Parkhaus aber primär nicht um Bewegung, sondern um Stillstand geht, ist jede Planung bestrebt, die Verkehrsflächen bei ausreichender Verkehrssicherheit und Bequemlichkeit so gering wie möglich zu halten, um so viele Parkplätze wie möglich anbieten zu können.

Voraussetzung der Planung sind die Wagenmaße, die schon in der Fachliteratur der frühen 1930er Jahre in Tabellen angegeben wurden.[107] Noch Mitte der 1950er Jahre verzeichneten die einschlägigen Entwurfsbücher den Platzbedarf von PKW und Lieferwagen, deren Wenderadien, Radstand, Spurweite und Bodenabstand.[108]

Und so erstaunt es nicht, dass die sorgfältig in Tabellen erfassten Unterschiede zwischen großen Limousinen und Kleinwagen bis in die 1950er Jahre in manchen Garagen zu unterschiedlich großen Stellplätzen führten, etwa bei der Schwabengarage in Stuttgart (1926) oder dem Karlsruher Autosilo (1955). Noch 1973 empfahl Ernst Neufert in seiner *Bauentwurfslehre* leicht schräg zur Längsachse angelegte Fahrstraßen, bei denen sich die Parkstandtiefe links der Fahrgasse von 4 m auf 6 m verlängerte, während die Parkstände rechts zunächst 6 m tief waren, sich entlang der Fahrgasse dann aber kontinuierlich auf 4 m verkürzten. So sei eine »volle Flächenausnutzung für verschiedene Fahrzeuggrößen« mit etwa 10 Prozent Flächeneinsparung zu erzielen.[109] Dies war aber nur möglich, wenn die Größenverteilung der parkenden Fahrzeuge annähernd gleichmäßig war und alle Fahrzeuge auf einem ihrer Größe angemessenen Platz parkten, was in der Praxis undurchführbar war. Durchgesetzt hat sich daher eine einheitliche Stellplatzgröße von etwa 2,50 m × 5,00 m, die in der Nutzung volle Flexibilität erlaubt, obwohl auch heute erhebliche Unterschiede in den Abmessungen zwischen Kleinstwagen (Smart: 1,51 × 2,50 m) und Oberklasse-Limousinen (Mercedes S-Klasse: 1,87 × 5,20 m) oder Geländewagen (BMW X6: ohne Außenrückspiegel 1,98 × 4,88 m) bestehen. Als Abstand zwischen den parkenden Fahrzeugen wurden 70 cm als ausreichend für das Öffnen der Autotüren angegeben.[110] Bei einem fast 1,90 m breiten Fahrzeug würde das einen Stellplatz von 2,70 m Breite erfordern, was in Parkhäusern nicht erreicht wird. In Bauten der 1950er Jahre lag die Stellplatzbreite häufiger sogar bei nur 2,30 m.

Die einzelnen Stellplätze können senkrecht zur Fahrgasse oder schräg dazu angeordnet werden (Abb. 19). Die Schrägaufstellung ermöglicht ein bequemeres Einparken und gleichzeitig eine schmalere Fahrgasse. Bei der Schrägaufstellung wächst die notwendige Tie-

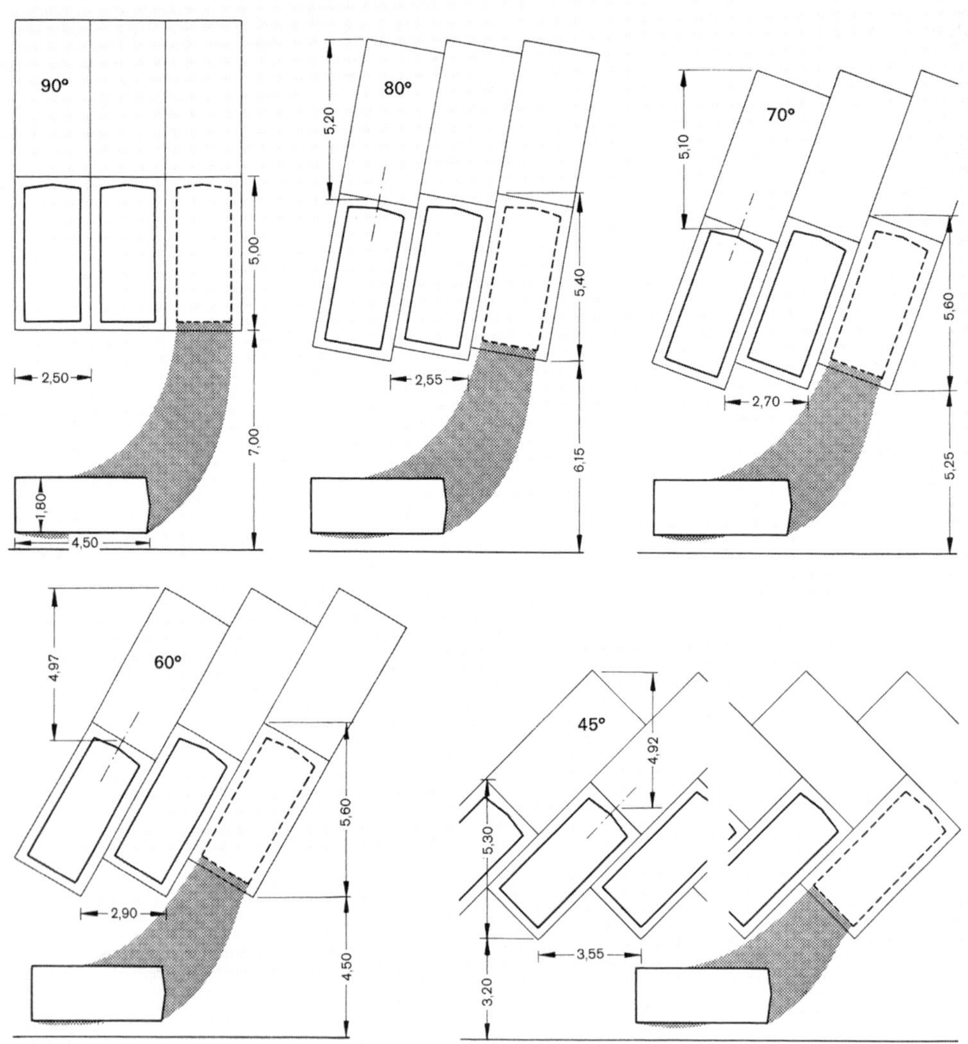

19 *Schräg- und Senkrechtparken im Vergleich*

fe des Parkstreifens zunächst und fällt erst unterhalb 35 Grad wieder unter 5 m. Doch je spitzer der Winkel, desto größer wird die Fläche der ungenutzten Dreieckszwickel. Diese Flächen nehmen vor allem dann einen bedeutenden Anteil ein, wenn nicht zwei aneinander stoßende Parkstreifen von 45 Grad im Fischgrätmuster miteinander verzahnt werden können.

Der Platzgewinn einer schmalen Fahrgasse bei Schrägaufstellung wird also durch die bei Schrägaufstellung entstehenden ungenutzten Dreiecksflächen größtenteils aufgehoben. Der eigentliche Vorteil dieser Variabilität liegt daher auch viel mehr in der Möglichkeit, eine Grundstücksbreite bzw. -tiefe optimal nutzen zu können. So können auf einer Grundstücksbreite von ca. 35 m zwei Fahrgassen mit je zwei Parkstreifen zum Senkrechtparken untergebracht werden. Bei 45 Grad Schrägparken ist eine Grundstücksbreite von etwa 26 m vorteilhaft.

Für die Parkhausplanung ist die gesamte Parkgassenbreite wichtig, die sich aus Fahrgasse und beidseitigen Stellplätzen ergibt. Die Breite der Garage sollte daher der Parkgassenbreite entsprechen oder durch sie teilbar sein. Die verfügbare Gesamtbreite des Grundstücks kann dadurch gut ausgenutzt werden.

In die Parkstände bzw. Boxen wird vorwärts eingefahren, denn das Zurückstoßen aus der Parkbucht in die Fahrgasse ist einfacher, da die Fahrgasse breiter ist als die Parkbucht.

Die Schrägaufstellung wurde nicht nur am Reißbrett erdacht, sondern war »das Ergebnis umfangreicher Fahrversuche im Gelände mit Wagen verschiedener Größen in eigens zu diesem Zwecke in natürlicher Größe errichteten Ständen und Gangbreiten in den verschiedenen Abmessungen«.[111] Schon 1924 hatten die Brüder Luckhardt und Alfons Anker die Schrägaufstellung in der *Bauwelt* publiziert.[112] Ausführlich beschrieb sie 1925 auch Müller.[113] Er forderte jedoch 1926, dass weniger die Frage der Schräg- oder Senkrechtaufstellung für die wirtschaftliche Ausnutzung der Fläche bedeutend sein solle, denn was bei der Schrägaufstellung an Fahrbahn eingespart würde, müsste bei den Stellplätzen wieder hinzugefügt werden. Entscheidend sei, dass der Übergang von der Boxenverwahrung zur freien Aufstellung, »wie sie im Auslande längst üblich ist und sich bewährt hat«, vollzogen würde.[114]

Ein deutscher Pionierbau – die Stuttgarter Schwabengarage

Das erste deutsche Parkhaus mit freier Aufstellung war die 1926 eröffnete ›Schwabengarage‹ in Stuttgart (Abb. 20). Sie wurde zu einem Zeitpunkt errichtet, als die Experimentierphase im Hochgaragenbau noch lange nicht abgeschlossen war. Der Planer der Garage in der Cannstatter Straße, der Ingenieur Hohner,[115] entschied sich für eine freie Aufstellung in Schräganordnung. Auf rund 3.200 m² überbauter Fläche war Platz für 150 Fahrzeuge.[116] Bauherrin war die Württembergische Kraft-

20 *Schwabengarage (1926) in Stuttgart von Hohner*

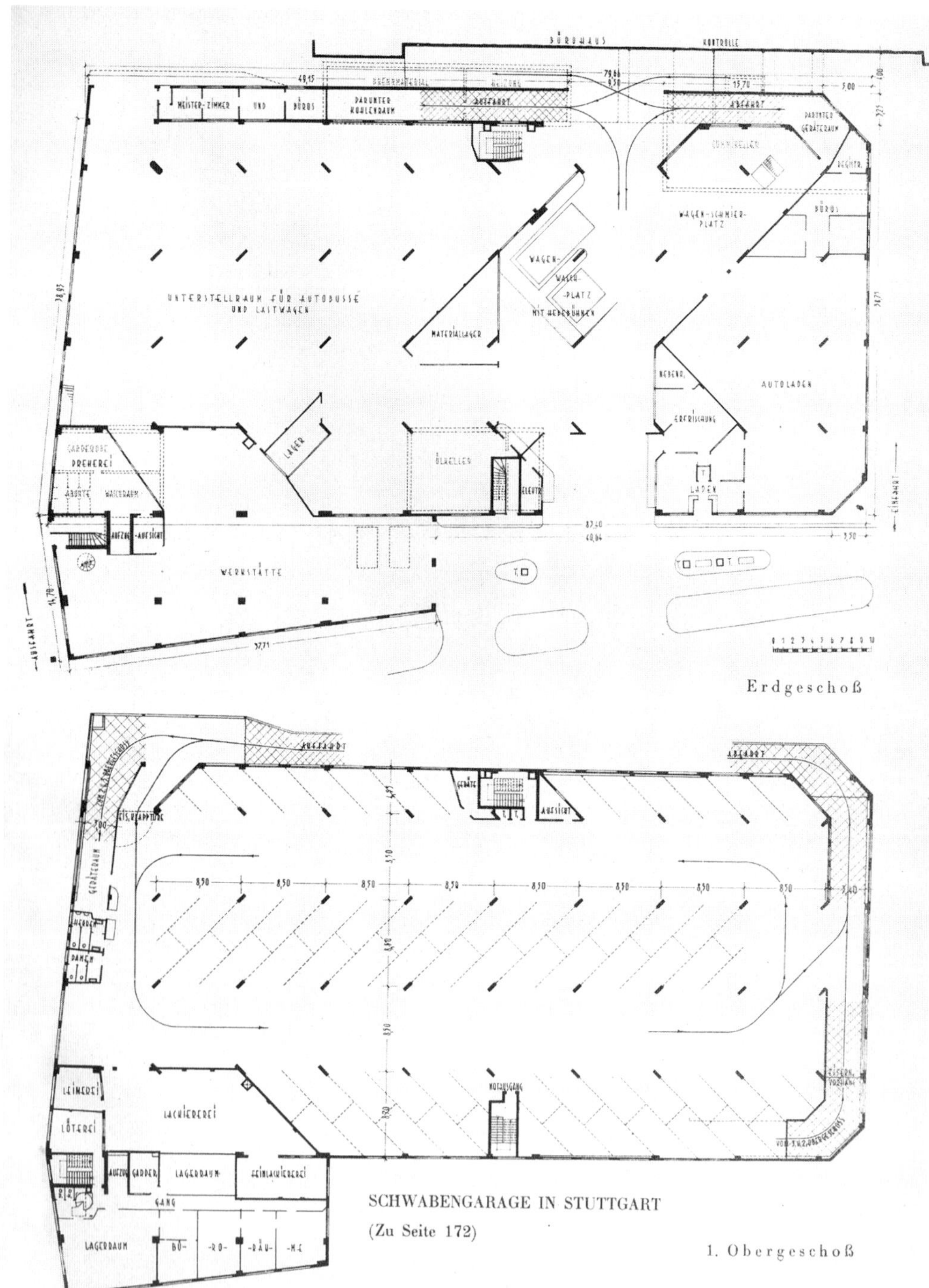

21 *Schwabengarage, Grundrisse*

verkehrs-Gesellschaft. Die Innovation des absoluten Verzichts auf Einzelboxen wurde von der Fachwelt als großer Fortschritt anerkannt. Die Angst vor Diebstahl oder Beschädigung des Kraftwagens erwies sich als unbegründet. »Wenn anfangs Herrn Hohner sicheres Scheitern vorausgesagt war, so erwies die Praxis, daß seine Erwägungen und Erkenntnisse richtig waren. Es dauerte einige Monate, bis sich das Publikum mit der ungewöhnlichen Betriebsführung vertraut machte und deren Vorteile einsah, und dann war die Entwicklungskurve in steigendem Sinn für die Zukunft gewährleistet.«[117] Entscheidend war nämlich der Mietpreis des einzelnen Stellplatzes, und dieser konnte bei freier Aufstellung deutlich günstiger kalkuliert werden.

Konstruktiv handelt es sich, wie es für diese Bauaufgabe von Anfang an Standard war, um einen Stahlbeton-Skelettbau. Die Tragfähigkeit der Decken beträgt im Erdgeschoß 1.000 kg/m^2, bis zum dritten Obergeschoss reduziert sie sich auf 350 kg/m^2 für Kleinkraftwagen.[118] Geschickte Binderabstände im Raster von 8,50 m in beiden Richtungen ermöglichen, zwei Wagen in Schrägaufstellung zwischen zwei Stützen unterzubringen (Abb. 21). »Fahrversuche haben ergeben, daß die günstigste Aufstellungsart der Wagen eine Schrägstellung unter 45 Gr. ist.«[119] Das ursprünglich nicht geplante dritte Obergeschoss enthielt kleinere Stellplätze für die Wagen der Selbstfahrer in senkrechter Aufstellung – so fanden drei Fahrzeuge zwischen zwei Stützen Platz. Die Busse der Kraftwagen-Gesellschaft erhielten ihre Stellplätze im Erdgeschoss, wo auch Wasch- und Abschmierplätze sowie ein »Autoladen« eingerichtet waren. Ein Anbau an der Cannstatter Straße nahm in den unteren Geschossen eine Autowerkstatt mit Nebenräumen auf, im obersten Geschoss befand sich eine große Wohnung mit Terrasse für den Garagenpächter. Die Tagesbeleuchtung der fast 39 m tiefen Garage durch horizontale Fensterbänder wurde als ausreichend angesehen. Vor der Hauptausfahrt lag, auch für passierende Fahrzeuge gedacht, eine Tankstelle. Außerdem bot die »Auto-Pension« einen eigenen Zufahrtdienst zu den Kraftwagenbesitzern an.

Doch Hohners Schwabengarage war nicht nur durch die freie Aufstellung ohne abgetrennte Boxen vorbildlich für die Entwicklung der Hochgarage, sondern auch durch die Erschließung über Rampen. Diese ziehen sich an den Außenwänden entlang, je viertel Umdrehung wird ein Geschoss überwunden und daher je viertel Umdrehung auch ein Abzweig in ein Geschoss angeordnet. Die Zufahrt erfolgt über die Brenzstraße zur Rückseite der Garage, in deren Mitte die Auffahrtrampe beginnt. Sie endet in der Mitte der Vorderseite des dritten Obergeschosses. Daneben liegt dort die Einfahrt zur Abfahrtrampe. Diese endet in der Mitte der Rückseite (neben der Auffahrtrampe), und der abfließende Verkehr wird durch das Erdgeschoss zur Cannstatter Straße geführt, um eine Kreuzung mit auffahrenden Wagen und jeglichen Gegenverkehr zu vermeiden. Diese Art der Rampenführung bleibt jedoch die Ausnahme – es setzen sich andere Systeme durch.[120]

Rampenparkhäuser

Die Rampe als schiefe Ebene zur stufenlosen Höhenüberwindung ist aus der Architekturgeschichte seit Jahrtausenden vor allem zur Beförderung von Lasten oder als Aufgang für Tiere bekannt. Eine Parkhausrampe für Automobile finden wir erstmals 1918 in den USA.

Ein Rampenparkhaus muss leicht zu befahren sein. Wesentlich bei der Rampe ist daher das Steigungsverhältnis. Die Steigung ist abhängig von der insgesamt zu überwindenden Höhe. Je größer diese ist, desto geringer muss das Steigungsverhältnis ausgelegt sein. Überwindet die Rampe eine volle Geschosshöhe, sind seit den 1920er Jahren 10 bis 12 Prozent empfohlen worden. Kurze Rampen, die nur eine halbe Geschosshöhe überwinden, können mit bis zu 15 Prozent entsprechend steiler sein.

Rampenanlagen verlangen den Kunden bei den oberen Stockwerken Zeit, Wagenverschleiß und Treibstoffverbrauch ab. Daher lassen sich Plätze in den oberen Stockwerken schlechter vermieten. Auch bedeutet für den Betrieb jedes weitere Geschoss eine zunehmende Verkehrsbelastung der unteren Rampen. Schon 1931 wird daher eine maximale Anzahl von fünf bis sechs Stockwerken empfohlen.[121]

Die Rampen können innerhalb der Parketagen verlaufen, aber auch außen an die Parkgeschosse angebaut sein. Da das Rampensystem einen großen Teil der Parkhausfläche in Anspruch nimmt, spielt es eine erhebliche Rolle bei den Gesamtbaukosten. Denn Rampen sind keine Parkflächen, sondern als Verkehrswege notwendige »Verlustflächen«.[122] Je mehr Stellplätze ein Geschoss besitzt, desto geringer ist der Anteil der Rampenfläche pro Stellplatz. Als lohnend galt die Rampe 1930 erst ab 30 Stellplätzen pro Geschoss. Ab einer gewissen Anzahl von Stellplätzen jedoch ist die Kapazität einer Rampe erschöpft.

Im Vergleich zu Aufzügen wird die Rampe bei größeren Hochgaragen als wirtschaftlicher eingeschätzt, da sie weniger Grundfläche einnimmt und nahezu keine Betriebskosten verursacht. So rechnete Conradi 1926 am Beispiel der geplanten ›Casa dell'Automobile‹ in Rom mit einer durchschnittlichen Anzahl von Aufzügen vor: »Die benötigten Rampenanlagen von 60 m Länge und 3,5 m Breite beanspruchen an überbautem Raum 420 qm. Wollte man bei dieser Anlage Fahrstühle verwenden und rechnete auf je 30 Wagen einen Fahrstuhl, so wären 30 Fahrstühle zu 18 qm benötigt = 540 qm bebaute Fläche. Hier zeigt sich also, daß die Fahrstuhlanlage, die an sich ein höchst unerwünschtes Zwischenglied zwischen Box und Straße ist, bei großen Anlagen dazu nicht Raum spart, sondern in hohem Maße Raum verschwendet. Weiter bedeuten Rampenanlagen eine einmalige Ausgabe, Fahrstuhlanlagen erfordern fortgesetzt hohe Betriebs- und Unterhaltungskosten.«[123]

Lange Zeit wurde sehr unsicher mit verschiedensten Rampensystemen experimentiert. In Conradis Garagen-Buch nimmt diese Frage ein Drittel des Buchumfanges ein: »Für europäische Garagen kommt als vertikales Beförderungsmittel meist die Rampe in Frage. Deshalb soll auch den Rampenanlagen besondere Beachtung gewidmet sein; die folgenden Ausführungen behandeln alle Möglichkeiten der Höhengewinnung durch Rampen.«[124]

Es können Garagen mit einer einzigen Rampe für den auf- und abfahrenden Verkehr oder mit getrennten Rampen unterschieden werden. Bei einer gemeinsamen Rampe, die im Gegenverkehr befahren wird, bestehen gewöhnlich getrennte Fahrbahnen. Nur bei einfachen Tief- oder Hochgeschossen mit entsprechend kurzen Rampen und wenigen Stellplätzen kommen einspurige Rampen vor, deren Befahren dann durch eine Lichtzeichenanlage gesteuert werden muss.

Für die Höhenüberwindung wurden bis in die 1920er Jahre alle noch heute vorkommenden Rampensysteme entwickelt, die sich sämtlich aus den bekannten Treppenanlagen ableiten lassen. Ihre Raumbeanspruchung ist unterschiedlich. Je raumgreifender die Rampe ist, desto größer muss die Geschossfläche der Garage sein, um zu einer akzeptablen Ausnutzung des Grundstücks zu kommen. Bedeutend sollten daher für die Wahl einer Rampenart die Grundstücksgröße und die Anzahl der Geschosse sein. Denn Ziel ist ein möglichst günstiges Flächenverhältnis der Fahrwege zur Anzahl der Parkstände. Dieses Verhältnis wird ausgedrückt in der Bruttogeschossfläche pro Parkstand, d.h. alle Geschossflächen, bestehend aus Stellplätzen, Fahrgassen, Rampen oder Aufzügen, Treppenhäusern usw., werden addiert und durch die Anzahl der darauf untergebrachten Stellplätze geteilt. Ein Wert unter 25 m² pro Stellplatz kann als akzeptabel angesehen werden. Mit anderen Worten: Zur eigentlichen Fläche des Stellplatzes von 12,5 m² kommt noch einmal dieselbe Fläche für Verkehrswege.

Die Rampengaragen setzten sich mit der technischen Verbesserung der Automobile nach dem Ersten Weltkrieg durch. Rampen stellten für die modernen Fahrzeuge keine Schwierigkeiten mehr dar, der Betrieb von Rampengaragen war ungleich kostengünstiger und schneller in den Betriebsabläufen. Da aber eine gewisse technische Unzuverlässigkeit der Automobile immer noch zu befürchten war, wurden Rampengaragen in den 1920er Jahren häufiger auch mit einem zusätzlichen Lastenaufzug ausgestattet, der die Beförderung fahruntüchtiger Kraftwagen ermöglichte.

Von der womöglich ersten deutschen Rampengarage berichtet Müller 1925. Diese dreigeschossige Anlage eines Ingenieurs Surenbruck lag außerhalb der Hamburger City in Kronskamp und bot 300 Automobilen in geräumigen Boxen von 3 × 6 m Grundfläche Platz.[125] Es waren außerdem einige Motorradboxen vorhanden. Keller- und Obergeschoss wurden durch Rampen erschlossen, die an der Außenseite lagen. Mit 20 Prozent waren sie außergewöhnlich steil, was nicht nur bei Eis und Schnee Schwierigkeiten bereitet haben muss. Die 8 m breiten Fahrgassen in der Garage waren mit Klinkern gepflastert. Zwar hatte Surenbruck Gemeinschaftswaschplätze vorgesehen, doch waren diese so abgelegen, dass die Chauffeure die Kraftwagen vor ihrer Box in der Fahrgasse wuschen, was zu Behinderungen im Betriebsablauf führte. An weiteren Dienstleistungen gab es drei Benzinzapfsäulen, eine »vorzüglich ausgestattete Reparaturwerkstatt« sowie Hilfswäscher und Hilfschauffeure.

Wie die weitere Geschichte der Hochgaragen zeigen wird, war eine Rampe mit 20 Prozent deutlich zu steil. Die Steigungsfähigkeit der Automobile lag kaum über diesem Wert.

Parkhäuser mit geraden Rampen

Doch in einer Hinsicht war Surenbrocks Garage, wie auch die Hohners in Stuttgart, vorbildlich, nämlich in der Einführung der geraden Rampe. Gerade Rampen stellen nicht nur eine einfach ausführbare Konstruktion dar, sondern sind auch für die Kunden gut überschaubar und zügig befahrbar. Die Rampenlänge sollte laut einer späteren Empfehlung von Farmont im Normalgeschoss 20 m nicht überschreiten. Mehrere hintereinander angeordnete Rampen sah er als günstig an.[126]

Es lassen sich vier unterschiedliche Systeme gerader Rampen unterscheiden (Abb. 22):[127] Der erste Typ ist durch Rampen gekennzeichnet, die übereinander angeordnet sind und im

Gegenverkehr befahren werden. Bei einer zweiten Variante sind Auffahrt- und Abfahrtrampen zwar jeweils übereinander angeordnet, werden aber nicht im Gegenverkehr befahren, sondern liegen entgegengesetzt geneigt nebeneinander. Diese Art wurde in der Fachliteratur auch als ›Sosline-Ramp‹ bezeichnet. Der bautechnische Mehraufwand ermöglicht die gleiche Fahrtrichtung für die auf- und abfahrenden Kraftwagen und vermeidet kreuzenden Verkehr. Beim dritten Typ liegen die Auffahrtrampen übereinander an einem Ende des Parkhauses, die Abfahrtrampen ebenfalls übereinander am anderen Ende. Schließlich können die Rampen statt über- auch hintereinander verlaufen. Die Auffahrtrampen liegen dann auf der einen Längsseite des Parkhauses, die Abfahrtrampen oft auf der anderen Seite.

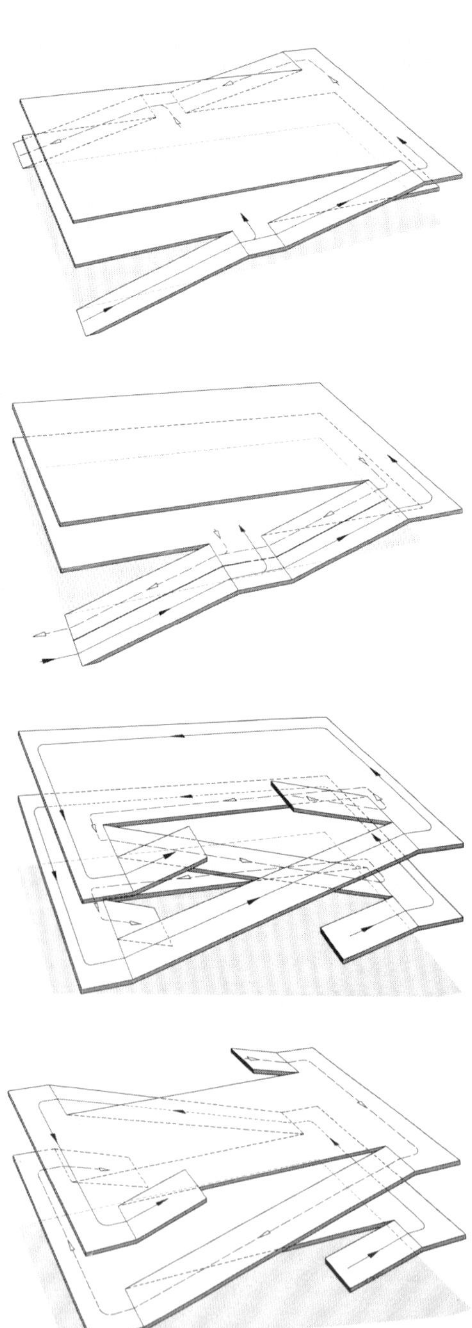

22 *Varianten gerader Rampen*

Die Großgarage für tausend Kraftwagen der Brüder Luckhardt und Alfons Anker in Berlin-Charlottenburg (1924) sollte je Geschoss eine eigene vom Erdgeschoss ununterbrochen durchlaufende Rampe für Zu- und Abfahrt erhalten, um eine schnelle Entleerung vor allem morgens gewährleisten zu können. Die Steigung wurde im Unterschied zu Amerika mit 10 bis 12,5 Prozent geplant, da deutsche Kraftwagen aufgrund des höheren Benzinpreises schwächer motorisiert waren. Aufzüge galten als zu kostspielig, und selbst Schnellaufzüge in Spitzenzeiten den Anforderungen nicht gewachsen.

Ein vielfach im In- und Ausland publiziertes Projekt,[128] das aus unbekannten Gründen nicht realisiert wurde, ist eine Rampengarage in der Gegend des Kaiserdamms in Berlin-Charlottenburg, die ebenfalls von Hans und Wassili Luckhardt mit Alfons Anker 1924 im Auftrag der Wender Aktien-Gesellschaft entworfen wurde.[129] Der auf einem Eckgrundstück an der Knobelsdorff- und Sophie-Charlotten-Straße projektierte Bau, der durch Beschreibungen, Modellfotos und Grundrisse bekannt ist, sollte durch eine einzige Ein- und Ausfahrt in der So-

23 Großgarage für tausend Kraftwagen der Brüder Luckhardt und Anker in Berlin-Charlottenburg, Obergeschoss-Grundriss

phie-Charlotten-Straße nahe der Gebäudeecke erschlossen werden. Rückwärtig grenzte der vorgesehene Bauplatz an den S-Bahn-Damm. Zwischen Ein- und Ausfahrt ordneten die Architekten ein Pförtnerhaus an und hinter diesem eine Tankstelle, die auch dem Durchgangsverkehr dienen sollte. Während Chauffeure die Wagen selbst zu den Stellplätzen fahren sollten, war für Selbstfahrer die Übergabe an einen »Boy« (in diesem Begriff mag sich das Vorbild der USA besonders ausdrücken) gegen Aushändigung einer Nummer beabsichtigt. Dieser sollte für Wagenwäsche, Abschmieren, Volltanken und Abstellen sorgen.

Das Projekt bestand aus drei U-förmig um einen Hof gruppierten Teilen (Abb. 23). Der eigentliche Garagenteil erstreckte sich entlang des Bahndamms und wurde wegen seiner Länge durch Mauern in sieben Brandabschnitte getrennt. Jeder Abschnitt sollte ein Treppenhaus und einen Personenaufzug erhalten. Während die Front zum Bahndamm in einer Flucht verlief, wurde sie im Hof von Süd nach Nord vier fach zurückgestuft. Hier waren die fünf Garagengeschosse durch Glasfenster abgeschlossen, die einerseits Licht gaben, andererseits eine Lärm- und Geruchsbelästigung der Anwohner in den benachbarten Mietskasernen verringerten.

Die sieben Boxengassen des Erdgeschosses wurden über den Hof von Osten her direkt angefahren und verlassen, die vier Obergeschosse erhielten gerade Rampen an den Schmalseiten. Die übereinander liegenden, auskragenden Auffahrtrampen sind an der Nordseite der Hochgarage angeordnet, die Abfahrten an der Südseite. »Jedes Stockwerk hat seine eigene Zu- und Abfahrtsrampe, auch bei irgendwelchen Störungen auf diesen ist noch Platz genug zur Vorbeifahrt vorhanden.« Zwischen den Rampen verlief in jedem Geschoss entlang der Westfassade auf auskragenden Betonplatten die Erschließungsfahrbahn der Parkgeschosse im Einbahnverkehr. Von hier aus zweigten rechtwinklig Gassen zu den Boxenreihen ab. In den Grundrissen und Modellfotos ist die Schrägaufstellung der Fahrzeuge, welche die Architekten in Versuchen als besonders vorteilhaft ermittelt und auf die sie ein Reichspatent angemeldet hatten,[130] nicht erkennbar. Die Boxengassen erhielten im oberen Geschoss keine Überdachung. Dies sparte nicht nur Baukosten und technische Einrichtungen wie die Entlüftung, sondern lockerte den großen Baukörper auch erheblich auf. Er maß in der Länge immerhin rund 140 m.[131]

Den zweiten Teil des Bauprojektes bildete die zweigeschossige Werkstatthalle. Sie war rechts von der Einfahrt entlang der Straße geplant. Der dritte und schmalste Teil schließlich barg die LKW-Ausstellungsräume an der Knobelsdorffstraße und in den Obergeschossen Büros,

24 Hochgarage in Krefeld (1928)

Chauffeurhotel, Kantine und Dachgarten. Ein Turm begrenzte den Trakt am westlichen Kopf. Er enthielt die Betriebstechnik (Elektrizitäts- und Telefonzentrale, Wasch- und Löschwassertanks sowie Entlüftungsanlage).

Die Form der Architektur betonte mit den ausgreifenden Betonplatten der Parkebenen die Horizontale. Die Ecken sind wie bei anderen Projekten der Brüder Luckhardt und ihrer Zeitgenossen gerundet und bilden darin durchaus auch den Verkehrsstrom ab, dem rechtwinklige Ecken fremd sind.[132] Ein vom südlich verlaufenden Kaiserdamm weithin sichtbares Zeichen ist der vertikale Kontrast des hohen Turmes, der seinerseits wieder durch horizontale, um die Ecken geführte Fensterbänder charakterisiert wird.

Doch nicht nur in den Metropolen, sondern auch in den kleineren deutschen Städten entwickelte sich Ende der 1920er Jahre eine Großgaragen-Bautätigkeit. So war 1928 in Krefeld eine Hochgarage in der Stephanstraße entstanden (Abb. 24). Diese zunächst nur zweigeschossige Rampengarage aus Stahlbeton wurde von Carl Staudt entworfen.[133] Der Grundriss war bedingt durch die Grundstücksverhältnisse unregelmäßig. Die gerade Rampe führte von der Einfahrt unmittelbar in das Obergeschoss.

Die schlichte Putzfassade wurde horizontal durch die Gesimse der Fensterreihen betont. Ohne weitere gestalterische Folgen ließ sich dieser Entwurf um weitere Geschosse aufstocken, und dies war in einem weiteren Bauabschnitt auch geplant, wie die auf der Dachfläche aus den Betonstützen herausstehende Anschlussbewehrung ebenso belegt, wie eine Skizze von 1928.[134] Funktional war im Erdgeschoss das Büro des Betriebsleiters zwischen den beiden Einfahrten in das Erd- und das Obergeschoss angeordnet. Davor lag die später entfernte Tankstelle, dahinter schlossen sich Sanitärräume an. In der Nordwestecke befand sich die Reparaturwerkstatt mit Schmiede, in der Südostecke ein Laden. Die Boxen waren am Rand entlang aufgereiht, inmitten des freien Rangierraumes davor lagen zwei Abschmiergruben. Die vierflügeligen Falttore der Boxen ragten nur wenig in die befahrenen Flächen hinein. Der Grundriss des Obergeschosses entsprach dem Erdgeschoss. Statt der Werkstatt befand sich hier eine Lackiererei. Die geplante Aufstockung wurde nie realisiert. Vielmehr wurde die Garage 1984 abgebrochen.

Noch einmal Paris

Während es in Deutschland Mitte der 1920er Jahre meist noch beim Entwurf blieb, entstanden im Ausland zahlreiche Hochgaragen. Das Jahr 1925 mit Mel'nikovs Projekten und dem Baubeginn der ›Garage Raspail‹ löste in Paris einen regelrechten Großgaragen-Boom aus. Ein mit rund 680 Plätzen etwas kleineres Parkhaus wurde noch im selben Jahr in der Rue Coustou, einer kurzen Nebenstraße der Place Blanche erbaut.

Nachdem Robert Mallet-Stevens schon 1925 am Boulevard Haussmann das ›Magasin Alfa Romeo‹ entworfen hatte, schuf er zwei Jahre später ebenfalls für Alfa Romeo eine Garage mit Werkstätten und Verkaufsraum in der Rue Marbeuf, Nr. 36.[135] Sie stand zunächst zwischen zwei Haussmannschen Bauwerken (Abb. 25). Die stark horizontal akzentuierte Fassade aus Brüstungen und Fenstern war schlicht. Oberhalb der Tore nahm Mallet-Stevens sein Motiv des Eingangs vom Fremdenverkehrspavillon der Pariser Kunstgewerbeausstellung von 1925 als Schutzdach wieder auf.

Die Automobile wurden im Erdgeschoss in einem geometrischen farbigen Dekor auf einer Grundfläche von 800 m² ausgestellt. Im Kern

25 Garage Alfa Romeo (1927) von Mallet-Stevens in Paris

befand sich ein Lichthof, der mit einem Glasdach geschützt war. Um ihn waren die vier Geschosse angeordnet. Sie ruhten auf parabolischen Bögen. Während die tragende Konstruktion aus Stahlbeton bestand, waren die Füllungen mit Backstein ausgemauert. Zahlreiche Öff-

26 Garage Marbeuf (1928–1929) von Laprade und Bazin in Paris, Inneres des Verkaufsraumes

nungen darin sorgten für eine natürliche Beleuchtung. Neben den Rampen gab es auch einen Lastenaufzug. Als oberstes Geschoss ordnete der Architekt Wohnungen an – griff also eine ähnliche Idee auf, wie sie Le Corbusier zwei Jahre zuvor mit seinen Künstlerateliers vergeblich zu verwirklichen versucht hatte. Die uneingeschränkte Funktionalität und Nüchternheit dieser Garage überzeugte die zeitgenössische Architekturkritik: »L'auteur s'est attaché à réaliser logiquement un programme bien déterminé sans rien ajouter d'inutile ou d'irréfléchi. [...] Sous son extrême simplicité, chaque élément est minutieusement justifié.«[136]

Als bedeutendes französisches Beispiel der späten 1920er Jahre wurde mehrfach die Citroën-Garage in der Rue Marbeuf 32–34 in Paris publiziert.[137] Indes, eine Rezeption und Nachfolgebauten lassen sich nicht belegen.

Entstanden war diese Garage 1928 bis 1929 unmittelbar rechts neben der 1927 von Mallet-Stevens erbauten ›Garage Alfa Romeo‹.[138] Der Entwurf stammt von den Pariser Architekten Albert Laprade und Léon Emile Bazin. Ein Teilhaber André Citroëns, Etienne Bunau-Varilla, hatte die beiden um den Entwurf eines Autohauses mit Ausstellungshalle und Lager gebeten. Außerdem arbeitete André Ravazé, Architekt der Firma Citroën, an dem Entwurf mit. Die Glasfassade schließlich entwarf Jean Prouvé.

Die Hochgarage bot in zehn Geschossen nicht nur Einstellplätze für 500 Fahrzeuge, sondern war in dem zur Rue Marbeuf gelegenen Teil auch Ausstellungs- und Verkaufsraum, »Garage et Magasin de Vente d'Automobiles« (Abb. 26). Eine großzügige offene Halle reichte über sechs Stockwerke mit fünf Galerien – ein eindrucksvoller Ausstellungssalon, dessen Glasfassade wie ein über die gesamte Bauwerkshöhe reichendes Schaufenster wirkte (Abb. 27).

Die Fassade wurde von vorspringenden Eckrisaliten mit schmalen horizontalen Fensterbändern in den Geschossen gerahmt und war

27 Glasfassade der Garage Marbeuf bei Nacht – das Bauwerk wirkt wie eine riesige Vitrine

dazwischen vollständig verglast. Die einzelnen Scheiben wurden durch filigrane Stahlrahmen gehalten. Über allem leuchtete bei Dunkelheit die Werbeschrift »Citroën«. Die Stürze der Erdgeschoss-Eingänge der seitlichen Risalite trugen die Beschriftung »Marbeuf« – in Beton über die gesamte Breite gegossen. Die weiteren Geschosse waren von der Straße aus zurückgestuft und daher von dort nicht wahrzunehmen.

Die Zufahrt zur Rampenanlage im rückwärtigen Parkhausbereich erfolgte von hinten. Die Garage Marbeuf erhielt gerade Rampen entlang der beiden Seiten, je eine für Auf- und Abfahrt. Auf den Rampen und in den Stockwerken herrschte Einbahnverkehr. Dies und die Schrägaufstellung ermöglichte 3 m schmale Fahrgassen. Wegen der geringen Grundstücksbreite konnte zwischen den Fahrgassen aber jeweils nur eine Wagenreihe angeordnet werden. Der Vorteil dieser Anordnung war, dass die

Fahrzeuge die Stellplätze durchfahren konnten, also kein Rückwärtsrangieren notwendig war. Dies hatte Mel'nikov 1925 in die Pariser und später auch Moskauer Parkhausarchitektur eingeführt. 1952 wurde die Garage Marbeuf abgerissen.

Sosline-Ramp-Garagen

Als ›Sosline-Ramp‹ wurden Rampenanlagen bezeichnet, bei denen Auf- und Abfahrtrampen entgegengesetzt geneigt nebeneinander lagen. Vorteil dieses bautechnischen Mehraufwandes war, dass auf- und abfahrende Kraftwagen immer in gleicher Fahrtrichtung unterwegs waren und kreuzender Verkehr vermieden wurde. Erstmals ausgeführt wurde sie in der ›Motor Mart Garage‹ in Boston/Mass. 1926 bis 1927 nach Entwurf von Ralph Harrington Doane. Mit dieser »Tagesabstellgarage« mit Art-deco-Fassade im Zentrum (211 Stuart Street, nahe dem Park Plaza Hotel) gewann Doane den Harleston Parker Preis der Boston Society of Architects. Mit 2.000 Stellplätzen in acht Stockwerken zählte die ›Motor Mart Garage‹ mit den ›Kent-Garagen‹ in New York (1928) und Chicago (1930) sowie der ›Autorimessa‹ in Venedig (1931–1934) lange zu den größten Garagen der Welt.[139] Sie konnte infolge der leistungsfähigen Rampen in weniger als einer Stunde entleert werden. Für die Versorgung der Kraftwagen waren zehn Zapfsäulen und eine Waschanlage vorhanden. Sie »reinigt die Wagen in 8 Arbeitsgängen, ermöglicht also gleichzeitig die Behandlung von 8 Wagen.«[140] Ein weiteres ausgeführtes Beispiel einer solchen Rampenanlage ist indes nicht bekannt.

Split-level-Garagen

Die gerade Rampe sollte auch für eine weitere Hochgaragen-Art größte Bedeutung haben. In den Jahren 1919 bis 1923 hatte sich Fernand Emile D'Humy aus Englewood/New Jersey in mehreren Varianten ein »mehrstöckiges Kraftwagenhaus mit in der Höhenrichtung gegeneinander versetzten, durch eine Längswand getrennten Geschossen« als seine Erfindung patentieren lassen.[141] Bei diesen ›Split-level-Garagen‹ werden zwei Trakte um ein halbes Geschoss gegeneinander versetzt. Zwischen den Halbgeschossen sind kurze Rampen angeordnet. Da sie nur eine halbe Geschosshöhe überwinden, sind sie kürzer und können damit steiler sein, als Rampen, die ein ganzes Geschoss überwinden müssen, etwa 15 statt 10 Prozent. Nimmt man die Geschosshöhe inklusive der Deckenstärke mit 3 m an, so sind 1,50 m zu überwinden. Bei 15 Prozent Steigung sind dazu 10 m Rampenlänge nötig – exakt zwei Stellplatzlängen. Dies bringt den Vorteil mit sich, dass die Halbrampen genau zwischen die Fahrgassen der beiden Halbgeschosse eingepasst werden können.

Diese Rampenanordnung ist die Platz sparendste. Zudem können auf schmalen Grundstücken die Halbgeschosse noch um etwa 1,5 bis 2 m ineinandergeschoben werden, so dass die Motorhauben der parkenden Autos unter dem nächsthöheren Halbgeschoss stehen. Die Rampe verkürzt sich dann aber und wird steiler, sofern nicht die Geschosshöhe entsprechend verringert werden kann.

Die mögliche Fahrgeschwindigkeit wird für D'Humy-Rampen mit 10 km/h etwas niedriger als für Geschossrampen (12 km/h) angegeben. Um ein störendes und zeitraubendes Durchfahren der Parketagen zu vermeiden, sollten die Rampenpaare für Auf- und Abfahrt nicht zu weit auseinander liegen.[142] Beträgt der Abstand zwischen den Rampen etwa vier Stellplätze, kann das Parkhaus mit annähernd gleichem Lenkradeinschlag wie bei einer kreisrunden Wendelrampe befahren werden.

Ein frühes nach dem D'Humy-System ausgeführtes Exemplar mit versetzten Geschossen und geraden Halbrampen wurde 1926 in Winston-Salem/North Carolina, fertiggestellt.[143]

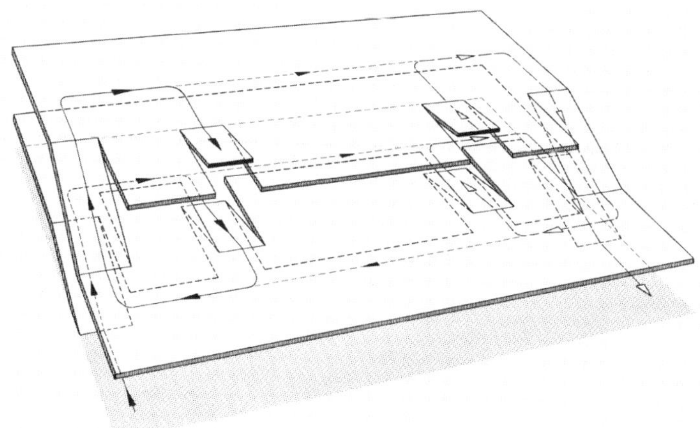

28 Schaubild des häufigsten Typs der Split-level-Garage

Müller würdigte 1925 als erster in Deutschland die Kurzrampe mit halb versetzten Geschossen.[144] Conradi wies 1931 darauf hin, dass die amerikanischen Erfahrungen mit D'Humy-Anlagen eine glatte Verkehrsabwicklung belegten und ein optimales Fassungsvermögen ergaben.[145] Bis heute sind Split-level-Garagen bewährt und weit verbreitet.

Es lassen sich drei Varianten unterscheiden: Bei Variante 1 herrscht Gegenverkehr auf Fahrgassen und Rampen. Die breiten Rampen mit getrennten Fahrbahnen dienen sowohl dem auf- als auch dem abfahrenden Verkehr. Zur Überwindung einer vollen Geschosshöhe sind nur zwei (breite) Rampen notwendig, was eine preisgünstige Bauausführung erlaubt. Ein Richtungswechsel ist nur durch Wenden auf der Fahrbahn möglich. Der auf- und abfahrende Verkehr wird daher in Stoßzeiten durch rangierende Fahrzeuge behindert.

Bei Variante 2 sind die Rampen ebenso paarweise angeordnet, die Auf- und Abfahrt aber wie bei der Sosline-Rampe entgegengesetzt geneigt. Dadurch wird es möglich, dass sich auf- und abfahrende Fahrzeuge in gleicher Richtung bewegen. Kollisionsgefahr besteht dennoch an den Rampenenden, an denen auf- und abfahrender Verkehr aufeinander treffen. Das ist besonders dann der Fall, wenn die Sicht durch Wände eingeschränkt ist. Nachteilig ist auch, dass der langsam auffahrende Parkplatzsuchverkehr in jedem Halbgeschoss auf den schneller abfahrenden Verkehrsfluss trifft. Für vielgeschossige Garagen mit großer Geschossfläche bieten sich dennoch solche getrennten Linienführungen für Auf- und Abfahrt an, wenn sie auch etwas mehr Platz beanspruchen. Für die Fahrer ist dies bequemer, da ohne Gegenverkehr weniger Aufmerksamkeit erforderlich ist.

Bei Variante 3 schließlich wird der Gegenverkehr auf den Fahrgassen dadurch ausgeschlossen, dass für Auf- und Abfahrt zwei unabhängige Kreise als Einbahnstraßen nebeneinander liegen (Abb. 28). Dazu gibt es an beiden Enden je eine Rampe gleicher Neigungsrichtung, die auf der einen Seite der Auf- und auf der anderen Seite der Abfahrt dient, sowie in der Mitte Rampen gleicher Neigung für auf- und abfahrende Autos. Hier kann es zu Gegenverkehr kommen. In jedem zweiten Halbgeschoss ist ein Wechsel der Fahrtrichtung möglich. Der Flächenbedarf ist in größeren Parkhäusern bei dieser Variante der geringste, nur bei kleinen Parkhäusern liegt er etwas höher.[146]

Ein frühes Beispiel der Variante 3 ist die Garage der Michigan Boulevard Corporation in Chicago/Illinois (vor 1931). Erste ausgeführte Bei-

29 Witzleben-Garage in Berlin

spiele in Deutschland waren die Cohag-Garage in Frankfurt am Main und die Witzleben-Garage in Berlin (1930).

Die Cohag-Garage in Frankfurt am Main belegt, dass auch eine ungünstige Grundstücksform genutzt werden kann (Karlstraße Ecke Moselstraße, gegenüber dem Hauptbahnhof). Die D'Humy-Rampe hat sich hier »in jahrelangem Gebrauch als einwandfrei funktionierend erwiesen«.[147] Wie in Prag war eine Zusammenfassung mit Büros und Hotel vorhanden.

Im Juni 1930 öffnete in der Berliner Rognitzstraße die dreigeschossige ›Witzleben-Garage‹ (Abb. 29).[148] Sie ist an das ›Junggesellenhaus‹ Fredericiastraße 2–3 angebaut und wie dieses von dem Berliner Architekten Rudolf Maté entworfen. Im ersten, realisierten Bauabschnitt fanden 250 bis 300 Kraftwagen in Einzelboxen und Sammelgaragen Platz. In einem zweiten Bauabschnitt sollten in drei weiteren Geschossen 300 Plätze hinzukommen. In jedem Geschoss gab es zwei Waschplätze, mehrere Hebebühnen und Kompressoranlagen zum Aufpumpen der Reifen. Die mäßig ansteigenden Rampen für Auf- und Abfahrt waren jeweils 9 m breit. Selbsttätige Falltüren sorgten im Brandfall für feuersichere Brandabschnitte. Darauf wurde von den Baubehörden besonders viel Wert gelegt. Das Treppenhaus an der Rognitzstraße wurde von Anfang an in voller Höhe erstellt, so dass es auch für den zweiten Bauabschnitt dienen konnte. Rechts von diesem befand sich die Einfahrt in das Keller- und Erdgeschoss, eine weitere Zufahrt in das Erd- und Obergeschoss war von der 4,50 m höher gelegenen Stülpnagelstraße aus vorhanden. Sämtliche Ausfahrten lagen jedoch an der Rognitzstraße. Hier war auch die Tankstelle angeordnet, die bereits 1930 elektrisch betriebene Benzinpumpen hatte. Die Fassade zur Rognitzstraße wurde als Hauptschauseite gestaltet. Die Wandflächen waren mit glasierten Tonplatten verkleidet, die großflächigen Fensteröffnungen mit Drahtglas in Stahlrahmen geschlossen. Der Treppenturm hingegen wurde mit weißem, hinterleuchtetem Überfangglas in Szene gesetzt.

Wendelrampen

Wendelrampen sind spiralförmig um einen meist offenen Kern steigende Rampen, die häufig außen an das eigentliche Parkhaus angebaut sind, aber auch in den Baukörper integriert sein können (Abb. 30). Auf- und abfahrender Verkehr fließen außerhalb der Parkgassen, die Geschosse müssen dazu nicht durchfahren werden. Die vertikale Verbindung erfolgt also auf dem kürzesten Weg und ungestört von Rangierverkehr. Somit können die einzelnen Parketagen schnell erreicht werden. Vorteilhaft sind auch die Befahrbarkeit mit gleich bleibendem Tempo und Lenkradeinschlag. Die größten Nachteile sind die benötigte größere Grundfläche und die höheren Baukosten, insbesondere wenn für Auf- und Abfahrt jeweils eigene Rampen errichtet werden.

Wendelrampen mit Gegenverkehr

Die einfachste Wendelrampe wird für auf- und abfahrende Autos im Gegenverkehr betrieben. Hierbei wird in ungefähr einer Dreivierteldrehung eine Geschosshöhe überwunden, das übrige Viertel der Kreisdrehung ist für die Aus- und Einfahrt waagerecht an die Geschossebenen angeschlossen. Die innere Fahrbahn hat das stärkere Gefälle und sollte daher den abfahrenden Verkehr aufnehmen. Der äußere Durchmesser beträgt 20 m oder mehr, die Steigung möglichst nicht mehr als 10 Prozent.

Aufwendiger sind eigene Wendelrampen für auf- und abfahrenden Verkehr. Zwar reduziert sich der Durchmesser, da die Fahrbahnbreite nur für eine Fahrtrichtung dienen muss, doch sind nun zwei Rampentürme notwendig. Die Parkdecks können zwischen diesen angeordnet werden oder die Rampentürme liegen nebenei-

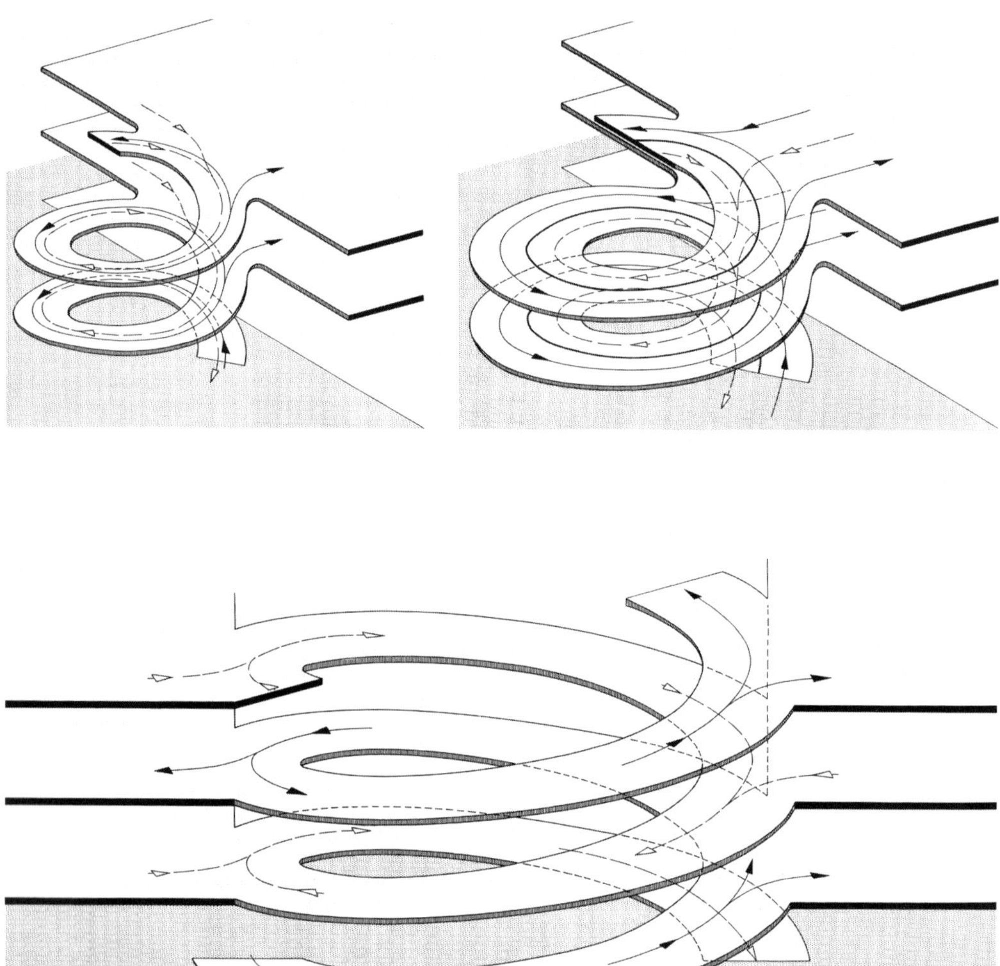

30 Schaubild der einfachen und der Doppelhelix-Wendelrampe

nander an einer Seite des Parkhauses. Vorteilhaft ist ein recht langes Parkdeck, da dann das Verhältnis zwischen Rampenfläche und Parkfläche günstiger wird.

Die Vorteile beider Typen – geringer Platzverbrauch bei nur einem Rampenturm, jedoch Betrieb ohne Gegenverkehr – vereinigt die Doppelhelix, bei der die Spiralen für Auf- und Abfahrt jeweils versetzt übereinander angeordnet werden. Dabei muss eine Geschosshöhe mit einer halben Umdrehung überwunden werden, einschließlich des ebenen Rampenanteils, der für die Ein- oder Ausfahrt zum oder vom Geschoss nötig ist. So bleibt für die Höhenüberwindung nur ungefähr eine Drittelumdrehung. Dies erfordert, wenn die Steigung nicht zu stark werden soll, einen längeren Weg, also einen größeren Durchmesser, als bei den einfachen Wendelrampen. Er beträgt selten weniger als 30 m, wobei die Steigung dennoch deutlich über 10 Prozent erreicht.

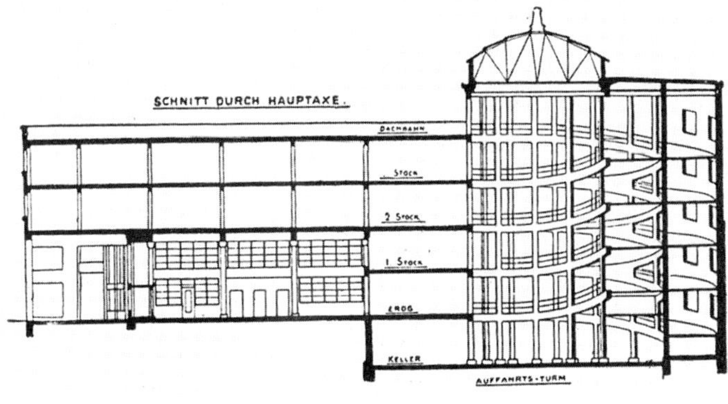

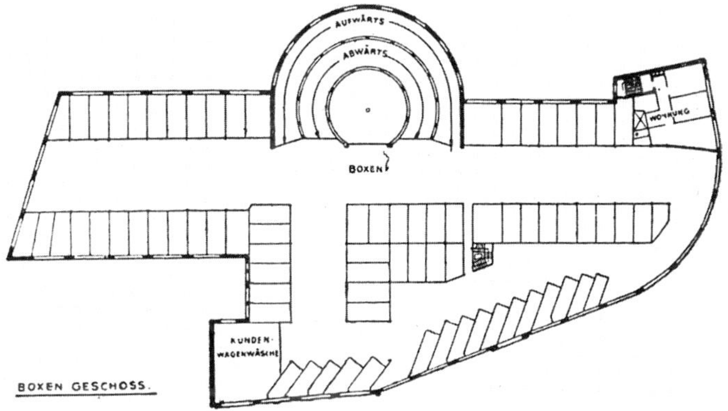

31 Schlotterbeckgarage (1927–1928) in Basel von Baumgartner und Hindermann, Längsschnitt und Grundriss eines Normalgeschosses

Das möglicherweise älteste Rampenparkhaus hatten Holabird & Roche 1918 in Chicago neben dem 1909 von ihnen im ›Second Empire Style‹ errichtete Hotel LaSalle entworfen.[149]

Die mit Backstein und Terrakotta verblendete Fassade erhielt geschlossene Fenster, um die Automobile gegen die Witterung zu schützen. Die entscheidende Innovation war die Einführung einer Rampe, auf der die Automobile mit eigener Kraft in die Obergeschosse gefahren werden konnten. Holabird & Roche entschieden sich damals für die Form der Spiralrampe. Diese besaß nur eine Fahrbahn, konnte also nur abwechselnd für den auf- oder abfahrenden Verkehr genutzt werden. Daher erfolgte das Parken der Fahrzeuge durch Service-Personal. Durch die erheblich gestiegenen Personalkosten konnte das Parkhaus 2005 nicht mehr mit Selbstfahrer-Parkhäusern konkurrieren und wurde abgebrochen, obwohl es erst wenige Jahre zuvor durch die Chicagoer Stadtverwaltung Denkmalstatus erlangt hatte.[150]

Die einfache Spiralrampe mit getrennten Fahrbahnen für Auf- und Abfahrt wurde 1927 bis 1928 mit der Baseler ›Schlotterbeck-Garage‹ in der Viaduktstraße 40 (am Hauptbahnhof) ausgeführt (Abb. 31). Der Entwurf für den 400 Wagen fassenden Bau stammte von den Architekten W. Emil Baumgartner und Hans Hindermann.[151] Conradi führte ihn 1931 als vorbildliches Beispiel für den Typ ›Wendelrampe mit getrennten Fahrbahnen‹ an.[152] Die innere, abwärts führende Fahrbahn hatte bei einem Radius von 8 m 9 Prozent Gefälle, die äußere, aufwärts führende Fahrbahn bei 12 m Radius 7 Prozent Steigung. Diese Anordnung ermöglichte ein müheloses Auf- und Abfahren und »war zu ihrer Zeit eine Sensation«.[153] »Mit erheblicher Schnelligkeit gleiten die Wagen hinab und herauf«, schwärmte Conradi.[154] Im Auge des runden Rampenturms lag ein 10 m breiter Lichthof.

Der Stahlskelettbau war mit Beton und Glas verkleidet. Die Parkgeschosse wurden mit durchlaufenden Fensterbändern belichtet. Unter dem Einfluss expressionistischer Architektur in der Manier Erich Mendelssohns war die Fassadenecke zur Margarethen- und Viaduktstraße gerundet. Im Erdgeschoss lag eine geräumige Zentralhalle mit Tankanlage, in deren Mitte ein Pförtner die Ein- und Ausfahrt kontrollierte. Die Spiralrampe führte bis auf das Dach. In jedem Stockwerk gabelte sich die Fahrbahn in drei Fahrgassen mit Boxen. Deren Tore waren im oberen Teil verglast, die Boxentrennwände waren im unteren Drittel massiv, darüber mit einem Drahtgeflecht geschlossen. Geheizt wurde die Garage mit einer Warmwasser-Zentralheizung. Die offene Dachterrasse sollte später überdacht und für freie Aufstellung genutzt werden, doch wurde stattdessen dann ein weiteres Geschoss aufgesetzt. Waschplätze für die Kraftwagen befanden sich im Keller, im Erdgeschoss war ein Verkaufsraum für Neuwagen, im ersten Obergeschoss einer für Gebrauchtwagen vorhanden. Hinzu kam ein umfangreiches Sortiment an Zubehör, ausgestellt in Glasvitrinen. Eine Reparaturwerkstatt war in einem Seitenflügel des Erdgeschosses untergebracht, eine Sattlerei und Lackiererei im obersten Stockwerk.

Getrennte Wendelrampen für Auf- und Abfahrt

Die Brüder Luckhardt und Alfons Anker wählten bei zwei Projekten des Jahres 1925 für Auf- und Abfahrt erstmals getrennte Wendelrampen. Ordneten sie für den Pariser Wettbewerb einer Garage für tausend Autos, an dem auch Mel'nikov teilgenommen hatte, bei ihrer ›Garage Falconet‹ die Rampentürme nebeneinander mittig vor der Längsseite der Garage an, was kurze Wege von der Rampe zum Stellplatz und zurück ermöglichte, so spannten sie für ein Berliner Projekt die Parkgeschosse zwischen den Türmen für Auf- und Abfahrt auf.

Schmale, ebenfalls zwischen zwei Wendelrampen angeordnete Parkgeschosse entwarf auch der Architekt E. Balser 1929 in Frankfurt am Main am Zirkus Schumann. Hinter der Auffahrtrampe verteilten zwei Fahrgassen die einfahrenden Kraftwagen. Wegen des schmaler werdenden Grundstücks liefen sie am Ende zu einer zusammen. Die Aufstellung beidseits der Fahrgasse war schräg. Zwei Treppenhäuser waren neben der Auffahrtspindel und im Kern der Abfahrtspindel angeordnet. Die glatte Fassade bestand aus den horizontalen Bändern der Brüstungen und Fenster. Doch führte Balser die Fensterbänder nicht um die Ecke, sondern betonte letztere in ihrer pfeilerartigen Wirkung. Vor Kopf ließ er Segmente der Rampenspindel an der deswegen gebogenen Fassade hervortreten. In fünf Geschossen waren Boxen für 324 Kraftwagen vorhanden, außerdem eine Restauration und ein Chauffeurhotel »sowie alle sonstigen erforderlichen Nebenräume«.[155]

Um 1929 entwarf der Bonatz-Schüler Walter Mertens die ›Jäger-Garage‹ mit Chauffeur-Hotel in der Kölner Jägerstraße, ein Bauwerk mit zwei Rampentürmen und über 800 Stellplätzen.[156]

Die klare Gestaltung mit zwei getrennten Rampentürmen war vorbildhaft schon 1926 bei der Erweiterung des ›Lingotto‹ in Turin realisiert worden. Diese seit 1915 von dem Architekten Giacomo Mattè Trucco geplante und von 1917 bis 1922 erbaute Fiat-Automobilfabrik war 1923 in Anwesenheit König Vittorio Emanueles III. eingeweiht worden. 1925 bis 1926 wurde das Fabrikgebäude mit zwei elliptischen Rampentürmen ergänzt. So durchliefen die bereits motorisierten Fahrzeuge unabhängig von Lasten-

32 Autorimessa (1931–1934) in Venedig von Miozzi, Ansicht 2006

aufzügen den Montagezyklus im Inneren der Fabrik vom Erdgeschoss durch alle anderen Geschosse bis zur Teststrecke auf dem Dach und zurück. Diese Piste nimmt das ganze Dachgeschoss des Fabrikgebäudes ein und besteht aus zwei Geraden von 443 m, die durch Steilkurven zu einem Rundkurs für Testfahrten der frisch montierten Fahrzeuge verbunden sind.

Die Dimension des Bauwerks, sein konsequenter Funktionalismus und die klare Stahlbetonkonstruktion beeindrucken die Fachwelt bis heute. Schon 1923 bildete Le Corbusier es in *Vers une Architecture*[157] ab, Ludwig Hilberseimer beschrieb es 1927 in seiner *Grosstadtarchitektur*[158] und Kenneth Frampton nahm es 1995 in seine *Architektur der Moderne*[159] auf.

Der Lingotto war zwar kein Parkhaus, aber doch von seiner baulichen Struktur – Geschosse durch zwei Rampentürme miteinander verbunden – ein unmittelbares Vorbild für eines der größten Parkhäuser der Welt in den 1930er Jahren, die Autorimessa in Venedig. Diese ist von Eugenio Miozzi, der 1931 die Leitung der städtischen Bauverwaltung übernommen hatte,[160] in gleicher Weise organisiert worden, allerdings um eine Verbesserung erweitert: Er ordnete die Rampentürme an den Enden zwischen zwei Parkhausflügeln an, die in der Höhe um ein halbes Geschoss versetzt sind (Abb. 32–34).[161] So kombinierte Miozzi die Vorteile der klaren Verkehrsführung mit der Platz sparenden Idee der D'Humy-Garage. Die beiden Parkhausflügel wurden nacheinander in zwei Bauabschnitten errichtet. Die Kombination von Halbgeschossen mit einer Spiralrampe war schon 1925 an der Place Blanche in Paris realisiert worden.

Seit 1846 verband ein Damm mit Eisenbahnlinie die Stadt Venedig mit dem Festland. Im Nordwesten war ein ganzes Quartier dem Bahnhof gewichen. 1930 zollte die Serenissima nun auch dem Automobil Tribut, indem 1930

33 Autorimessa, Bau der Rampen

bis 1933 eine Straßenbrücke, die Ponte del Littorio (heute Ponte della Libertà), und als deren Endpunkt 1931 bis 1934 eine Großgarage, die ›Autorimessa a S. Andrea‹[162] errichtet wurden. Voraussetzung für die Großgarage war die Flächensanierung des nordwestlichen Endes des Sestiere S. Croce zwischen S. Chiara im Westen und den Giardini Papadopoli bzw. dem damals angelegten Rio Nuovo im Osten, dem Canal Grande im Norden und dem Campo bzw. Rio S. Andrea im Süden. Auf diesem fast 4 ha großen Gelände entstand die Piazzale Roma mit Busbahnhof, Autorimessa und Vaporetto-Anleger.

Während die Brücke in handwerklicher Bogenkonstruktion und traditionellen Materialien (Backstein und istrischem Marmor) gestaltet wurde, tritt die Hochgarage klar als modernes Bauwerk in Stahlbetonkonstruktion auf. Zwei parallel angeordnete, durch einen 10 m breiten Lichthof getrennte langgestreckte Baukörper (je 114,5 m × 31 m) sind an ihren Enden durch zwei Rampentürme verbunden. Sie haben 20 m Durchmesser, der südöstliche dient der Auffahrt, der nordwestliche der Abfahrt (Abb. 28).

Für Ein- und Ausfahrt erwies sich Miozzis Idee als sehr effektiv, fasste die Anlage doch über 2.000 PKW, zum Teil in geschlossenen Boxen, zum Teil in offener Aufstellung. Heute sind es nach Aufgabe der Boxen sogar 2.284 Stellplätze für PKW und 255 für Motorräder.

Im Untergeschoss, jedem der fünf Parkgeschosse und dem oberen Parkdeck des insgesamt 26 m hohen Bauwerks gibt es zwei Fahrgassen mit beidseitigen Stellplätzen. Diese sind rechtwinklig, nicht schräg zur Fahrgasse angeordnet. Je nach Stützenabstand passen zwei oder drei PKW nebeneinander. Die unte-

34 *Autorimessa, Inneres der Auffahrtrampe im Süden, 2006*

ren drei Geschosse waren mit einer Heißluftanlage heizbar (die Beheizbarkeit des gesamten Parkhauses war im Winter wegen der dann niedrigeren Touristenzahlen nicht notwendig).

Nahe der Abfahrtrampe befinden sich im Erdgeschoss WC-Anlagen, zwei Aufzüge und ein Treppenhaus, ein weiteres Treppenhaus ist am entgegengesetzten Ende untergebracht. Da die Serviceeinrichtungen nicht auf Durchgangsverkehr ausgerichtet sein mussten – einen solchen gibt es in Venedig eben nicht – konnten Tankstelle und Werkstätten vom Straßenrand unsichtbar im Untergeschoss des Parkhauses untergebracht werden.

Ein besonderes bautechnisches Problem stellte die Gründung der Garage dar, wofür 3.600 Stahlbetonpfähle von 30 cm Durchmesser durchschnittlich 8 m tief in den weichen Baugrund eingerammt werden mussten. Der Stahlbeton-Skelettbau überspannt mit rund 50 cm hohen Unterzügen bis zu 11 m.

Die Fassade weist mit ihren umlaufenden horizontalen Fensterbändern bei den Parkgeschossen und vertikalen bei den Rampentürmen (Abb. 32) auf die unterschiedlichen Funktionen – Bewegen und Stehen – hin. Die Fenster sind mit Glaslamellen versehen, mit denen sich ein optimaler Lüftungsquerschnitt einstellen lässt. Die Rahmen bestehen aus Stahl. Die Boxen wurden mit Rollläden aus einem Stahlgitter geschlossen.

1998 wurde die Autorimessa vollständig renoviert sowie mit einem automatischen Einfahrtsystem, Nummernschilderkennung und 200 Videokameras ausgestattet.

Die Autorimessa war noch in den 1950er Jahren das größte Parkhaus Europas und aus diesem Grund das einzige europäische Beispiel in einem amerikanischen Fachbuch über Parkhäuser.[163] Dort wurde es als weltweit größtes »fringe parking« (Peripherie-Parkhaus) bezeichnet. Doch in Deutschland wurde es in den 1930er Jahren nicht rezipiert, da der Bau von Hochgaragen hier ganz zum Erliegen gekommen war. Erst nach dem Zweiten Weltkrieg fand es sich in einem deutschsprachigen Fachbuch.[164] In Italien hingegen war dieses bedeutende Bauwerk zwischen 1934 und 1936 in zahlreichen Artikeln in den Fachzeitschriften publiziert worden.[165]

Wichtig ist der entscheidende Vorteil der Autorimessa gegenüber anderen Peripherie-Garagen: Es gibt nur eine einzige Zufahrt zur Stadt, an deren Ende sie platziert ist. Nur so kann eine über 2.000 Fahrzeuge fassende Garage wirtschaftlich betrieben werden, obwohl sie nicht im Zentrum der Stadt liegt.

Der Berliner Architekt E. W. Ebersold, der mehrere Großgaragen projektierte, hatte schon 1930 bis 1931 im Bayerischen Viertel Berlins eine zweigeschossige Peripherie-Garage zur »Entlastung der Verkehrsadern« realisiert, eine »Flachgarage an (der) Hoch- und Untergrundbahn zur Aufnahme der von auswärts kommenden Wagen und Weiterbeförderung der Passagiere durch die städtischen Verkehrsmittel.«[166]

Doppelhelix

Die einfache Wendel- oder Spiralrampe wurde schon vor dem Ersten Weltkrieg zu einer komplexen doppelgängigen Wendelrampe, einer Doppelhelix, weiterentwickelt. 1930 gab es etwa sieben ausgeführte Beispiele, darunter das älteste von 1914.[167] Die Doppelhelix gewann – neben den zwei separaten Spiralrampen für Auf- oder Abfahrt – ebenfalls eine größere Bedeutung. Sie ist keine Erfindung der Parkhausplaner des 20. Jahrhunderts, sondern lässt sich wie die anderen Rampenlösungen auch aus dem Treppenbau ableiten. Erstmals war eine solche Treppe ab 1519 von Domenico da Cortona für Franz I. im Donjon des Schlosses Chambord gebaut worden. Die Erfindung wird Leonardo da Vinci zugeschrieben. Eine Generation später, 1556, projektierte Antonio di Sangallo für Papst Clemens VII. in Orvieto einen 70 m tiefen Brunnen mit 13,40 m Durchmesser. Seine umlaufende Doppelhelix wurde von Eseln als Wasserträgern im Einbahnverkehr begangen.

In der zeitgenössischen Architektur der Zwischenkriegszeit hatte Vladimir Tatlin dieses Motiv 1919 bei seinem Denkmal der III. Internationale verwendet.

Bei der doppelgängigen Wendelrampe liegen Auf- und Abfahrtrampe abwechselnd übereinander, sodass die Stelle der Rampenein- und -ausfahrt in jedem Stockwerk wechselt. In Deutschland hielt das Berliner Büro Koch und Kienzle Ende der 1920er Jahre ein Reichspatent auf diese Bauweise.[168]

Müller bewertete 1925, als in Deutschland noch kein einziges Exemplar realisiert war, die doppelgängige Wendelrampe als unwirtschaftlich, sofern nicht mindestens hundert Abstellplätze pro Stockwerk vorhanden seien (bei der zulässigen Gesamthöhe von vier bis fünf Stockwerken).[169] Doch hat die doppelgängige Wendelrampe den unschätzbaren Vorteil, dass hier für Auf- und Abfahrt nur die Grundfläche eines Rampenturmes in Anspruch genommen wird. Vorteilhaft ist zudem, dass kein Gegenverkehr und kein kreuzender Verkehr entstehen, was Verkehrsfluss und Sicherheit zugute kommt.

In Europa wurde die Doppelhelix 1928 in der ›Casa dell'Automobile‹ an der Piazza Verdi in Rom vermutlich erstmals ausgeführt, nachdem ein früheres Projekt in der Via Salaria mit 800 Plätzen in neun Geschossen mit geraden doppelgängigen Rampen, 1926 von Guido de Cupis geplant, verworfen worden war.[170] Solche Anlagen nach dem Prinzip der Doppelhelix, jedoch mit geraden Rampen zwischen den Wendungen, stellen in Europa die ersten ausgeführten Beispiele dar. Mehrfach publiziert wurde die 1926 fertiggestellte Postgarage in Budapest. Sie besteht aus zwei längsrechteckigen Garagenbauten, zwischen denen ein Rampenbauwerk mit 12 m Breite und 550 m Länge steht. Dieses birgt die doppelgängige Rampe mit geradem Rampenverlauf.

Das gleiche Prinzip zeigte auch das ebenfalls 1926 entstandene sechsgeschossige »Großkraftwagenhaus der Siemens-Bauunion« in Berlin (Abb. 35). Den Entwurf hatte Hans Hertlein, seit 1915 Leiter der Bauabteilung des Siemens-Konzerns, geschaffen. Die Garage fasste 823 Kraftwagen. Planungsprimat waren für Hertlein größtmögliche Übersicht und Verkehrssicherheit. Nach seiner Meinung kam daher nur eine Rampenanlage in Frage, da für eine einigermaßen zügige Abwicklung sonst 30 Aufzüge notwendig gewesen wären, die ihrerseits mehr Platz als eine Rampenanlage erfordert hätten. Aus Sicherheitsgründen wurde der Verkehr kreuzungsfrei im Einbahnverkehr geleitet. Die doppelgängige Wendelrampe wurde an einer der beiden Stirnseiten angeordnet. Sie bestand aus Geraden mit etwa 11 Prozent Steigung zwischen ebenen Wendekreisen in den Ecktürmen. »Verteiler- bzw. Sammlerstraßen« verliefen an den beiden Längsseiten der Garage, dazwischen waren die Fahrgassen aufgespannt. An diesen reihten sich die Einzelboxen in Schrägaufstellung in einem Winkel von 45 Grad, allerdings nicht im Fischgrätverband, wie von den Brüdern Luckhardt und Anker vorgeschlagen. Pro Geschoss gab es 150 Boxen. Die Autos mussten rückwärts hineinfahren! Die Boxengasse war ca. 4 m breit, die übrigen Fahrgassen und Rampen hatten eine Breite von 3 m. Der Anteil der Boxen an der Gesamtgeschossfläche betrug 43 Prozent, die Bruttofläche pro Stellplatz lag bei 38,6 m². Der Chauffeur erhielt bei der Einfahrt in die Garage vom Pförtner den Schlüssel. Eine zentrale Waschanlage war im Erdgeschoss vorhanden, in der Box und in den Fahrgassen bestand ein Waschverbot. Die Reparaturwerkstatt war im obersten Geschoss untergebracht, musste also mit defekten Fahrzeugen zusätzlich über einen Aufzug erreichbar sein. »Für kranke Wagen sind die Aufzüge am Ende jeder Verkehrsstraße« notwendig, notierte daher die *Bauwelt* 1926.[171] Eine Tankstelle im Hof sowie Aufenthaltsraum, Garderoben und

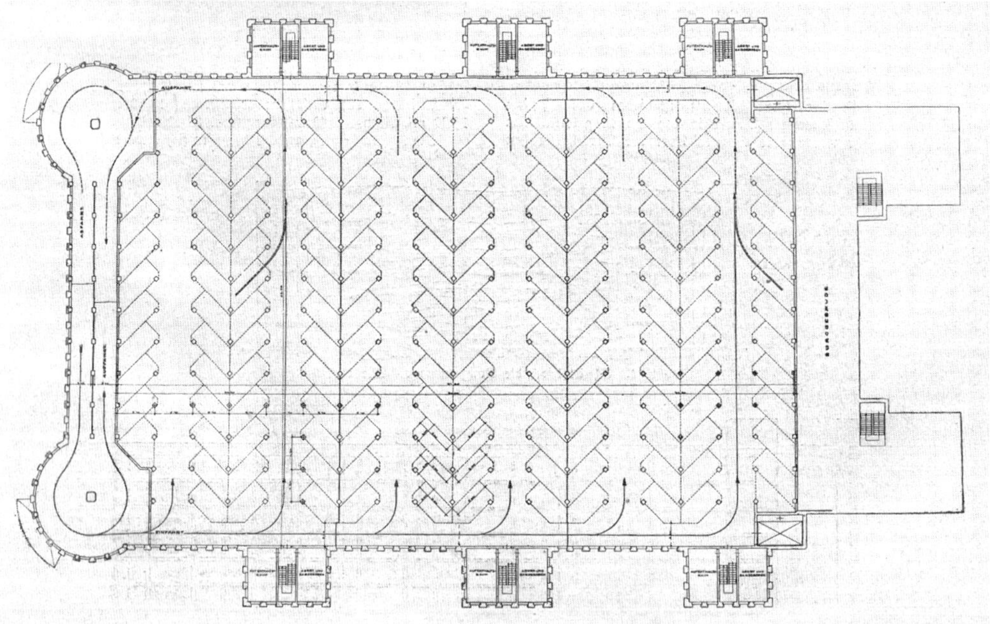

35 *Großkraftwagenhaus (1926) von Hertlein für die Siemens-Bauunion in Berlin*

Toiletten für die Chauffeure in den Turmvorbauten vervollständigten die Service-Einrichtungen. Zur Beheizung im Winter war eine Dampfheizung vorhanden.

Doch zurück zu den reinen, den spiralförmigen Doppelhelix-Anlagen und zur ›Casa dell' Automobile‹ in Rom. Das zweite Projekt für diese Garage wurde 1928 nach Plänen des Architekten Enrico Bacchetti errichtet.[172] Er hatte bereits die Großgaragen ›Terme‹ in der Via Pastrengo und ›Sta‹ in der Via Tuscolana sowie die ›Fiat-Garage‹ in der Viale Manzoni entworfen.

Die Casa dell'Automobile wurde auf einem trapezförmigen Grundstück an der Piazza Verdi erbaut. Seitlich grenzt sie an die Via Claudio Monteverdi und Via G. B. Martini, rückwärtig verläuft eine Privatstraße. Einschließlich des Kellergeschosses besitzt sie zehn Etagen, von denen die zehnte zurückspringt (die außen umlaufende Boxenreihe fehlt hier). Die kreisförmige[173] doppelgängige Wendelrampe ist in der Gebäudemitte um einen kleinen Lichthof angeordnet. Die Fahrbahn ist hier etwa 4,50 m breit, denn gebogene Rampen erfordern eine größere Breite als gerade. Hinzu kommen ca. 40 cm breite, erhöhte Gehwege. In den Zwickeln um die Rampe liegen ebenfalls Lichthöfe zur Belüftung und zur Belichtung aller Innenboxen mit Tageslicht.

Der Grundriss der Garage ist wegen des Grundstückzuschnitts nur nahezu symmetrisch. Je Geschoss waren 97 Boxen vorhanden, hauptsächlich Einzelboxen, in den Ecken jedoch zur besseren Raumausnutzung Sammelboxen. Daher betrug die Anzahl der Stellplätze pro Regelgeschoss knapp über hundert. Insgesamt fasste die Garage annähernd 900 Wagen. Im Erdgeschoss befanden sich Büros, zu den beiden Seitenstraßen Schaufenster, rückwärtig Ausstellungs- und Verkaufsräume für Automobile. An zwei diagonal gegenüberliegenden Innenhofecken ist je ein Treppenhaus angeordnet, davon das eine mit zwei Personenliften. Vor der Ausfahrt bot eine Tankstelle ihre Dienste an. Innerhalb der Garage werden die Fahrzeuge ohne Gegenverkehr in Einbahnstraßenregelung geführt. Die Fahrgassen sind 6 m breit, die Stützen stehen ebenfalls im Abstand von 6 m. Die Garage war nicht nur durch ihre großzügigen Abmessungen luxuriös (ca. 4.200 m² Grundfläche, was üppigen 46 m² brutto pro Stellplatz entspricht!), sondern auch in den Einstellplätzen gut ausgestattet: Alle Boxen besaßen Fern- und Haustelefon, Waschbecken, Pressluft und Wasseranschluss zum Wagenwaschen. Eine Rinne vor der Box führte das Wasser ab. Schwere Benzingase konnten durch besondere Öffnungen im Fußboden unmittelbar nach außen entweichen. Die Boxen wurden nicht vermietet, sondern verkauft. Es handelte sich um eine Heimatgarage für die umliegenden Bewohner.[174] Bemerkenswert ist die Fassade im Stil des Neobarock, eine fast singuläre Gestaltung für ein Verkehrsbauwerk dieser Zeit.

Das erste Beispiel für eine Doppelhelix in Deutschland ist die 1929 bis 1930 erbaute ›Kant-Garage‹ in Berlin-Charlottenburg (Abb. 36).[175] Mit ihr »ist die Bauaufgabe einer Großgarage auf möglichst kleiner Grundfläche, also der Hochgarage, in der Nähe des neuen Verkehrszentrums des Westens, für Berlin zum ersten Male gelöst«, urteilte Eckhardt 1930 in der *Bauwelt*.[176]

Bauherr war die »Garagenpalast-Betriebs-Gesellschaft m. b. H.«, mit dem Geschäftsführer Louis Serlin. Entscheidend für die Gestaltung dieser Garage war unter den fünf am Projekt beteiligten Architekten der Poelzig-Schüler und Vorsitzende der »Gruppe Junger Architekten« Hermann Zweigenthal.[177] Dieser hatte sich schon in seiner Studienzeit für Verkehrsplanung interessiert. 1929 beauftragte ihn der Deutsche Auto Club e. V. mit einem Gutachten für ein Parksystem für ganz Berlin, da am Straßenrand parkende Kraftwagen den Verkehrsfluss schon damals erheblich behinderten.

36 Kantgarage (1929–1930) von Zweigenthal und anderen

Als zweiter Projektbeteiligter ist der Ingenieur und Geschäftsführer Louis Serlin zu nennen, der bei einem Aufenthalt in den USA dortige Hochgaragen kennengelernt hatte. Zur Errichtung eines solchen Bauwerks hatte er 1928 das teilweise bebaute Grundstück Kantstraße 126/127 in Charlottenburg erworben, obwohl dieses aus baurechtlicher und ökonomischer Sicht nur eingeschränkt geeignet war. Überdies machte Serlin den Erhalt einer Gründerzeitvilla auf dem Grundstück zur Bedingung. Er ließ sich mehrere Entwurfsvorschläge unterbreiten und beauftragte daraufhin das Berlin Architekturbüro Bruno Lohmüller, Oskar Korschelt & Jacob Renker, das auf dem Gebiet der eingeschossigen Großgarage einige Erfahrung vorweisen konnten. Zwar wurde im Februar 1929 nur ein Bauantrag für eine dreigeschossige Stahlbetonkonstruktion gestellt, doch die statische Bemessung für eine Erweiterung auf acht Geschosse war von vornherein berücksichtigt. Die Baugenehmigung wurde im August 1929 erteilt, ohne dass die Details der Rampenanordnung und der Abstand zur S-Bahn an der Rückseite des Grundstücks geklärt gewesen wären. Die Baubehörde bestand hier auf einem Sicherheitsabstand von 10 m. Das Architekturbüro hatte schon mehrere Varianten mit D'Humy-Rampen im Inneren wie an der Rückseite untersucht, als Serlin den Deutschen Auto-Club als Pächter gewann, welcher nun seinen Hausarchitekten Zweigenthal ins Spiel brachte. Dieser erreichte mit seiner Idee einer doppelgängigen Wendelrampe statt Boxen an der Rückseite der Garage eine Verringerung des Abstands zur S-Bahn auf 5 m, was der Anzahl der Stellplätze zugute kam. Die Rampe nahm die gesamte Breite der vollständig verglasten Rückseite ein und sollte ein offenes, durch ein Oberlicht erhelltes ovales Auge erhalten.

Zwar hatte Zweigenthal den Auftrag zum Bau der Kantgarage erhalten, doch war er mit dem gleichzeitigen Umbauprojekt des Schuhhauses Jacoby in Frankfurt am Main so beschäftigt, dass er seinen Studienfreund Richard Paulick,[178] einen Mitarbeiter Walter Gropius', um Unterstützung bat. Alle zusammen soziierten seit September 1929 als ›Lohmüller, Korschelt & Renker in Zusammenarbeit mit Zweigenthal und Paulick‹. Paulicks Einschaltung half offenbar wenig, denn Serlin nutzte Zweigenthals häufige Abwesenheit, um zusätzliche Nutzfläche zu gewinnen und stauchte die oval geplante Fläche der Rampenanlage auf eine annähernde Kreisform, was pro Geschoss nicht nur sechs Stellplätze brachte, sondern auch das Problem, dass die nun steilere Rampe in den Parkgeschossen oberhalb der Fahrgassen endete. Sie musste dort wieder abgesenkt werden, was in jedem Geschossübergang zu einem merklichen Buckel in der Fahrbahn führte. Außerdem ließ er im ursprünglich freien Auge der Wendelrampe Zwischendecken für Wasch- und Stellplätze betonieren (Abb. 37–38).

Die Garage hat eine Grundfläche von 39 × 47 m, die Höhe beträgt rund 19 m. Das Erdgeschoss ist 4 m hoch, die übrigen Geschosse 3,20 m. Zusammen mit Keller und vier Obergeschossen ergaben sich 11.000 m² Nutzfläche.

Die Fahrbahnbreite beträgt zwischen 3,50 und 6 m. Ein aufgerauter Zementestrich gibt den Reifen sicheren Griff. »Die Auffahrt vom Erdgeschoß zum obersten Geschoß nimmt kaum eine halbe Minute in Anspruch,«[179] schwärmte Eckhardt 1930. Dadurch entfiel das Warten vor einem Aufzug, wie es in Stoßzeiten unvermeidlich war. Auch die Räumung der Garage war in kürzester Zeit möglich. An den 7,60 m breiten Fahrgassen in den Geschossen liegen insgesamt 200 Einzelboxen und Sammelboxen für weitere 100 Fahrzeuge. Die Einfahrt in die Boxen erfolgt rechtwinklig zur Fahrgasse. Die aus Platzgründen nach innen öffnenden Stahlschiebetore bestehen aus vier Segmenten, die oben und unten auf Schienen laufen.

Die Fassade zur Kantstraße erhielt ein wesentlich kantigeres Aussehen, als es der Ent-

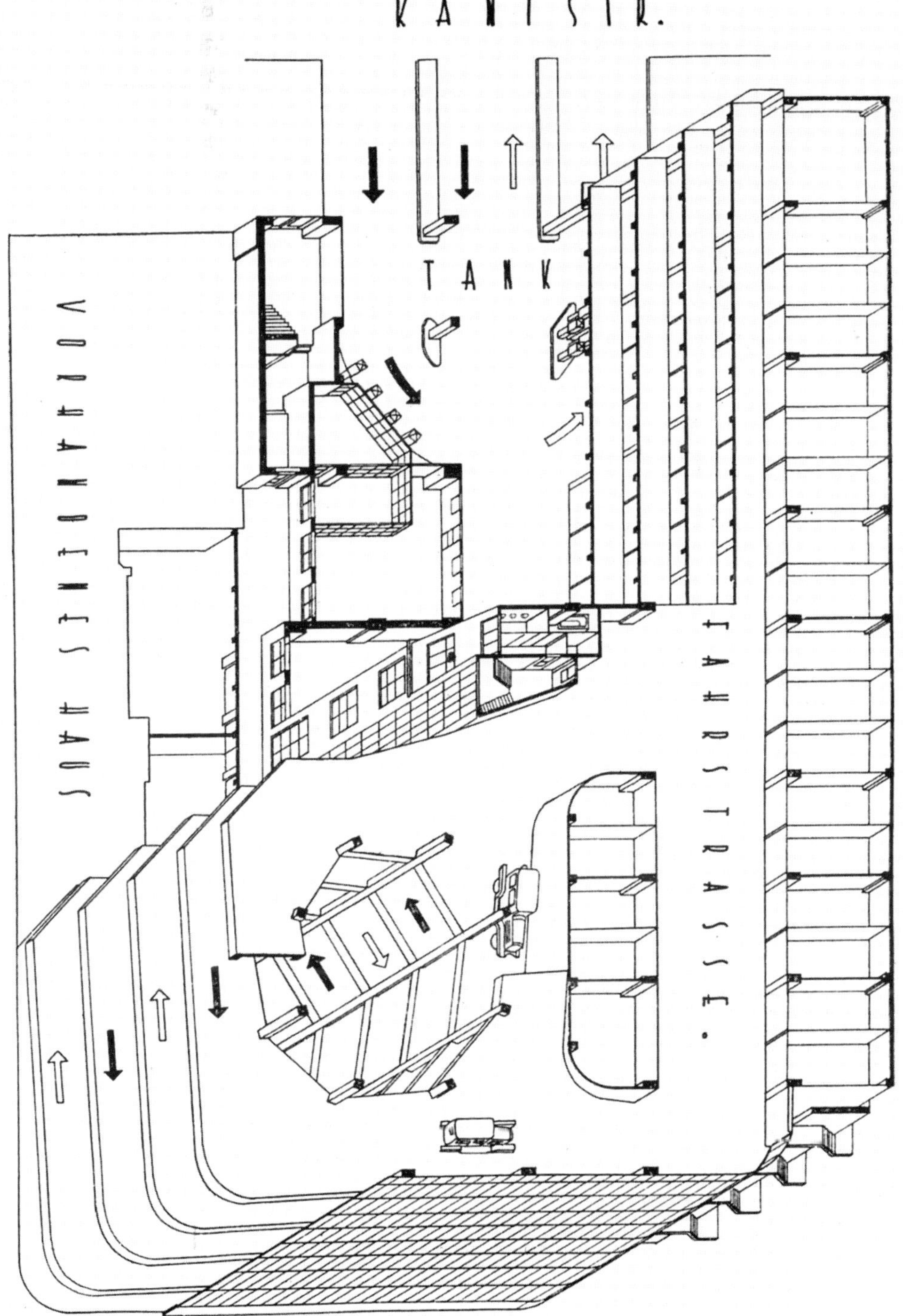

37 *Kantgarage, Isometrie*

38 Kantgarage, Ansicht der Rampe 2006

wurf Zweigenthals vorsah. Eckhart hielt dies für das Ergebnis eines Kompromisses zwischen Wirtschaftlichkeit und Geschmack. Nur an der Rückseite sieht man die unverändert ausgeführte Gestaltung mit abgerundeten Ecken.

Gut ist die schwierige Beleuchtung gelöst. Da eine Seitenbeleuchtung nur in beschränktem Maße möglich war, wurden Vorder- und Rückfront vollständig verglast. Die Fassade erscheint als moderne Vorhangfassade, doch handelt es sich konstruktiv um eine Ausfachung und Verblendung. Die Transparenz gläserner Architektur, wie sie etwa Mies van der Rohes Barcelona-Pavillon oder Walter Gropius' Fagus-Werke repräsentieren, erzielt Zweigenthal mit seinem Entwurf nicht, da das Gussglas die Durchsichtigkeit einer geblasenen Fensterscheibe nicht annähernd erreicht. Doch hatte die Baupolizei aus Brandschutzgründen Drahtglas vorgeschrieben.[180] Die Fenster sind teilweise zu Lüftungszwecken durch Klappen zu öffnen.

Mit den vertikalen Glasflächen sollen Fahrgassen, Rampen und Treppenhaus nicht nur belichtet, sondern zugleich auch in der Fassade hervorgehoben werden. Insbesondere der vorspringende gläserne Mittelrisalit der Rampenanlage charakterisiert das Bauwerk von der Rückseite. Im Kontrast zu den Glasflächen stehen die sandgrauen Klinkerwände im Bereich der Boxen.

Die von der Feuerpolizei verlangte besondere Fluchttreppe ohne Umschließungswände außerhalb des Gebäudes wurde auf der Rückseite realisiert. Auflage waren auch feuerbeständige Schiebetüren[181] sowie in jedem Geschoss Feuerschutztore vor der Rampe, welche automatisch bei 80 Grad Celsius schließen und zudem elektrisch von der Zentrale aus bedient werden konnten.

Geplant, aber nicht ausgeführt wurden ein Dachgarten mit Wirtschaft auf der Garage und ein Restaurant in der Villa sowie die Erweiterung auf dem Nachbargrundstück mit einem Touristen-Autohotel und Klubhaus. Realisiert wurden aber Reparaturwerkstatt, Polsterei, Lackiererei, Vulkanisierwerkstätte, Wagenwaschplätze und eine Tankstelle im Einfahrtbereich.

Nach etwa 14 Monaten Bauzeit erfolgte am 1. Oktober 1930 die Einweihung als »Kant-Garagen-Palast«. Die Bezeichnung sollte das Ziel des Betreibers, des Deutschen Auto-Clubs, verdeutlichen, dass hier höchste Ansprüche befriedigt würden. Auf der seitlichen Putzfläche trug das Bauwerk außerdem den aufgemalten Schriftzug »Serlin Rampenhaus«.[182] Die Baukosten betrugen etwa 1 Million Reichsmark. Die Garagenmiete für die Einzelbox lag im obersten Geschoss bei 42 Reichsmark und nahm nach unten je Geschoss um 5 Reichsmark zu. Die Plätze im Rampenauge und Keller kosten 35 Reichsmark.[183]

Da die »Frage der Zweckmäßigkeit und Wirtschaftlichkeit [...] in Kreisen der Garagenbesitzer stark umstritten«[184] war, bat die *Bauwelt* Georg Müller um eine Bewertung.[185] Seine Kritik bezog sich auf die doppelgängige Wendelrampe, die er bei der kleinen Garagenfläche als unzweckmäßig ansah. Schon 1925 hatte er in seinem Buch *Großstadt-Garagen* angegeben, dass diese Rampenart erst ab einhundert Fahrzeugen je Geschoss wirtschaftlich sei. »Die doppelgängige Wendelrampe ist zwar zur Zeit die große Mode im Garagenbau«, doch sei ihr Flächenaufwand hier, bei 41 Stellplätzen je Geschoss, zu groß. Denn die Rampen nähmen 375 m², die Fahrgassen weitere 392 m² ein, für die Stellplätze blieben lediglich 618 m². Auch sei die Rampe im Detail falsch ausgeführt, denn abfahrende Wagen müssten vom Parkgeschoss auf die Rampe immer erst ein Stück in die Höhe fahren. Neben der zu großen Zahl an Waschplätzen (auf fünf Wagen käme ein Waschplatz) wurde auch das unnötige dritte Treppenhaus kritisiert.

Für Müller waren Wirtschaftlichkeit und Sicherheit die entscheidenden Pole, zwischen denen sich die Frage der Rampenart bewegte. Er schlug hier eine D'Humy-Rampe nach amerikanischem Vorbild als wirtschaftlichere und sicherere Lösung vor. So gewann er 30 Prozent mehr Stellfläche bei einfacherer Ausführung. Er sah eine Gefahr, dass Hochgaragen verallgemeinert als unwirtschaftlich beurteilt würden, »da sich die Fälle von verfehlten Großgaragen auffallend häufen, und zwar in einer Zeit schwerster, wirtschaftlicher Not«. Auch Conradi schloss sich der Meinung Müllers uneingeschränkt an, dass hier eine D'Humy-Rampenanlage vorteilhafter gewesen wäre.[186]

Einige Wochen später gab die *Bauwelt* den Architekten Oskar Korschelt und Jacob Renker die Gelegenheit der Erwiderung. Auch Louis Serlins Darstellung wurde abgedruckt. Das letzte Wort aber behielt Müller, der erneut Stellung nehmen durfte.[187] Korschelt und Renker legten dar, wie sie von zwei unterschiedlichen D'Humy-Rampen-Projekten zur Lösung der doppelgängigen Wendelrampe gelangt waren. Den Ausschlag gaben zwei Gründe: Zum einen die Befürchtung, dass der Verkehr in Stoßzeiten bei einer D'Humy-Rampe durch ein- und ausparkende Wagen behindert würde, da die Fahrgassen Teil der Rampe wären, bei der Wendelrampe aber eine Trennung zwischen vertikaler Erschließung und horizontaler Verteilung gesichert sei. Zum anderen, dass D'Humy-Rampen auf dem kleinen Grundstück nur im Gegenverkehr realisierbar waren, die doppelgängige Wendelrampe aber einen weniger unfallträchtigen Einbahnverkehr erlaubte. Auch im Brandfall bote sie höhere Sicherheit, da die Rampe von den Parkgeschossen durch Feuerschutztore getrennt werden konnte. Da die Rampe vom ruhenden Verkehr vollkommen separiert war, hatte sich der bauaufsichtlich geforderte Mindestabstand zur rückwärtigen Stadtbahn von 10 auf 5 m verringern lassen. Die Architekten verteidigten ihr Primat der Sicherheit, denn »allein dieser Gesichtspunkt als Ausgangspunkt jeder Planung und Ausführung kann bewirken, dass die Behörden Erleichterungen bei dem Bau von Hochgaragen gewähren.« Louis Serlin betonte neben der Sicherheit auch den notwendigen Komfort seiner Hochgarage, die nicht auf größtmögliche Platzausnutzung abzielte. Müllers Flächenberechnungen korrigierte er – nicht 618 m² sondern 900 m² Nutzfläche stünden zur Verfügung. Müller beharrte in seiner erneuten Stellungnahme auf seinem Standpunkt und unterstellte, dass die ersten beiden Planungen mit den Halbgeschossrampen von seinen Vorschlägen abgekupfert waren.

Über die Publikation und kontroverse Diskussion in der *Bauwelt* hinaus wurde die Kantgarage vielfach veröffentlicht und war daher wohl unter den am Garagenbau interessierten Architekten allgemein bekannt. Die Werkbundzeitschrift *Die Form* etwa lobte die »sehr zweckhafte und rein konstruktive« Lösung.[188] Dennoch wurde die Doppelspirale selten wiederholt, da es sich um eine relativ teure Konstruktion handelte.

Von Anfang an waren bei der Kantgarage statt der realisierten vier Stockwerke acht geplant gewesen. Die Aufstockung sollte vermutlich kurzfristig erfolgen, denn die abschließende Geschossdecke hatte ebenso wenig eine Abdichtung erhalten wie die Rampe ein Schutzdach. Daher floss das Regenwasser ungehindert die Rampe hinab; von der abschließenden Decke tropfte so viel Wasser, dass das obere Geschoss nicht genutzt werden konnte. Deshalb kündigte der DAC den Mietvertrag mit Serlin schon nach einem halben Jahr. Damit endete auch Zweigenthals Beschäftigung mit der Kantgarage.

Erst 1936 erfolgte die Aufstockung, jedoch nur um ein abschließendes Dachgeschoss. Im Betrieb scheint sich schnell eine Überlastung ergeben zu haben, denn 1938 wandte sich die Reichsstelle für Wirtschaftsmoral e. V. in einem Brief an den Oberbürgermeister: »Die Überfüllung der Garage in den Gängen und Ausfahrten besonders am Sonnabend und Sonntag soll derart sein, dass bei Ausbruch eines Feuers ein unabsehbarer Schaden entstehen muß.«[189]

Das weitgehend original erhaltene Gebäude mit erheblichem Denkmalwert ist bis heute in Betrieb.

Eine weitere Hochgarage mit doppelgängiger Wendelrampe ist die Opel-Garage in der Kettwiger Straße in Düsseldorf, die 1930 nach Entwurf von Carl Staudt erbaut wurde. Im Äußeren sind das Rampenhaus und die Parkgeschosse ablesbar. Die doppelgängige Wendelrampe besitzt schmale vertikale Fenster, die drei Parkebenen haben horizontale Fensterbänder.[190]

Parkrampengaragen

Der vierte Typus des Rampenparkhauses schließlich ist die Parkrampengarage. Ihr Prinzip beruht auf der Überlegung, dass die Rampen, egal ob gerade oder gewendelt, kostbaren Raum beanspruchen und man die notwendigen Fahrgassen zwischen den Stellplätzen zugleich als Rampe nutzen könnte, wenn diese Fahrgassen leicht geneigt wären. Durch die »Zusammenfassung von Rampe und Fahrstraße zu einem Gemeinschaftsgebilde, der Fahrstraßenrampe« ergäbe sich also ein Raum sparendes Konzept der Höhenüberwindung in Hochgaragen. Denn wenn die Fahrstraße mitsamt den seitlichen Parkständen eine leichte Steigung erhält, wobei nach einer Umdrehung eine Geschosshöhe überwunden sein muss, kann auf den Platz einer separaten Rampe verzichtet werden. Der Vorteil war nicht nur, dass die Fläche für den rollenden Verkehr reduziert wurde, sondern zugleich auch der positive Nebeneffekt einer viel geringeren Rampenneigung entstand, was das Befahren für schwach motorisierte Fahrzeuge angenehmer machte. Nachteilig war, dass die Rampen in beiden Richtungen befahrbar sein mussten, also immer doppelspuriger Verkehr nötig war – selbst wenn in schmalen Garagen nur einseitig Fahrzeuge aufgestellt werden konnten. Dies änderte sich erst durch eine Erfindung der 1950er Jahre, auf die noch zurückzukommen sein wird.

Da die Parkflächen leicht geneigt sind, wird empfohlen, dass die PKW so aufgestellt werden, dass die Fahrertür nicht aufschlägt – also bei Steigung rechts der Fahrbahn vorwärts einparkend, links der Fahrbahn rückwärts einparkend.[191] Bei ausreichend langen Grundstücken von 60 m und mehr ist die Steigung so gering, dass sie kaum wahrgenommen wird.

Optimal war für die Parkrampengarage die Grundrissform eines gestreckten Ovals. Als ungünstig angesehen wurde die Kreisform wegen der sich nach außen unnötig verbreiternden Stellplätze.[192] Doch genau dieses Konzept eines zylindrischen Bauwerks – daher auch ›Turmgarage‹ genannt – lag den ersten Ideen zugrunde, etwa der »Turmgarage mit Schofförhotel« in Berlin von Architekt Stefan Balla. Sie sollte als doppelgängige Wendelrampe in einem zylindrischen Turm befahrbar sein.[193] Die geschlossenen Boxen waren beidseitig der Rampe angeordnet.

Müller publizierte die Idee der Parkrampengarage schon 1925, doch gab es damals noch keine ausgeführten Beispiele.[194] Erst Conradi konnte in seinem 1931 erschienenen Garagenbuch ein realisiertes Bauwerk vorstellen: »Seit beinahe sieben Jahren durchwandern derartige Turmgaragenprojekte in den verschiedenen Fassungen die Ausstellungsräume der Verkehrs- und Garagenausstellungen Europas. Die erste praktische Ausführung steht in der Torengarage vor uns.«[195]

Diese frühe Parkrampengarage (und die erste Hochgarage der Niederlande überhaupt) wurde 1930 in Den Haag eröffnet. Ihr Name – das niederländische Wort Toren bedeutet Turm – bezieht sich übrigens nicht auf den von Müller und Conradi vorgestellten Bautypus der ›Turmgarage‹, sondern auf die Torenstraat, in der die Garage erbaut wurde und die nach dem Turm der Grote Kerk benannt ist. Mit dem Entwurf wurde 1929 der Architekt Jan Greve beauftragt.[196]

Der unregelmäßig elliptische Grundriss ist, der Grundstücksform angepasst, leicht spitzwinklig (Abb. 39). Die Fahrgasse ist 7 m breit und hat eine sehr geringe Steigung von 1:33. »Es muss berücksichtigt werden, daß die Breite dieser Straßenrampe ein Nebeneinander- oder Vorbeifahren von 2 Wagen ohne weiteres zulässt, bei vorsichtigerem Fahren auch das von drei Wagen. [...] Ob der leicht vermeidbare Umstand, daß alle Wagen nicht horizontal stehen, sondern um die Längsachse minimal verdreht sind, zu Unzuträglichkeiten führt, bleibt abzuwarten.«[197] Die Parkrampe windet sich um einen Lichthof (Abb. 40). Im Erdgeschoss ordnete Greve außer der Einfahrt eine Autowerkstatt und Waschplätze an. In einem Anbau befanden sich Ausstellungs- und Verkaufsräume für Kraftwagen und Zubehör, in denen seit der 1991 erfolgten Restaurierung das ›Cafe-Restaurant Greve‹ betrieben wird.[198] Im zweiten ›Stockwerk‹, also nach einer Umdrehung der Fahrrampe, waren Aufenthaltsräume für Chauffeure angeordnet, in jedem der fünf ›Ebenen‹ Lautsprecher, um Personal oder Chauffeure zum Etagentelefon zu rufen.

Konstruktiv handelt es sich um einen Stahlbeton-Skelettbau mit Backsteinausmauerung. Er fasste ursprünglich 400 Wagen, größtenteils in offener Aufstellung, nur im obersten ›Stockwerk‹ waren 85 abschließbare Boxen eingebaut Deren leicht in die Fahrbahn gewölbte Tore wurden seitlich in die Zwischenwände geschoben. Die übrigen offenen Parkstande wurden durch 10 cm hohe Streifen voneinander getrennt, was vor gegenseitigen Beschädigungen der parkenden Fahrzeuge schützen sollte. Es waren nur PKW zugelassen, was als vorteilhaft bewertet wurde: »Da eine räumliche Trennung von Last-, Liefer- und Personenwagen schwer durchführbar ist, ist eine derartige Rücksicht-

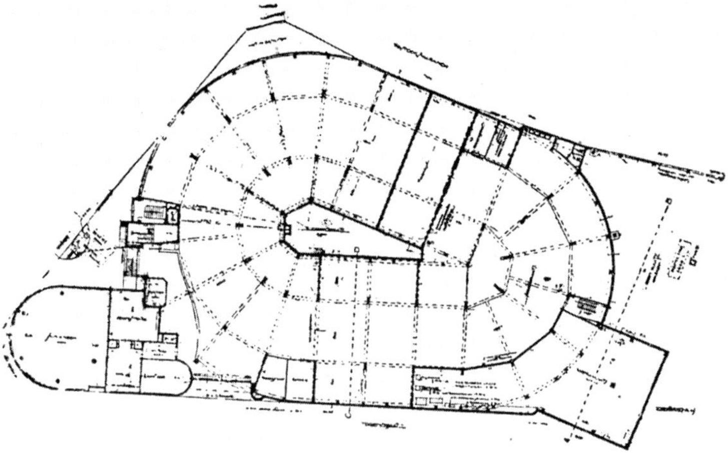

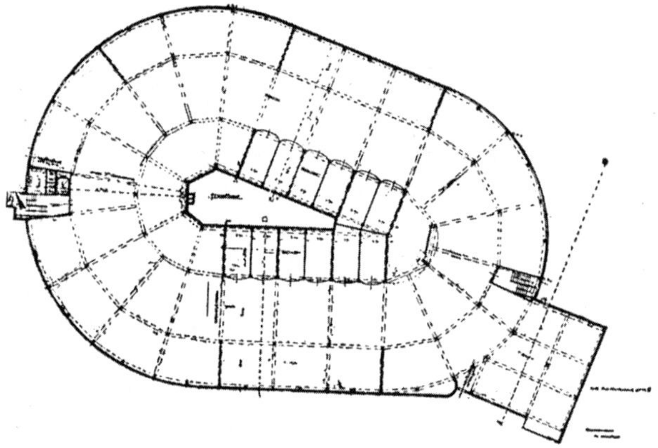

39 *Torengarage (1929–1930) von Greve in Den Haag, Grundrisse*

40 *Torengarage, Bewehrung der Rampe im Erdgeschoss*

41 Torengarage, Außenansicht nach der Fertigstellung

nahme auf die Bequemlichkeit der Kunden begrüßenswert.«[199]

Die lichte Geschosshöhe beträgt 3 m. Die Fahrrampe ist alle 100 m mit eisernen Rollläden in Brandabschnitte getrennt. Die Garage war, wie bis in die 1950er Jahre üblich, beheizbar.

Das Äußere ist durch drei umlaufende Fensterbänder, die für ausreichendes Tageslicht sorgen, geprägt (Abb. 41). Sie folgen allerdings nicht der Steigung der Fahrrampe, sondern sind streng horizontal angelegt. Unterbrochen werden sie durch das vorspringende und die Garage überragende Treppenhaus mit Personenlift am Scheitel der Ellipse und dem Ende der Parkrampe. Auch Greve baute also eine Spannung zwischen horizontalen und vertikalen Elementen auf, die für Hochgaragen typisch ist.

Die Torengarage erschien den Fachleuten revolutionär, denn alle Richtlinien der bis dahin bekannten Rampenanlagen wurden hier »zum ersten Mal in radikaler Form durchbrochen.«[200] In der Bewertung war man daher zunächst unsicher. »Über Turmgaragen bestehen praktisch so wenig Erfahrungen, daß es nicht angängig ist, daraus Rückschlüsse zu ziehen.«[201] Die Wirtschaftlichkeit der Raumausnutzung wurde aber von vornherein anerkannt und »der Initiative und dem Verantwortungsmut des holländischen Architekten volle Anerkennung und Achtung, verbunden mit dem Wunsch, daß sich seine Annahmen in der Praxis als richtig erweisen mögen«, erwiesen.[202] Heute steht die Garage als niederländisches ›Reichsmonument‹ sogar unter Denkmalschutz.

1943 wurde die Idee der Parkrampengarage von dem US-amerikanischen Architekten Frank Lloyd Wright (1867–1959) zusammen mit der Kuratorin Hilla von Rebay auf ein Museumsgebäude übertragen, das 1956 bis 1959 realisierte Solomon R. Guggenheim Museum in New York.[203]

Material und Konstruktion

Konstruktives Merkmal der Hochgaragen ist die Skelettbauweise, zunächst als Stahlbetonkonstruktion – um 1900 noch ›Eisenbeton‹ genannt –, seit Ende der 1920er Jahre auch als Stahlbau mit ausbetonierten Decken. Neben Stützen und Geschossdecken, meist mit verstärkenden Unter- oder Überzügen, sind als konstruktive Elemente Rampen bzw. Aufzugsschächte notwendig sowie für die Fußgänger Treppenhäuser, oft zusätzlich mit einem Lift versehen. Die Rampenbauwerke bzw. Schächte für Treppen oder Aufzüge genügen meist als quer und längs aussteifende Bauteile; wo nicht, werden zusätzliche Wandscheiben vorgesehen.

Stahlbetonbau

Die konstruktive Herausforderung beim Bau von Hochgaragen besteht darin, die Parkgassen möglichst stützenfrei auszubilden. Dies war in den ersten Jahrzehnten im Stahlbetonbau nur mittels hoher Unterzüge der Zwischendecken möglich. Hohe Unterzüge verteuerten aber nicht nur die Konstruktion an sich, sondern verringerten auch die Zahl der möglichen Geschosse, da die Traufhöhe durch Bauverordnungen schon damals beschränkt war. Um wirtschaftlich zu konstruieren, reduzierten die damaligen Ingenieure die Deckenspannweiten auf das Minimum und stellten die Stützen anfangs meist entlang der Fahrgassen und der Fassaden, und zwar in einem Raster, das entweder zwei Boxen oder drei offenen Stellplätzen zwischen zwei Stützen Platz bot.

Störte diese Bauweise nicht, solange es ohnehin geschlossene Boxen gab, so wurden die Nachteile bei offener Aufstellung der Fahrzeuge schnell offensichtlich: Die Stützen behinderten das Rangieren bzw. Einparken, da die Stellplätze beim ›offenen‹ Parken schmaler als bei der Boxenaufstellung waren. Außerdem machen Stützen die Garage unübersichtlich. Der erste Punkt führte dazu, dass die Stützenreihen entlang der Fahrgassen bald ein Stück weit zu den Fassaden gerückt wurden, und zwar so weit, dass sie einerseits nicht unmittelbar im Einschwenkbereich der Kraftwagen standen, andererseits auch nicht so tief in der Parkbucht, dass sie das Öffnen der Fahrertüren behinderten. Die Spannweiten der Decken über die Fahrgassen hinweg vergrößerte sich damit bei einer Senkrechtaufstellung von etwa 7 m auf 9 bis 10 m.

Als frühes Beispiel für dieses Nachaußenrücken der Stützenreihen, noch den 1920er Jahren angehörend, kann die ›Ward Parkway Garage‹ in Kansas City gelten, wo die Stützen um ein Drittel von der Fahrgassenflucht zurückgesetzt wurden.[204]

Eine völlige Stützenfreiheit innerhalb der Parkgeschosse war in Frankreich schon Mitte der 1920er Jahre realisiert worden, setzte sich in Deutschland aber erst seit den 1970er Jahren durch. Ein Pariser Beispiel mit einer Stützweite von 13 m (dem Doppelten des in Deutschland zu dieser Zeit Empfohlenen) ist 1925 die bereits erwähnte ›Garage Raspail‹, deren Unterzüge jedoch bei der enormen Spannweite eine Höhe von 70 cm erreichten, so dass für eine lichte Höhe von 2,80 m eine Geschosshöhe von 3,50 m notwendig wurde. Bei einem Erdgeschoss von 5 m Höhe und fünf Obergeschossen von 3,50 m kommt diese Garage also auf 22,5 m Traufhöhe. Auch die fast gleich alte Garage an der Place Blanche in Paris weist ähnlich große Spannweiten auf.[205]

Stahlbau

Für »Gross-Geschossgaragen in Stahlskelettbau« hatte schon 1929 die Beratungsstelle für Stahlverwendung in Düsseldorf im *Auto-Magazin* mit den Attributen »Feuer- und explosionssicher, luftig und hell, geräumig und beheizbar« geworben. Nicht nur das Tragwerk sollte aus Stahl konstruiert werden, auch die Zwischendecken, »ausgerüstet mit Stahlpanzer-Fussböden«.[206] Conradi erkannte schon 1931 im Stahlskelettbau die größten Vorteile, insbesondere eine kurze Baudauer. Die Brandsicherheit konnte durch eine feuersichere Ummantelung erzielt werden. Bei niedrigeren Garagen bis zu fünf Stockwerken war damals der Massiv- oder Stahlbetonbau aber wirtschaftlich günstiger,[207] ein Grund für die Zurückhaltung bei der Anwendung dieser Bauweise.

Ein frühes Beispiel einer Stahlskelettkonstruktion ist dennoch zu vermelden: die schon erwähnte ›Schlotterbeck-Garage‹ in Basel.[208] Ihr konstruktives Gerüst wurde größtenteils mit Beton und Glas verkleidet.

Fassade

Für die äußere Erscheinung forderte Conradi 1931 Zweckmäßigkeit und viel Licht. Die Schönheit ungewohnter Konstruktionen und Materialien sollte nicht versteckt oder verkleidet werden.[209] Schon 1926 hatte er, bei allem Lob der funktionalen Gestaltung, die Fassaden der geplanten Casa dell' Automobile in Rom kritisiert: »Moderne Verkehrsbauten mit stilverkleideten Fassaden gehören bei uns der Vergangenheit an.«[210] Dies unterscheidet die deutschen Hochgaragen auch von vielen US-amerikanischen Beispielen der Anfangszeit. Eine ausgesprochen konservative Form hatte auch die Großgarage für Fahrzeuge der Ministerien in Madrid erhalten. Die Stahlbetonkonstruktion der Ingenieure Pietro Rincòn und F. Arroyo verkleidete Architekt Ambrosio Arroyo neoklassizistisch in der Art eines fünfgeschossigen Wohn- oder Bürohauses.

Die Gestaltung der Hochgaragen ist nicht immer gelungen, manches schlechte Beispiel beeinträchtigt nachhaltig das Stadtbild und das Image der Bauaufgabe Parkhaus. Dabei wird schnell vergessen, dass das eigentliche Problem die Protektion des individuellen Automobilverkehrs durch die Politik ist und parkende Autos am Straßenrand ein ebenso großes ästhetisches Problem darstellen wie Hochgaragen.

Schon frühe Parkhäuser, etwa Perrets Garage Ponthieu (1906–1907), die Garage Marbeuf (1929) oder die Torengarage (1929–1930) zeichneten sich durch ausgesprochen anspruchsvolle Architektur aus. Viele als ›Verschandelung des Stadtbildes‹ bewertete Hochgaragen sind für sich betrachtet gute Architektur. Die ›Verschandelung‹ liegt meist in der Unmaßstäblichkeit im Verhältnis zur umgebenden Architektur. Die daraus zu ziehende Konsequenz war, solche Baumassen nicht in das Innere der Städte eindringen zu lassen, sondern entweder große Parkhäuser wie die ›Autorimessa‹ in Venedig an der Peripherie zu errichten oder im Stadtkern nur kleinere, dadurch aber weniger wirtschaftlich zu betreibende Bauten zu genehmigen und deren Zahl außerdem zu beschränken.

Die geringe Zahl realisierter Hochgaragen ließ vor dem Zweiten Weltkrieg noch keine größere öffentliche Diskussion zum Äußeren aufkommen. Erst mit der beginnenden Massenmotorisierung und den damit verbundenen Problemen nach 1950 geriet die Frage der Gestaltung in den Fokus.

Tiefgaragen

Die frühen Parkhäuser waren Hochbauten, und auch heute noch stellen Tiefgaragen, also unterirdische Parkhäuser, die Ausnahme dar. Grundsätzlich sind alle oberirdischen Erschließungsarten – Rampen wie Aufzüge – auch unterirdisch in mehrgeschossigen Anlagen denkbar.

Tiefgaragen waren für Conradi 1931 verkehrstechnisch und städtebaulich die beste Lösung, aber ihre Finanzierung war schwierig – sie »scheitern zumeist an der Kostenfrage«.[211] Kostenintensiv ist vor allem die tiefe Baugrube. Häufig müssen dort verlaufende Versorgungsnetze umgelegt werden. Oft ist zudem eine Unterfangung von Bauwerken am Rand der Baugrube notwendig.[212] Starke Seitenwände müssen dem hohen Erddruck standhalten und die obere Decke muss für den Schwerlastverkehr (zumindest aber Rettungsfahrzeuge) befahrbar konstruiert werden. Bautechnisch und im Betrieb sind die Entwässerung und Beleuchtung aufwendiger als bei einem Hochbau. Und im Unterschied zu offenen Hochgaragen wird eine aufwendige Be- und Entlüftung notwendig, die über der Erde nicht unsichtbar bleibt. Ebenso sind die Ein- und Ausfahrrampen sowie die Personenzugänge oberirdisch sichtbare Bauteile.

Weit günstiger als eine vielgeschossige Tiefgarage ist die ein- bis zweigeschossige Unterkellerung größerer Platzanlagen.[213] Solche Bauten unter Plätzen sind auch günstiger als die zeitweise propagierten ›Tunnelgaragen‹ unter Straßen, da das Verhältnis von Stellplatz zu notwendiger Außenwandfläche viel wirtschaftlicher wird.

Am vorteilhaftesten werden sie unter Grünanlagen gebaut, da keine so hohen Deckenlasten wie bei Plätzen zu gewährleisten sind. Conradi projektierte schon vor 1931 eine solche Anlage vor der Alten Pinakothek in München.[214]

Die ersten deutschen Beispiele waren bereits in den 1920er Jahren entstanden, jedoch nicht unter innerstädtischen Plätzen, sondern meist am Stadtrand im Zusammenhang mit dem Neubau größerer Wohnanlagen. Diese Tiefgaragen lagen aus baurechtlichen Gründen nicht unter den Wohnhäusern, sondern unter den Zwischenräumen bzw. Innenhöfen, und waren nur eingeschossig angelegt. 1928 war eine solche Garage mit 270 Boxen für einen Wohnblock mit 280 Wohnungen an der Hindenburgstraße in Berlin-Wilmersdorf angelegt worden (Architekt Jürgen Bachmann).[215] Vorbild einer solchen ›Heimatgarage‹ mag die kurz zuvor für das ›Quartier Moscova‹ in Mailand erbaute sein. Deren Stahlbetonkonstruktion hatten der Ingenieur Borelli und die Architekten Colonnese und Muzio entworfen. Jede Wohnung des Quartier Moscova hat eine eigene Box.[216] Ein weiteres deutsches Beispiel ist die 1929 bis 1930 gebaute Tiefgarage unter dem Hof des Wohnblocks am Stadtpark Schöneberg, zwischen Meraner, Freiherr-vom-Stein-, Kufsteiner und Ehrwalder Straße in Berlin.[217]

Der Entwurf stammt von dem Architekten Rudolf Fränkel. Wie im Hochgaragenbau wurde auch hier eine Rahmenkonstruktion aus Stahlbeton errichtet. Die Stützweite dehnte Fränkel auf 13 m aus. Dadurch konnten die 2.000 Stellplätze in Einzelboxen und Sammelgaragen bzw. Hallen über breite stützenfreie Fahrbahnen bequem erreicht werden. Die Tiefgarage ließ sich heizen und verfügte über eine Tankstelle und die nötigen Einrichtungen zur Wagenpflege.

1935 bis 1941, in Deutschland war das zivile Bauwesen fast völlig zum Erliegen gekommen, entstand in Algier unter der Place du Maréchal Foch eine Tiefgarage, geplant von den Brüdern Perret.[218]

Die Dreißigerjahre und die Reichsgaragenordnung – Verordnen statt Bauen

Die 1920er Jahre waren das Jahrzehnt des Experimentierens und der grundlegenden Lösungen für die neue Bauaufgabe gewesen. Doch der fulminante Start sollte in den 1930er Jahren keine Fortsetzung finden. Nachdem noch 1930 einige Großgaragen fertiggestellt wurden (etwa die fünfgeschossige ›Opel-Garage‹ in Aachen, die ›Cicero-Garage‹ in Berlin-Charlottenburg oder die Großgarage Nassauische Straße in Berlin[219]), kam 1931 der Bau von Großgaragen in Deutschland zum Erliegen: »Es besteht zurzeit auch in der Großgaragenkonjunktur eine Baisse, die unterstrichen ist durch viele negative Erfahrungen durch unzweckmäßigen Garagenbau«,[220] so Conradi, der warnte, darüber die Notwendigkeit des Garagenbaus zu vergessen. Als Warnung führte er an, dass in einer namentlich nicht genannten Stadt zwar 12.000 Kraftwagen gemeldet, aber nur 4.000 genehmigte Boxen und Stände vorhanden seien, mithin eine bei anhaltender Zunahme des Kraftwagenbestandes unhaltbare Mischung »schwarzer Garagen« und »Auf-der-Straße-Parkens« bestünde, dem im Kern der Großstädte nur mit der Forderung eines geeigneten Abstellraumes für jeden Wagenbesitzer beizukommen sei.[221]

Erstmals hatte die Regierung 1924 baupolizeiliche Bestimmungen und Richtlinien für die Genehmigung von Großgaragen erlassen.[222] Dies war durch den damals einsetzenden Bau solcher Anlagen notwendig geworden. Und der Deutsche Automobilhändler-Verband hatte Bildtafeln mit Verhaltenshinweisen verteilt, die zur Unfallverhütung beim Rangieren und Fahren in Großgaragen beitragen sollten (Abb. 42).[223]

Als ›Reichsmuster‹ war 1930 die erste Reichsgaragenordnung vom Reichsverkehrsminister aufgestellt worden. Die einzelnen Länder hatten sie mit unterschiedlichen Bestimmungen ergänzt und nach Landesrecht ratifiziert. Diese ›alte‹ Reichsgaragenordnung bestand aber lediglich aus Bau- und Betriebsvorschriften und traf weder Aussagen zu städtebaulichen Fragen noch eine Verpflichtung zur Schaffung von Einstellplätzen und Garagen.[224]

Obwohl schon in den 1930er Jahren der Straßenraum in den Zentren der Großstädte kaum noch für den fließenden und ruhenden Verkehr ausgereicht hatte, war das Parken am Straßenrand 1936 durch ministeriellen Erlass zum Gemeingebrauch der Straße gerechnet worden. Die Gründe für diesen bis heute nachwirkenden unglücklichen Beschluss lagen in der politisch gewollten Zunahme des Motorisierungsgrades der Bevölkerung. Das Abstellen von Kraftfahrzeugen am Straßenrand war demnach überall dort zu gestatten, wo dem keine zwingenden verkehrspolizeilichen Gründe, also eine Unfallgefahr, entgegenstanden. Damit entspannte sich die Parkraumnot mancherorts, ohne dass neue Garagenplätze entstanden. 1939 kam das Bauwesen, abgesehen von staatlichen Repräsentations- und kriegswichtigen Bauten, fast vollständig zum Erliegen. Dennoch erließ der Reichsarbeitsminister 1939 die neue Reichsgaragenordnung, die zur Schaffung von Parkraum verpflichtete. Denn es zeichneten sich durch die inzwischen »unvorstellbare Parknot« in den meisten Städten für viele Geschäfte und Betriebe erhebliche wirtschaftli-

42 *Schaubilder zur Unfallverhütung in Großgaragen*

che Nachteile ab.[225] Erstaunlicherweise waren aber in den wenigsten Städten genauere Erhebungen über den Umfang des ruhenden Verkehrs gemacht worden. In Hamburg, wo solche Zählungen 1938 stattgefunden hatten, war bei einem Bedarf von 7.000 Stellplätzen die tatsächliche Anzahl von nur 4.000 Plätzen ermittelt worden, von denen 2.800 zudem durch ein Parkverbot fortfallen sollten. Mit anderen Worten: Nur für jeden sechsten danach suchenden Kraftwagen war ein Parkplatz vorhanden.

Während also alle Verordnungen bis 1939 nur Bau- und Verhütungsvorschriften waren, zielte die neue Reichsgaragenordnung auf die Schaffung von Einstellplätzen ab.[226] In der Präambel heißt es: »Die Förderung der Motorisierung ist das vom [...] Reichskanzler gewiesene Ziel. Die Zunahme der Kraftfahrzeuge im Straßenverkehr erfordert, daß die öffentlichen Verkehrsflächen für den fließenden Verkehr frei gemacht und möglichst wenig durch ruhende Kraftfahrzeuge belastet werden. Zu diesem Zweck müssen die Kraftfahrzeuge dort, wo sie regelmäßig längere Zeit stehen, außerhalb der öffentlichen Verkehrsflächen ordnungsgemäß eingestellt werden.«[227] Um die Förderung der Motorisierung dadurch nicht zu behindern, sollte die Unterbringung der Kraftfahrzeuge so weit vereinheitlicht, erleichtert und verbilligt werden, wie es mit den Forderungen der Sicherheit, Schadensverhütung und der Wahrung des »Gemeinschaftsfriedens« vereinbar war. Sie verpflichtete vor allem, bei Neu- und größeren Umbauten Einstellplätze bzw. Garagen zu errichten. Um diese Auflage leichter erfüllen zu können, wurde zugleich eine höhere bauliche Ausnutzung der Grundstücke zugelassen.[228]

Im einzelnen bedeutete dies, dass bei der Errichtung von Wohn-, Betriebs- und Arbeitsstätten sowie bei deren Erweiterung grundsätzlich Einstellplätze für die vorhandenen und zu erwartenden Kraftfahrzeuge der Bewohner bzw. Mitarbeiter auf dem Grundstück selbst oder in dessen Nähe zu schaffen waren. Als Einstellplätze im Sinne der Verordnung galten »unbebaute oder mit Schutzdächern versehene, weder dem ruhenden noch dem fließenden öffentlichen Verkehr dienende Flächen, die zum Einstellen von Kraftfahrzeugen bestimmt sind«.[229] Bei Bauten mit erheblichem Verkehrsaufkommen wie Theatern, Kinos, Hotels, Büro- und Warenhäusern war auch für die zu erwartenden Besucher Parkraum bereitzustellen. Der über diese Bereitstellung von Parkplätzen hinausgehende Bau von Garagen allerdings wurde nur dort gefordert, wo »durch das Einstellen mehrerer Kraftfahrzeuge die Verkehrs- oder Feuersicherheit gefährdet oder das Wohnen und Arbeiten in den umliegenden Gebäuden durch Lärm oder Gerüche erheblich gestört wird«[230], aber nicht bei bestehenden Anlagen und auch nicht beim Neubau von Theatern, Kinos, Warenhäusern usw. Zudem wurde die Garagenbaupflicht nach Auslegung des Gesetzgebers gemildert durch die Möglichkeit, die ohnehin einzurichtenden Luftschutzräume gleichzeitig als Garagen zu bauen und in Friedenszeiten als solche zu nutzen,[231] wie es in England bereits praktiziert wurde.[232] Die Friedenszeiten sollten sechseinhalb Monate später bereits vorüber sein. An eine steigende Motorisierung der Gesellschaft war nicht mehr zu denken. Die Produktion des versprochenen KdF- bzw. Volkswagens, auf den seit 1938 fast 350.000 ›Volksgenossen‹ schon 280 Millionen Reichsmark gespart hatten, wurde – von langer Hand vorbereitet – blitzschnell auf die Produktion des seit 1938 geplanten Wehrmacht-Kübelwagens (VW Typ 82) umgestellt. Von 1940 bis 1945 wurden über 50.000 dieser geländegängigen Militärfahrzeuge gebaut.

Bei den Luftschutzraumgaragen sollten neben der Reichsgaragenordnung auch die Schutzraumbestimmungen vom 4. Mai 1935[233] zur Anwendung kommen sowie für freistehende Luftschutzraumgaragen die Bestimmungen des Reichsarbeitsministers für »Schutz-

43 Schwabengarage in Stuttgart, feuersichere Tür auf der Abfahrtrampe zwischen dem dritten und zweiten Geschoss

räume als Sonderbauten«, die im Frühjahr 1939 in Vorbereitung waren. Für die Tore dieser Garagen gab es bereits eine DIN-Vornorm 4104 »Raumabschlüsse für Schutzräume«. Herstellung und Vertrieb solcher Tore mussten vom Reichsluftfahrtministerium gemäß §8 des Luftschutzgesetzes vom 26. Juni 1935 genehmigt werden. Die Kriegsvorbereitungen, das wird auch bei diesen Planungen klar, waren lange vor dem September 1939 in vollem Gange. Dennoch, trotz aller Verordnungen und Vorschriften wurde bis Ende der 1940er Jahre in Deutschland keine einzige Großgarage gebaut. Denn der private Kraftwagenverkehr war durch Beschlagnahmungen fast zum Erliegen gekommen, und was an Baumaterial, Transportkapazität und Arbeitern verfügbar war, wurde in Befestigungsanlagen (Westwall, Atlantikwall) und in den Großstädten in reine Luftschutzbunker ohne zusätzliche Garagenfunktion gesteckt.

Nach den Bestimmungen der Reichsgaragenordnung (§ 1) galten Anlagen mit einer lichten Grundfläche von über 400 m^2 als Großgaragen. Die Bestimmungen für diese sind in Abschnitt V (§§ 30 bis 44) enthalten. Der wesentliche Teil beschäftigte sich mit der Feuersicherheit, vor allem der feuerbeständigen Trennung der Geschosse durch Brandschutztore. Ein solches Tor aus dem Jahr 1926 hat sich im Abfahrtrampenbereich der Schwabengarage in Stuttgart erhalten (Abb. 43).

Der Gesetzgeber rechnete 1939 damit, dass durch zunehmende Motorisierung auch mehr Großgaragen gebaut würden, und entwickelte daher auch die Bauvorschriften für diesen Garagentyp weiter. Neu waren die Bestimmungen zu den Sozialräumen der Angestellten, die im politischen Jargon der Nationalsozialisten als ›Gefolgschaft‹ bezeichnet wurden. Außer Toiletten waren für diese auch Wasch- und Umkleidegelegenheiten gefordert. Für die Kraftfahrer wurden solche Einrichtungen aber nur vorgeschrieben, wenn es sich um Großgaragen für Berufskraftfahrer handelte, etwa um Autohöfe des Fernlastverkehrs oder Kraftdroschken-Garagen.[234]

Schließlich war in minimaler Weise auch an die Nachbarschaft gedacht. § 41 reduzierte zumindest die Belästigung durch Motorenprüfstände, indem dafür geschlossene Schallkammern mit besonderer Abgasableitung gefordert wurden.

Das Abstellen von Kraftfahrzeugen auf öffentlichen Verkehrsflächen wurde mit der Reichsgaragenordnung hingegen nicht geregelt. Hier ermöglichte die Straßenverkehrsordnung, Halte- und Parkverbote auszusprechen, während es den Kommunen oblag, öffentliche Parkflächen zu planen, gegebenenfalls auch anzulegen und zu betreiben. Der Zweite Weltkrieg und die unmittelbare Nachkriegszeit sollten von den Kommunen aber bald ganz andere Problemlösungen fordern.

Teil II Die Entwicklung seit 1945

Halbrampe im Parkhaus Neuer Wall (1956) von Sprotte und Neve in Hamburg

Die ersten Nachkriegsjahrzehnte in BRD und DDR

1947 – also schon vor der Währungsreform des Jahres 1948 – begannen in den Westzonen die ersten Planungen für Großgaragen. Der Karlsruher Architekturprofessor Otto Ernst Schweizer etwa legte damals Pläne für Großgaragen in Baden-Baden und Bonn vor, die allerdings beide nicht realisiert werden sollten.[235]

Die Garagenfrage stellte sich gleichzeitig mit den Wiederaufbauplanungen der zerstörten Städte, denn die prognostizierten Anforderungen des Verkehrs spielten damals eine zentrale Rolle. Sie führten zur Verbreiterung von Durchgangsstraßen für den ungehinderten Verkehrsfluss der Automobile wie auch zur Schaffung von Flächen für den ruhenden Autoverkehr. Eine gewichtige Stimme in dieser Ära hatte der Hamburger Baudirektor Otto Sill, dessen Fachpublikation über den Parkhausbau in mehreren Auflagen sogar bis in die 1980er Jahre verbreitet wurde.[236] 1951 übertrug er die Erfahrungen in den Städten der Vereinigten Staaten von Amerika auf Deutschland und warnte, dass mangelnde Parkmöglichkeiten in den Innenstädten nicht nur den Verkehrsfluss behinderten, sondern sich auch auf den Umsatz des Einzelhandels und der Dienstleister auswirkten: »Allein die Geschäfte der Innenstadt Philadelphias haben einen Umsatzverlust von jährlich 10 Millionen Dollar aus diesem Grunde festgestellt. Aber auch Bankhäuser, Kontorbetriebe, Rechtsanwälte, Ärzte, Kinobetreiber usw. mußten selbst in kleinen Städten bittere Erfahrungen machen.«[237] Sill war nicht der einzige Warner. Unter den vielen Stimmen meldete sich auch die Süddeutsche Zeitung am 12. März 1959 mit der Schlagzeile »Amerikas Riesenstädte ersticken im Verkehr« zu Wort.[238]

Grund der Misere in den USA war die rasante Zunahme an Kraftfahrzeugen: 1940 besaß dort jede zweite Familie ein Auto, 1948 waren es 75 Prozent. Absolut lag die Zahl 1950 bei 50 Millionen Automobilen, 1957 bei 66 Millionen und 1963 bei 82 Millionen, davon 68 Millionen PKW. Mit anderen Worten: 1963 besaß schon jeder dritte US-Amerikaner einen PKW, im Durchschnitt also jede Familie einen.[239] Die Folge des Parkplatzmangels in den Stadtkernen war, dass Geschäfte aus den Zentren an den Stadtrand zogen, wo nun große Einkaufszentren entstanden und sich auch Spezialgeschäfte aus dem Zentrum ansiedelten. Im Stadtkern kam es zu Leerständen. Um dieser Entwicklung zu begegnen, wurden ganze Blocks für den Bau von Parkhäusern abgerissen.

Zwar setzte der Parkhausbau in den USA schon um 1900 ein, zwar entstanden hier schon in den 1920er Jahren für europäische Verhältnisse riesige Hochgaragen, doch eine umfangreiche, dem Kraftwagenbestand Rechnung tragende Bautätigkeit begann in den Vereinigten Staaten erst nach dem Zweiten Weltkrieg. Noch 1965 waren 75 Prozent der Parkplätze provisorisch hergerichtete Flächen wie beispielsweise Baulücken. Und noch bis Anfang der 1960er Jahre wurden Parkhäuser gebaut, die für europäische Verhältnisse völlig unwirtschaftlich waren, beispielsweise mit handbedienten Aufzügen, die zehn bis 20 Mann Personal erforderten. Die Folge waren hohe Parkkosten, geringe Löhne und die Notwendigkeit, die Fahrzeuge möglichst dicht nebeneinander abzustellen. Farmont urteilte 1965: »Es ist interessant festzustellen, daß in dem verkehrsreichsten Land der Welt noch manche Beispiele der Improvisation zu finden sind.«[240] Doch neben den Improvisationen entstanden eben auch funktionierende Parkhäuser mit großen Kapazitäten – beispielsweise in den 1950er Jahren in Houston/Texas für 3 Millionen Dollar ein Parkhaus für 3.000 PKW.[241] Weder das eine noch das andere konnte damals für Deutschland Vorbild sein. Schon Vahlefeld und Jacques hatten in den 1950er Jahren gewarnt, US-amerikanische Lösungen ließen sich »in Europa nur zum Teil und unter Vorbehalt ähnlich anwenden«.[242] Letzten Endes aber war die negative Entwicklung in den USA den deutschen Städten keine Warnung. Auch hier hielt man die Verlagerung von Betrieben und Geschäften an die Peripherie der Städte nicht auf und erzeugte damit nur noch mehr Verkehr.

Dabei hatte es nach dem Zweiten Weltkrieg eher positiv begonnen: Mit dem Ingangkommen des Wiederaufbaus der zerstörten Städte geriet die Reichsgaragenordnung wieder in den Blick der Behörden für Bauleit- und Baugenehmigungsplanung. In Hamburg hieß es 1949 in der Dienstanweisung über die Anwendung der Verordnung über Garagen und Einstellplätze: »Die Reichsgaragenordnung wurde im Februar 1939 erlassen. Im Hinblick auf die Kriegs- und Nachkriegsverhältnisse wurde sie bisher nur in Einzelfällen angewandt. Bei der Bedeutung der zunehmenden Neubautätigkeit für die künftige Gestaltung des Verkehrs hat die Verwaltung jedoch die Pflicht, nunmehr alle bestehenden Verkehrsvorschriften, Straßenordnungen und baupolizeiliche Vorschriften, insbesondere auch die Reichsgaragenordnung in vollem Umfange anzuwenden, weil sonst der zukünftige Straßenverkehr überhaupt nicht mehr gemeistert werden kann oder der Allgemeinheit später unermeßliche Aufwendungen zur Behebung der entstehenden Verkehrsschwierigkeiten erwachsen.«[243] Auch die Hauptabteilung Wiederaufbau des Hessischen Innenministeriums wies 1949 auf die Einhaltung der Reichsgaragenordnung hin, ließ jedoch eine finanzielle Ablösung der Pflicht zur Schaffung von Einstellplätzen zu.[244] 1950 folgte Nordrhein-Westfalen mit der Erkenntnis: »Die Entwicklung des Kraftwagenverkehrs in der Nachkriegszeit zeigt bereits heute deutlich die Gefahren, die dem Straßenverkehr drohen, wenn nicht rechtszeitig und in dem erforderlichen Umfang Maßnahmen zu ihrer [der Reichsgaragenordnung] Anwendung [...] getroffen werden.«[245] Es wurden entsprechende Richtzahlen formuliert, die jedoch eine völlige Fehleinschätzung der zukünftigen Motorisierung widerspiegeln: in Großwohnblocks ein Einstellplatz auf fünf bis 15 Wohnungen, bei besseren Gaststätten in der Innenstadt und bei Ausflugslokalen ein Einstellplatz auf zehn Sitzplätze, bei Theatern ein Einstellplatz auf 15 Sitzplätze, bei Kinos ein Einstellplatz auf 20 Sitzplätze, bei Verwaltungsgebäuden ein Einstellplatz auf 120 m^2 Nutzfläche, bei Warenhäusern ein Einstellplatz auf 60 m^2 Nutzfläche, bei Industrie- und Handwerksbetrieben schließlich ein Einstellplatz auf 120 m^2 Nutzfläche oder auf zehn bis 20 Beschäftigte. Für einen PKW wurden einschließlich Verkehrsfläche 25 m^2, für ein Kraftrad 8 m^2 Stellfläche gefordert. Nachdem das Hamburgische Oberverwaltungsgericht in seinem Urteil vom 24. Februar 1951 die Rechtsgültigkeit der Reichsgaragenordnung festgestellt hatte[246] und das Urteil rechtskräftig wurde, gab es auch in Berlin 1951 endlich eine Rundverfügung des Senators für Bau- und Wohnungswesen zur deren Anwendung.[247]

Anfang der 1950er Jahre waren Parkhäuser in den deutschen Städten kaum notwendig, denn die Anzahl der Kraftfahrzeuge war noch relativ niedrig und es standen zahlreiche unbebaute Trümmergrundstücke zum Parken zur Verfügung. Wie der Erste Weltkrieg hatte auch der Zweite die Motorisierungs-Entwicklung merklich unterbrochen. Doch schon im Oktober 1951 wurde der Bestand des Jahres 1938 (3.242.000 KFZ) wieder erreicht. Otto Sill erinnerte in demselben Jahr daran, dass die Experten vor dem Zweiten Weltkrieg angenommen hatten, der Sättigungspunkt für die Versorgung der Bevölkerung mit Automobilen sei »frühestens bei 1 Kraftwagen auf 10 Einwohner erreicht«.[248] Er hielt trotz der Unterbrechung der Motorisierung durch den Krieg diesen Sättigungspunkt immer noch für realistisch (heute wissen wir, dass die Sättigung erst bei einem Privat-PKW auf zwei Einwohner erreicht wurde). Noch wichtiger aber war, dass die Bezugsgrößen der Vorkriegszeit nicht mehr zutrafen, denn aktuelle Verkehrszählungen in Hamburg hatten ergeben, dass die Verkehrsdichte im Vergleich zu den 1930er Jahren erheblich zugenommen hatte: »Obwohl die Anzahl der Kraftfahrzeuge im Juli 1950 erst 80 % des Bestandes von 1937 erreichte, hatte sich der Verkehr an diesem wichtigen Punkt (Lombardsbrücke) sogar auf 180 % des Umfangs von 1937 gesteigert.«[249] Dies wurde einerseits durch Einschränkungen anderer Verkehrswege durch die Zerstörungen hervorgerufen, andererseits aber auch durch die notwendige stärkere Auslastung der wenigen noch vorhandenen Automobile. Langfristig prognostizierte Sill für Hamburg eine Verkehrsdichte, wie sie im damaligen London herrschte.

Mit dem ›Wirtschaftswunder‹ gelangten seit Mitte der 1950er Jahre zunehmend auch Angestellte und Arbeiter in den Besitz eines eigenen Kraftrades oder -wagens, es kam zur Massenmotorisierung. Alle drängten mit ihrem Fahrzeug in die Innenstädte, wo ein großer Teil der Arbeitsplätze, wo die Warenhäuser und Fachgeschäfte und auch die Freizeiteinrichtungen wie Kinos und Theater konzentriert waren. Zunehmend wurden die als Parkplätze genutzten Trümmergrundstücke für Wiederaufbauten benötigt, was die Lage zusätzlich verschärfte.

Im Stadtzentrum musste dafür Ersatz geschaffen werden, was bei dem Wert der Grundstücke und dem schnell wachsenden Bedarf an Stellplätzen nur mit mehrgeschossigen Garagen zu erreichen war, sollten die Kraftfahrzeuge nicht am Straßenrand abgestellt werden. Dort mussten, um den fließenden Verkehr aufrechterhalten zu können, zahlreiche Halte- und Parkverbote ausgesprochen werden. In Hamburg führte dies in vielen Hauptgeschäftsstraßen zu Parkverbot auf der einen und Halteverbot auf der anderen Seite. Die Schilder wurden täglich (!) gewechselt, um die Geschäftsleute der beiden Straßenseiten gleichmäßig zu belasten.[250] In Paris hatte sich – mit gleicher Argumentation – ein Park- oder Halteverbot an geraden bzw. ungeraden Tagen etabliert. Doch trotz der Verbote kam es regelmäßig zu einem verkehrsbehindernden Be- und Entladen von Fahrzeugen in zweiter Reihe auf der Fahrbahn.

Eine Zählung des ruhenden Verkehrs um 11 Uhr an einem Werktag im November 1949 ergab in Hamburg, dass die vorhandenen Parkstände zu 96 Prozent ausgenutzt wurden. 70 Prozent Kurzparker (bis 1,5 Stunden) nahmen dabei 31 Prozent der Parkplätze ein, 30 Prozent Dauerparker (1,5 bis 13 Stunden) hingegen 69 Prozent der Plätze.[251] Selbst die über drei Stunden parkenden Fahrzeuge beanspruchten schon 58 Prozent der Fläche. Offensichtlich kamen also die vorhandenen Parkplätze gar nicht den Kunden der Geschäfte zugute, sondern wurden schon des Morgens von den Angestellten in Beschlag genommen, ein noch heute zu beobachtendes Phänomen. Die erste Folge aus dieser Erkenntnis war, dass die Stadt die Parkdauer in bestimmten Straßen auf 30 Minuten und auf bestimmten Parkplätzen auf zwei Stunden beschränkte. Diese zeitliche Beschränkung des Parkens war letztlich aber nur praktikabel, wenn sie kontrolliert und alternative Möglichkeiten für ein längeres Abstellen des Kraftwagens oder ein attraktiver öffentlicher Personennahverkehr geschaffen wurden. Letzteres war zugunsten der Entwicklung der Automobilindustrie aber politisch nur beschränkt erwünscht.

Am 1. Januar 1954 fuhren und parkten auf West-Deutschlands Straßen fast 4,5 Millionen Automobile.[252] Das Parkplatzproblem wurde immer drängender, denn die Zahl der Autos wuchs über diesen, Jahre zuvor als Sättigungspunkt prognostizierten Wert (s. o.) ungebremst weiter: 1960 waren es in der BRD 8 Millionen und in der DDR 1,4 Millionen. 1965 wurde die Verdopplung des KFZ-Bestandes bis 1980 erwartet, doch traf dies schon 1970 ein! Auch in der DDR hatte sich innerhalb dieser Zeitspanne die KFZ-Zahl verdoppelt. Da die Motorisierung der Gesellschaft nicht aufzuhalten war, ohne das Wirtschaftswachstum empfindlich zu bremsen, suchten Politik und Experten nicht nach Lösungen zur Reduzierung des rollenden wie ruhenden Verkehrs, sondern nach Wegen der Optimierung: mehr Autos, mehr Straßen, mehr Parkplätze. So bauten die Städte in den 1950er und 1960er Jahren gegen die ständig wachsende Parkraumnot an. Dabei entdeckte man die Kriegslücken als Chance für großzügige Lösungen.[253] Schon in den 1950er Jahren hatten »die Verkehrsverstopfungen in den Stadtkernbezirken« vielerorts erhebliche Ausmaße erreicht. Als Lösung dieses Problems sah man einerseits die Umleitung des Durchgangsverkehrs an, andererseits die Schaffung von Parkraum, um die Behinderung des fließenden Verkehrs durch am Rand parkende Fahrzeuge zu reduzieren. Für die Verkehrsplanungen wurde ein »Zuschlag für wachsenden Zukunftsbedarf« gefordert.[254]

Mangelnde Parkräume wurden nach wie vor als »Gefährdung des fließenden Verkehrs sowie des Geschäftsbetriebes in den Innenstädten« gesehen.[255] 1966 wurde nicht nur der Parkraummangel beschworen, sondern auch der befürchtete Wegfall von Parkstreifen im Zuge der für notwendig erachteten Verbreiterung von Straßen als zwingender Grund für den Bau zusätzlicher Parkhäuser angeführt.[256]

Interessanterweise ging Hans Bernhard Reichow 1959 in seinem viel zitierten Werk *Die autogerechte Stadt* nur am Rande auf den ruhenden Verkehr ein, und zwar ausschließlich auf die Notwendigkeit der Beschattung von Parkplätzen – etwa unter Hochstraßen (Abb. 44).[257] Es wurde auch hier nur aus dem Blickwinkel des Auto fahrenden Menschen gedacht, dem das Aufheizen seines Wagens in der Sonne erspart werden sollte. Dass sein Fahrzeug im Weg stand und die Gegend verschandelte, wurde nicht thematisiert.

Friedrich Tamms, damals Baudezernent in Düsseldorf, zog wie andere die USA als Beispiel heran, wo Parkhäuser in allen Städten längst zum alltäglichen Bild gehörten, und schrieb: »Man kann in den USA vieles studieren, was mit der Aufgabe der Errichtung von Parkhäusern in Zusammenhang steht. [...] Bei uns wird die Einführung solcher, vom Zweck her bestimmter Bauten in den gewachsenen Grundriß einer Stadt durch Rücksichtnahme auf das historische Erbe beeinflußt. [...] Dennoch gibt es auch bei unseren Städten nur eine Lösung, nämlich die, die aus der Aufgabe selbst entwickelt wird. Reminiszenzen können keinen Erfolg haben.«[258] Er schätzte die Zahl der benötigten Parkstände im Innenbereich großer Städte wie Hamburg, Frankfurt am Main oder Düsseldorf auf 25.000 bis 30.000.[259] Für die Erfüllung dieser gigantischen Aufgabe äußerte er utopische Ideen: »Wir stehen erst am Anfang dieser Entwicklung. Viele Wege werden untersucht werden. Der Gedanke z. B., sämtliche Dächer und Dachaufbauten zu beseitigen und über die Geschäfts- und Bürohäuser der City hinweg eine Parkebene zu spannen, die keine Rücksicht auf Haus- und Besitzgrenzen nimmt, ist gar nicht so ganz abwegig. Ein anderer Gedanke könnte dazu führen, sämtliche Läden einer Geschäftsstraße in das erste Obergeschoss zu verlegen, die Fußgänger und Laufbrücken in gleicher Höhe an ihnen entlang zu führen und alle Erdgeschosse in Parkräume umzubauen.«[260] In amerikanischen Städten mit orthogonalem Raster gab es Überlegungen, jeden neunten Block durch ein Parkhaus zu ersetzen. So wäre in jeder

44 *›Die autogerechte Stadt‹, 1959 von Hans Bernhard Reichow geschrieben, realisiert u. a. in Stuttgart*

Richtung jeder dritte Baublock eine Parkgelegenheit. In Philadelphia plante man einen Stadtautobahnring mit Abzweigungen in die City, die in Parkhäusern enden sollten. Ab dort sollte die Stadt den Fußgängern gehören.

Dies wäre ein zukunftsweisendes Konzept für menschliche, autofreie Innenstädte gewesen. Der Hamburger Oberbürgermeister Max Brauer hielt schon 1953 die »ostentativ in die City hineingebauten Parkhäuser für einen ›Irrweg‹ der Stadtentwicklung«.[261] Er stand damit aber weitgehend allein, denn überall wurden die Parkhäuser als Allheilmittel zur Bewältigung des Problems ›ruhender Verkehr‹ betrachtet.

Ein Jahrzehnt später, 1964, berichtete die *Bauwelt* über den so genannten ›Buchanan-Report‹, dessen vollständiger Titel *Traffic in Towns. A study of the long term problems of traffic in urban areas* lautet und den das britische Verkehrsministerium 1963 in Auftrag gegeben hatte.[262] Auch hier wurde der ruhende Verkehr als Hauptübel der Verkehrsbehinderungen ausgemacht. Empfohlen wurde eine Förderung des öffentlichen Personenverkehrs, da Busse und Straßenbahnen »in der Regel überhaupt keinen Parkraum in der Innenstadt in Anspruch nehmen« und »der Platzbedarf je beförderter Person zwischen 0,21 und 0,35 m² liegt, während er für den Fahrer im Personenwagen mit 5,0 m² eher zu niedrig angenommen wird«.[263] Als Lösung wurden Parkhäuser am Rande der City in Verbindung mit einem attraktiven Park-and-ride-System propagiert, wobei Langparker auf die oberen Etagen verwiesen wurden. Auf jeden Fall waren Dauerparker aus den empfindlichsten Teilen der City fernzuhalten. Als eine weitere Lösungsmöglichkeit wurde die Beseitigung des steuerlichen Anreizes zur Motorisierung im Berufsverkehr formuliert, die in Deutschland allerdings erst 2007 ansatzweise und allein aus fiskalischen Gründen begonnen und vom Bundesverfassungsgericht kurz darauf wieder verworfen wurde.[264]

Tamms und Hollatz veröffentlichten 1965 im Anschluss an den ›Buchanan-Report‹ die umfangreiche Bestandsaufnahme *Die kommunalen Verkehrsprobleme in der Bundesrepublik Deutschland.*[265]

Was Parkhäuser betraf, konnte nach Wiegands Meinung eine Lösung »nur in der Initiative der Städte liegen.«[266] Die Ausweisung der Zentren als Fußgängerzonen sollte Hand in Hand gehen mit dem Bau von Parkgaragen an deren Rand, kein Punkt der autofreien Innenstadt sollte weiter als zehn Minuten Fußweg vom nächsten Parkhaus entfernt liegen – so lautete das Ideal.

Dass damit die Maßstäblichkeit der Altstädte gesprengt wurde, war den Beteiligten klar: »Hier verdrängt der neue Modul der Technik den Modul des Menschen. 7,5 m Kurvenradius, 7,5 m Fahrbahnbreite, 5 m Standtiefe und 2,5 m Standbreite beherrschen die Grundrißüberlegungen des Architekten.«[267] Doch schien dieser Preis für uneingeschränkte individuelle Mobilität nicht zu hoch, zumal ja auch die meisten anderen innerstädtischen Neubauten diesen Maßstabssprung ganz unabhängig vom Automobil machten.

Der geringe Motorisierungsgrad der DDR-Bürger und die wirtschaftlichen Gegebenheiten führten dazu, dass mehrgeschossige Hoch- oder Tiefgaragen in der DDR bis zu deren Ende 1990 eine Seltenheit blieben. Das optimistische Geleitwort zur Lizenzausgabe des Fachbuchs *Garagen- und Tankstellenbau* von Vahlefeld und Jaques im Ostberliner Verlag für Bauwesen 1956 erfüllte sich nicht: »Der in der Deutschen Demokratischen Republik schon nach Ablauf des ersten Fünfjahrplanes zu verzeichnende Aufschwung im Kraftverkehr wird im Verlauf des zweiten Fünfjahrplanes eines solche Steigerung erfahren, daß die jetzt zur Verfügung stehenden Versorgungseinrichtungen, die im Gegensatz zum ›Fließenden oder rollenden Verkehr‹ auch als ›Ruhender Verkehr‹ bezeichnet werden, in keiner Weise mehr ausreichend sein dürften.« So behielt die nachfolgende Bemerkung in eben diesem Vorwort auch über den nächsten Fünfjahresplan hinaus Gültigkeit: »Von besonderer Bedeutung sind in der DDR die Parkplätze, die von den Verfassern leider nur am Rande erwähnt sind.«[268]

Die wenigen Hochgaragen, die überhaupt entstanden, wurden eher für Touristen als für Genossen erbaut. 1969 nahm in Dresden das öffentliche Parkhaus des ›Interhotels Newa‹ am Beginn der Prager Straße gegenüber dem Hauptbahnhof seinen Betrieb auf. Hotel und Parkhaus waren Teil des städtebaulichen Gesamtentwurfs Prager Straße, der aus einem Wettbewerb hervorgegangen war. 38 Architekten und -kollektive aus allen Regionen der DDR hatten daran teilgenommen. Als Vorbild wurde die Fußgängerzone ›Lijnbaan‹ (1952–1954) in Rotterdam von Bakema & van den Broek genannt.[269] Den Auftakt der Prager Straße bildet, vom Hauptbahnhof gesehen, das vierzehngeschossige Scheibenhochhaus des ›Interhotels Newa‹, 1968 bis 1970 nach Plänen von C. Kayser, H. Klötzel und B. Tellmann erbaut. Im unmittelbaren Zusammenhang mit diesem entstand die Hochgarage.

Weitere wurden erst im folgenden Jahrzehnt erbaut: Im Frühjahr 1973 eröffnete das erste Parkhaus in Ostberlin in der Nähe des Alexanderplatzes und wenige Jahre später ein weiteres gegenüber dem Bahnhof Friedrichstraße,[270] 1975 bis 1977 errichtet durch die schwedische Firma SIAB in Kooperation mit Partnerbetrieben der Deutschen Demokratischen Republik.[271] Das im Zusammenhang mit dem Interhotel Metropol errichtete Split-level-Parkhaus erhielt 13 Parkdecks mit 340 Stellplätzen, einen Autoservice sowie einen Intershop im Erdgeschoss.

Von 1970 bis zum Ende des Jahrhunderts

Hatten die 1950er und 1960er mit der Massenmotorisierung dem Parkhaus in Westdeutschland zum Durchbruch verholfen, so brachten die 1970er und 1980er Jahre einen Boom, der auch mittlere und kleine Städte erreichte. 1973 gab es knapp 20 Millionen Automobile in der Bundesrepublik Deutschland bei insgesamt 4 Millionen öffentlichen Abstellplätzen. Davon lagen etwa 1.236.000 in Großstädten. 64 Prozent dieser 1,2 Millionen Stellplätze befanden sich auf ebenerdigen Flächen und nur 14 Prozent (173.000) in etwas mehr als 500 Parkhäusern mit durchschnittlich 340 Stellplätzen. Offen bleibt, wo die restlichen 22 Prozent öffentliche Stellplätze lagen – möglicherweise handelt es sich um die Stellplätze am Straßenrand, die eigentlich zu den Straßen gezählt werden müssten. »Alljährlich entstehen jetzt 40 bis 50 Parkbauten,«[272] hieß es 1974. Nach Schätzung des ADAC waren 1989 in der Bundesrepublik Deutschland etwa tausend Tiefgaragen und Parkhäuser vorhanden.[273] Diese Verdoppelung seit 1973 war Folge staatlicher Förderung: »Der bundesdeutsche Parkhausnotstand hat vor den kleineren Städten nicht Halt gemacht. Hier hat das Städtebauförderungsprogramm des Bundes eine Garagenbauwelle erzeugt, von der so mancher Stadtbaumeister noch vor wenigen Jahren nicht zu träumen wagte.«[274]

1970 war die Großgarage also kein Großstadtphänomen mehr. Die ersten Mittel- und Kleinstädte begannen mit dem Bau von Parkhäusern. Wiegand schlug für diese geringer frequentierten Garagen eine preiswertere Bauweise vor, um eine den Großstädten vergleichbare Wirtschaftlichkeit zu erzielen.[275] Die Auslastung gab er für Großstadtparkhäuser mit 500 bis 2.000 Einfahrten pro Tag an, für mittelstädtische Parkhäuser mit 200 bis 500 Einfahrten. Als Beispiele für mittelstädtische Parkhäuser führte er das Parkhaus Grünbaumgasse in Kempten (1969) und das Parkhaus Kollegienwall in Osnabrück (geplant 1969) an.

In den 1980er Jahren wurden in Bauzeitschriften häufiger Parkhausbauten in kleinen Städten wie Donauwörth, Lage in Lippe oder Bad Salzuflen vorgestellt, ja sogar auf dem Dorf hielt die mehrgeschossige Garage Einzug! Die *Deutsche Bauzeitung* berichtete über die Rathaus-Tiefgarage in Rechberghausen, die 1986 bis 1987 auf dem Gelände des ursprünglichen Schlossgartens zur Verringerung der Parkplatznot im Zentrum entstanden war und 42 Stellplätze bot.[276]

Grundsätzliche Kritik aber blieb nicht aus: »Sind mehr Autoabstellplätze überhaupt erwünscht? Schon lange ist es kein Geheimnis mehr, daß die Bereitstellung immer neuer Parkierungsflächen vermehrtes Verkehrsaufkommen begünstigt. Oder ist die Lösung zum Problem des ruhenden Verkehrs, der Autoabgase und der Blechlawinen nicht ganz woanders zu suchen, das heißt auf politischer Ebene durch gezielte Aufklärung und durch die Formulierung ganz neuer Alternativen?«, fragte eine kritische Journalistin 1989.[277]

Öffentliche Fördermittel flossen in die Stadtsanierung, die nicht nur alte Wohnbebauung durch Neubauten ersetzte, sondern auch dazugehörende Autoabstellplätze schuf. In den ver-

45 Umbaute Hochgarage (1978) in Karlsruhe von Kramer und Wiest + Partner, Ansicht 2010

dichteten Zentren mussten dies mehrgeschossige Parkhäuser sein. In Karlsruhe beispielsweise wurde ein Großteil des ›Dörfle‹ abgebrochen, eine neue Durchgangsstraße geplant und Platz für Parkhäuser geschaffen. Als östliche Kante der neu angelegten Straße entstand bis 1978 auf einer Grundfläche von 68 × 58 m und mit einer Höhe von 16 m eine Parkrampengarage (Abb. 45). Vorbauten nehmen im Westen eine Gewerbeschule, im Süden Verwaltungsbüros auf. Zwei Reihen Maisonettewohnungen bzw. Einfamilienreihenhäuser auf dem Dach ergänzen das multifunktionale Bauwerk, dessen Entwurf die Planungsgruppe Gernot Kramer und Rudolf Wiest + Partner aus Karlsruhe schuf.[278] Weiter im Osten dieses Gebietes kam die Flächensanierung ins Stocken. So wurde ein Parkhausprojekt (1977) von Hilmer & Sattler in der Kaiserstraße 45/47 anstelle zweier Bauten aus der Gründungsphase der Stadt nicht realisiert. Der Entwurf sah eine Hochgarage vor, die zur Straße hin von einem Appartementhaus verdeckt werden sollte.[279] Diese Verblendung mit Wohn- oder Büroräumen war schon von den frühesten Hochgaragenbeispielen in den USA bekannt.

Reihenhaus-Wohnungen auf dem Dach entstanden wie in Karlsruhe auch in Freiburg und andernorts. Diese »Nutzungsverflechtung« bezeichnete die Zeitschrift *Baumeister* als »formale Integration in die Umgebung«.[280]

Das Garagenflachdach als begehrte, schon in den 1920er Jahren ›entdeckte‹ innerstädtische Bauparzelle wird auch zu anderen Zwecken genutzt, bei einer Berliner Hochgarage etwa als Kindertagesstätte.

Multifunktionalität wurde in den 1970er und 1980er Jahren allerorten realisiert. 1975 stellte die Zeitschrift *Bauen + Wohnen* ein Beispiel aus Liverpool vor: das Haymarket-Theatre mit Bars und Restaurants, Büroflächen, über hundert Läden, angebaut an ein bestehendes Warenhaus und Hotel. Das integrierte Parkhaus mit Wendelrampe bietet im zweiten und dritten Obergeschoss Platz für 500 Kraftwagen.[281] In Hannover entstand ein Parkhaus mit Büroflächen, Restaurant und Bowlingbahnen in der Osterstraße.[282] Es war Bestandteil des innerstädtischen Gesamtverkehrsplans. Im ersten bis fünften Obergeschoss wurden 500 Stellplätze angeboten. Auf dem Dachgeschoss befindet sich zudem ein Aufbau mit Büroräumen. In Lübeck ist ein Parkhaus am Pferdemarkt mit einem Freizeitzentrum verbunden und verfügt ebenfalls über Bowlingbahnen und ein Restaurant.[283] 1979 widmete sich eine Nummer des *Baumeister* dem Schwerpunktthema »Parkhäuser in Kombination mit anderen Nutzungen«:[284] mit Läden und Wohnungen in Coburg, mit Laden in Straubing, mit Gewerbeschule, Wohnhäusern und Verwaltung in Karlsruhe, mit Altenwohnungen in Verden, mit Theaterwerkstätten und -fundus in Wiesbaden und mit Wohnungen in Bamberg. Hier wird erneut deutlich, dass in den 1970er Jahren der Parkhausbau auch kleinere Städte erreicht hatte. Durch Nutzungskombinationen wurde einer bessere »funktionale und gestalterische Integration in die bestehende Stadtstruktur« angestrebt.[285]

Waren die 1950er das Jahrzehnt, das die »autogerechte Stadt« proklamiert hatte, so nahmen die 1970er eine kritischere Haltung ein, ohne allerdings den Autoverkehr oder den Straßenbau zu reduzieren. Immerhin, es kam in den meisten deutschen Städten zur Ausweisung von Fußgängerzonen, wenn auch in manchen erst in den 1980er Jahren. Die Fußgänger eroberten sich nun die Marktplätze, die zu Parkplätzen verkommen waren, zurück.

Die Schweizer Verhältnisse kritisierte 1973 Ruedi Jost. Zwar hatten dort die Zürcher Stadträte 1972 den Verkehr vordergründig aus der Stadt verbannt, indem sie die »Schaffung von Parkhäusern am Stadtrand unter finanzieller Beteiligung der durch solche Parkhäuser begünstigten Gemeinden« in Aussicht stellte,[286] wohl wissend, dass politisch keine Mehrheiten mehr für zusätzliche Parkhäuser, sprich mehr Verkehr, in der City zu gewinnen waren. Doch zugleich begannen Planungen für eine Großgarage mit 2.200 Stellplätzen in der Innenstadt am geplanten Schnittpunkt von U- und S-Bahn unter dem Hauptgebäude der Eidgenössischen Technischen Hochschule, und die damals bestehenden 3.000 Parkhausstellplätze in der City sollten laut Stadtplanungsamt auf 23.000 ausgebaut werden – allerdings nicht durch die an Beschlüsse gebundene Stadt, sondern durch eine private Tochter, die City-Parkhaus AG. Ähnlich war auch in Basel der Ausbau von knapp 2.800 Plätzen auf über 5.000 geplant, wenn auch hier die Parkhäuser nicht über eine Lage am City-Ring hinaus in die Innenstadt vordringen durften.

Für die Parkraum-Bedarfsplanung hatte die Forschungsgesellschaft für das Straßenwesen in Köln 1973 drei unterschiedliche Bemessungsverfahren vorgeschlagen:[287] Nach der Gesamteinwohnerzahl einer Stadt waren entweder 0,5 bis 1 Prozent davon als Parkstände in der City zu veranschlagen oder für jeweils fünf bis acht zugelassene PKW in einer Stadt ein Parkstand in der City oder Parkplätze für 7 bis 9 Prozent der täglich in die Stadt einpendelnden Kraftwagen.

Die Redaktion der Architekturzeitschrift *werk* gab im Juni 1973 ein Schwerpunktheft »Parkhäuser Parkings« heraus und begründete dies: »Im Rahmen des modernen Urbanismus nehmen die Parkhäuser einen immer bedeutenderen Platz ein. In allen Grossstädten wurden Gebäude errichtet, um die Fahrzeuge aufzunehmen, die in die Geschäftsviertel eindringen. Als vorgesehene Lösung für das drängende Problem des stets anwachsenden individuellen Transportes stellen sie nicht nur ein Phänomen des Städtebaus dar, sondern ein architektonisches Element in den Städten unserer Zeit. Die verschiedenen Aufstockungssysteme für Automobile, die Innenzirkulation, die Zugänge und die Integration der Wagensilos in das Strassenwesen sowie die Möglichkeiten, Parkhäuser im Herzen der Städte zu schaffen, bieten höchst interessante Aspekte, die der Mühe Wert sind, eingehend untersucht zu werden.«[288] Genau dies aber geschah in der genannten Zeitschrift nicht ansatzweise.

In den 1980er Jahren wandelte sich die Funktion des Parkhauses von der Lösung des Parkproblems hin zu einer Rückgewinnung der Wohnqualität und des innerstädtischen Freiraumes,[289] die wie selbstverständlich über drei Jahrzehnte vom Automobilverkehr mehr als beeinträchtigt worden waren. Schon 1975 war durch das ›Europäische Denkmalschutzjahr‹ der Schutz der wertvollen historischen Bausubstanz der Altstädte als ein neues Ziel in den Blick der Öffentlichkeit wie der Planer geraten. Alexander Mitscherlich hatte bereits Mitte der 1960er Jahre *Die Unwirtlichkeit unserer Städte* angeklagt und Wolf Jobst Siedler mit anderen *Die gemordete Stadt* betrauert.[290] 1988 hieß es über die nur wenige Jahre zurückliegenden 1970er Jahre: »Es ist heute, angesichts der veränderten Prämissen, schwer nachvollziehbar, mit welcher Rücksichtslosigkeit in den 70er Jahren ›Sanierung‹ betrieben wurde, rücksichtslos gegen gewachsene städtebauliche und soziale Strukturen und gegen Maßstäblichkeit und Materialsensibilität.«[291]

Nun fielen funktional gut gelöste Entwürfe mit optimal reduzierten Brutto-Stellplatzflächen sowie konstruktiv überzeugenden Lösungen in Wettbewerben dennoch durch, wenn die Gestaltung nicht überzeugte, wie Bewertungen von Wettbewerbsprojekten für das ›Parkhaus Schütte‹ in Rottenburg am Neckar 1988 zeigen. Die Erwartungen, »daß die Parkierung in einem in den Stadtraum eingefügten Parkhaus zu einer überzeugenden Lösung bezüglich Größe und Gestaltung der Baumasse geführt werden kann, konnte nicht voll erfüllt werden«, urteilte das Preisgericht insgesamt über die eingereichten Beiträge.[292]

Sehr viel radikaler war der Vorschlag von NL Architects in Amsterdam für Parkhouse/Carstadt. Vom Nieuwezijds Voorburgwal sollten alle erhaltenswerten Baudenkmäler an einen anderen Ort transloziert werden, um hier eine 30 m hohe Parkrampengarage von 19.000 m² Gesamtfläche mit zusätzlichen 35.000 m² Geschäfts-, Gastronomie- und Büroflächen zu schaffen.

Die eine oder andere Hochgarage, die sich als Fehlplanung erwiesen hatte, erfuhr nun eine Umnutzung. Ein erst 1974 fertig gestelltes Parkhaus in Freiburg, das kaum genutzt wurde, sollte schon 1978 auf Antrag der ›Alternativen Liste‹ abgerissen werden. Stattdessen kam es im Rahmen der Altbau-IBA zum Umbau in eine Kindertagesstätte. Seitdem wird die untere Ebene weiterhin als Parkierungsfläche genutzt, das Stahlbetonskelett darüber aber wurde zum Ausgangspunkt der Neunutzung mit einer flexiblen Raumeinteilung. Um eine durchgehende Dachfläche bei der Halbrampengarage zu schaffen, wurde die Decke des niedrigeren südöstlichen Teiles um ein halbes Geschoss auf 4,20 m angehoben. Auf die Ram-

46 Parkhaus mit Busbahnhof (1989) von Schmidt und Schmersahl in Bad Salzuflen, Ansicht 2010

penpaare wurden in halber Breite flache Treppen aufgesattelt. Die erhebliche Bautiefe erforderte einen Deckendurchbruch in der Mitte, der mit einem Glashaus überdacht einen hellen Innenhof der oberen drei Ebenen ergibt. Ein Rankgerüst vor der Fassade war als »optische Stadtreparatur« gedacht.

Kombination mit öffentlichem Personenverkehr

Besonders sinnvoll erschien die Verknüpfung des Individualverkehrs mit dem öffentlichen Personenverkehr über das Angebot von Parkmöglichkeiten an Bahnhöfen oder Busbahnhöfen. In Bad Salzuflen kam es 1989 zum Neubau eines zentralen Omnibusbahnhofs (ZOB) kombiniert mit einem Parkhaus darüber, schräg gegenüber dem Bahnhof gelegen (Abb. 46). Auch in Calw bilden Parkhaus, Bahnhof und ZOB seit 1989 eine Einheit, die »sowohl die Parkraumnot entspannen als auch die Verknüpfungen mit dem öffentlichen Personennahverkehr verbessern hilft«.[293] Im Gegensatz zum alten, aufgelassenen Bahnhof liegt der neue nun fußläufig zur Altstadt. Der postmoderne Bau passt »sich ohne Altstadtimitation ins Ensemble des Umfeldes ein«, urteilte die *Deutsche Bauzeitung* 1989.[294] Die große Baumasse ist durch ein Aufgliedern der Fassade optisch gemildert, es wechseln Giebel- und Traufständigkeit, Sattel- und Walmdächer, strenge Lochfassaden und solche mit geteilten Fenstern. Ein zylindrischer Turm mit flachem Kegeldach überragt die Anlage und stellt die Verbindung zum dem hochgelegenen Bahngleis her. Die Einfahrt für Busse und Taxen sowie PKW ist unter einem hohen Segmentbogen zusammengefasst.

Die Architekten Rem Koolhaas und Floris Alkemade verbanden in Den Haag zwei U-Bahn-Stationen mit einer 1.200 m langen ›unterirdischen Stadt‹ und einer Tiefgarage für 500 Autos. Der Wettbewerb hatte 1994 stattgefunden, die Fertigstellung erfolgte zehn Jahre später.

Bautypen

Anfang der 1970er Jahre dominierten die Rampenparkhäuser zum Selbsteinfahren. Die Zahl von sieben Geschossen wurde kaum übertroffen. Häufig waren auch zweigeschossige Parkdecks. Bei Tiefgaragen waren mehr als zwei Geschosse die Ausnahme. Die Architektur der Hochgaragen hatte nach den 1950er Jahren für das Problem der Höhenüberwindung vorerst keine neuen Impulse mehr erhalten. Erst mit der Weiterentwicklung der Hochregallagertechnik wurde seit den 1990er Jahren nochmals der Vorstoß in Richtung der vollautomatischen ›Parkmaschine‹ gemacht. So stellen diese automatischen Autosilos mit bis zu 16 Parkebenen auch eine Ausnahme hinsichtlich der Geschosszahl dar. Die vergleichsweise aufwendigen Bauten sind jedoch nur auf engen Citygrundstücken wirtschaftlich.[295]

Zwar waren keine neuen Parksysteme mehr entwickelt worden, doch bestand um 1970 trotz jahrzehntelanger Praxis noch Unsicherheit, welches System unter den Aspekten Platzbedarf und Verkehrsfluss das optimale sei. Dies spielte bei einer für deutsche Verhältnisse wirklich großen Garage aber eine wichtige Rolle. Daher fand 1969 bis 1970 eine aufwendige, minutiöse experimentelle Planung der Tiefgaragenerweiterung des Frankfurter Flughafens um 6.000 Stellplätze statt.[296] Da Garagen dieser Größenordnung unbekannt waren, sollte das Planungsrisiko durch diese Untersuchungen gemindert werden. Wie schon in den 1920er Jahren durch die Brüder Luckhardt wurden verschiedene Parksysteme praktisch erprobt. Ermittelt wurde der Flächenbedarf für verschiedene Aufstellwinkel und Fahrgassenbreiten. Zwar war bekannt, dass der geringste Flächenbedarf bei 90-Grad-Aufstellung benötigt wird, doch sollte auch das zügige Einparken in die Bewertung einfließen. Außerdem wurde das beim Schrägparken entstehende Dreieck hinter dem Wagen als ›Komfort-Dreieck‹ angesehen, das ein sicheres und nicht behinderndes Kofferentladen außerhalb der Fahrgasse ermöglichte. Erprobt wurden der Zeitbedarf, die Exaktheit der Parkierung, die Anzahl der erforderlichen Rangierbewegungen, die Flexibilität für eine Veränderung der Parkstandsanordnungen, das Fahrverhalten der Benutzer, der Komfort verschiedener Systeme und die Vorteile einer stützenfreien Bauweise. Die verschiedenen Modelle wurden bei dreitägigen Versuchen in einem abgesperrten Bereich der Baden-Badener Kurpark-Tiefgarage mit 26 unterschiedlichsten Versuchsfahrern hinsichtlich Alter, Geschlecht und Beruf sowie mit verschiedenen Fahrzeugen getestet, von denen eine ausreichende Repräsentativität angenommen wurde. Starthelfer, Zeitnehmer und Vermessungspersonal erhoben die notwendigen Daten. Die Stellplätze maßen 2,30 × 5,00 m, waren also recht schmal. Die Parkzeit reduzierte sich erwartungsgemäß beim Schrägparken gegenüber dem Senkrechtparken, und zwar um 20 Prozent bei einer 75-Grad-Aufstellung und um 32 Prozent bei einer 45-Grad-Aufstellung. Maßgeblich waren auch unterschiedliche Einfahrtradien, Positionen der Ticketgeber und Schranken. Als Ergebnis entschied die Flughafen AG sich für eine 75-Grad-Aufstellung bei 5,50 m breiten Fahrgassen. Die leichte Schrägaufstellung versprach das optimale Verhältnis zwischen guter Flächennutzung und günstigen Betriebsbedingungen.

Wirtschaftlichkeit

Die Flächenausnutzung wirkt sich natürlich auch auf die Finanzierung der Parkhäuser aus, was einen Blick auf dieses Thema nahe legt.

Grundsätzlich ist dabei zu unterscheiden zwischen privaten Investoren, etwa Kaufhäusern, und der öffentlichen Hand. Schon Mitte der 1920er Jahre hatten einige Großstädte eigene Garagenbaugesellschaften zur Lösung des Verkehrsproblems geplant, doch durften diese nach einem Beschluss des Städtetages nur örtlich regelnd, nicht aber selbst bauend wirken. Nach dem Zweiten Weltkrieg änderte sich dazu die Einstellung.

Mackenroth publizierte 1961 drei unterschiedliche Finanzierungsmodelle, die in Frankfurt am Main, Köln und Hamburg praktiziert wurden:[297] In Frankfurt war die ›Frankfurter Aufbau AG‹, eine stadteigene Gesellschaft, für die Errichtung von Parkhäusern zuständig. Insgesamt sollten zwanzig solcher Bauten entstehen. Ziel war nicht ein finanzieller Gewinn, sondern ein Beitrag zur Lösung des Verkehrsproblems, d. h., es handelte sich hier nicht um eine wirtschaftliche, sondern um eine politische Entscheidung. Die Parkhäuser waren vor allem für Kurzparker gedacht, also die Kunden der innerstädtischen Einzelhändler und Dienstleister. Der Betrieb wurde zu fairen Konditionen Pächtern überlassen. Nach Erreichen einer gewissen Wirtschaftlichkeit wurde eine spätere Privatisierung für sinnvoll gehalten. Es galt als »ein bemerkenswertes Beispiel, wenn eine Großstadt in das Programm ihres Wiederaufbaues eine Großgarage aufnahm, in eigener Regie und an einem Brennpunkt des Verkehrs«, wie es 1957 zum Parkhaus an der Hauptwache in Frankfurt hieß.[298] Ergänzend zu den steuerfinanzierten Großgaragen sollten für Dauerparker Parkhäuser von privaten Investoren gebaut werden. Es ist aber nicht bekannt, ob diese Rechnung aufging.

In Köln wurde eigens eine Trägergesellschaft aus den Nutznießern der Parkhäuser gebildet. Dazu gehörten die Stadt, der Handel, die Hotels usw. Die Stadt brachte als Beteiligung das Grundstück in die Gesellschaft ein und stellte Kredite mit niedrigen Zinsen zur Verfügung. Damit ergriff sie die Initiative und beschleunigte die Entwicklung.

In Hamburg schließlich wurde die Errichtung von Parkhäusern vollständig privater Initiative überlassen. Dieser Weg führte aber nur langsam zum Ziel, so dass schon Ende der 1950er Jahre überlegt wurde, ob die Stadt sich zur Beschleunigung der Entwicklung nicht zukünftig an der Finanzierung beteiligen sollte.

Auf einen bedeutenden Punkt der Wirtschaftlichkeit wies noch 1967 Büttner hin, nämlich die bis in die 1970er Jahre übliche autogebundene Multifunktionalität der Parkhäuser, die der Absicherung der Finanzierung diente: »Wird ein solcher Garagenbetrieb nach allen diesen einzelnen Zwecken richtig ausgebaut und organisiert, so daß ein Handinhandarbeiten gewährleistet ist, dann stützt ein Betrieb den anderen und trägt dadurch erheblich zur Leistungsfähigkeit und damit Wirtschaftlichkeit des gesamten Unternehmens bei.«[299] Doch Anfang der 1970er Jahre nahm man Abschied von den multifunktionalen Serviceeinrichtungen Tankstelle, Wagenpflege und Chauffeurhotel. Sie verschwanden nicht nur aus den Neubaukonzepten der Parkhäuser, sondern wurden auch aus dem Bestand nach und nach bis auf wenige Relikte herausgelöst.

Nur die Namen der verschiedenen Interessengruppen, die in den einschlägigen Verbänden organisiert sind, weisen heute noch auf diese frühere Multifunktionalität hin. Diese Interessenvertretungen wie der ›Bundesverband des Tankstellen- und Garagengewerbes e. V. (BTG) und die Fachgemeinschaft Waschstraßen‹ in Minden/Westfalen oder der ›Zentralverband des Tankstellen- und Garagengewerbes e. V. (ZTG)‹ hatten sich in der Wirtschaftswunderzeit mit der beginnenden Massenmotorisierung gegründet. Ein wichtiges Forum war deren offizielles Organ *Tankstelle. Fachzeitschrift für Tankstellen, Waschstraßen, Parkhäuser und Garagen.*[300] 1968, als die autogebundene Multifunktionalität der Großgaragen auslief, kam es zur Gründung des ›Bundesverbandes der Park- und Garagenhäuser e.V.‹ (seit 2007 ›Bundesverband Parken e.V.‹), der sich auf das Kerngeschäft – das Parken – konzentriert. Seine 204 Mitgliedsbetriebe bewirtschaften bzw. betreiben bundesweit mehr als 2.065 Parkhäuser, Tiefgaragen sowie sonstige Groß-Stellflächen mit insgesamt 907.484 Einstellplätzen (Stand: November 2007). Der Verband mit Sitz in Köln repräsentiert ca. 80 Prozent aller Parkhausunternehmen in der Bundesrepublik Deutschland, sowohl privatwirtschaftliche Betriebe als auch Parkhausbetriebsgesellschaften der öffentlichen Hand.

Die Rentabilität konnte durch Läden, Büros usw. gesteigert werden,[301] doch selbst bei sehr guter Auslastung liegt der Ertrag eines Parkhauses weit unter dem eines Geschäftshauses. Allerdings ist auch das Geschäftshaus ohne Parkmöglichkeiten nicht viel wert.

Grundlegende Überlegungen zur Rentabilität stellte Gerd Wiegand, einer der führenden Parkhausplaner der Nachkriegszeit, 1961 an. Er gruppierte die Wirtschaftlichkeit von Parkhäusern in drei Kategorien: »einfache Wertigkeit: Garage 100%ig von Dauermietern genutzt. Doppelte Wertigkeit: Garage 100%ig von Tageskurzparkern belegt. Dreifache Wertigkeit: Garage 100%ig von Tageskurzparkern und 100 %ig von Nachtmietern genutzt.«[302] Mit anderen Worten: Kurzparker sind aufgrund der höheren Entgelte interessanter als Dauermieter. Die Doppelvermietung an Dauerparker (Nacht) und Kurzparker (Tag) bleibt allerdings theoretisch, denn in der Praxis verlassen Dauermieter nicht täglich ihren Stellplatz morgens, um erst am Abend wiederzukehren. Zudem sind gerade im Stadtkern deutlich weniger Einwohner mit eigenem Automobil als Stellplätze in Parkhäusern vorhanden. Eine Dauervermietung ist hier auch oder sogar vorwiegend tagsüber für Angestellte und Geschäftsleute von Interesse, die mit dem eigenen Wagen in die City einpendeln.

Wiegand nannte fünf Voraussetzungen für den rentablen Betrieb eines Parkhauses:

1. Auslastung: Eine Hälfte der Parkplätze muss zu 100 Prozent dauervermietet sein, die andere Hälfte muss mindestens während 80 Prozent des Tages von Kurzparkern belegt sein.

2. Entwurf: Der Flächenbedarf pro Stellplatz soll so gering wie möglich sein, da die Baukosten unmittelbar davon abhängen. Er ist von der Grundstücksform abhängig. Optimal ist eine Grundstücksbreite von mindestens 36 m bei einer flexiblen, etwa doppelt so großen Länge. Als Faustregel gab Wiegand damals 7.000 DM Baukosten pro Stellplatz an, wobei die Stellplatzkosten für das zweite Untergeschoss doppelt so teuer waren wie für das zweite Obergeschoss – ein eindeutiges Votum für Hoch- statt Tiefgaragen.

3. Grundstück: Wegen der hohen innerstädtischen Grundstückspreise scheide ein Grundstückskauf für die Errichtung einer Garage aus. Er forderte daher von den Städten, Grundstücke im Erbbauzins zur Verfügung zu stellen.

4. Finanzierung: Die Städte müssten »Parkraumbeschaffungsgelder nach der Reichsgaragenordnung« (mindestens 50 Prozent eines Parkstandes) zur Verfügung stellen und diese Zuschüsse gegebenenfalls auch zinslos vorfinanzieren. Kredite sollten durch Bürgschaften zu günstigen Konditionen ermöglicht werden.

5. Schließlich forderte Wiegand die Verbindung des Parkhauses mit einer gut frequentierten Tankstelle – damals noch eine vorteilhafte Nebenfunktion, die nicht nur Nebeneinkünfte garantierte, sondern auch der Kundenbindung diente.

Zur Erhöhung der Rentabilität wurden im Erdgeschoss außerdem oft Läden oder Restaurants eingeplant. Mackenroth hielt um 1960 eine angemessene Rentabilität ohne Kombination mit solchen Zusatzgeschäften für unmöglich.[303] Die Zusatzgeschäfte teilte er in zwei Gruppen: »Die einen ergeben sich organisch aus dem Kraftverkehrsbetrieb.« Damit meinte er Pflegedienst, Werkstatt, Tankstelle und Zubehörhandel. Die anderen waren Flächen für Geschäfte, Büros und Hotels.

Zusatzgeschäfte stellten jedoch nicht nur zusätzliche Einnahmen, sondern auch zusätzliche Investitionen und Risiken dar. Die Investitionen und Risiken für einen Pflegedienst waren relativ gering, solange die wöchentliche Wagenwäsche und das monatliche Abschmieren üblich waren. Eine Reparaturwerkstatt war schon aufwendiger und wurde nur als Verpachtung angeraten – jedoch ausschließlich, wenn die Pachteinnahmen höher ausfielen als eine Parkgebühr auf gleicher Fläche. Eine Tankstelle galt ebenfalls als geringe Investition, da es üblich war, dass die Mineralölgesellschaften Vorratstanks und Zapfsäulen stellten (Abb. 47).[304] Personal für die Tankstellen wurde nicht für nötig gehalten, da das Parkhauspersonal diese nebenher betreiben konnte. Dies setzte aber voraus, dass die Tankstelle eher selten in Anspruch genommen wurde.

Ohne Zusatzgeschäfte ging es nicht – trotz bester Lage und zahlreicher potentieller Nutzer »kann ein reiner Einstellbetrieb im Zentrum einer Stadt nur rentabel sein, wenn Zusatzbetriebe – wie Tankstelle, Servicestation, Imbissstube usw. – im Sinne einer ausgleichenden Verbundwirtschaft zusammenwirken und die zur Amortisation des wirklichen Bodenwertes und der Baukosten des Gebäudes notwendige Rendite bringen«.[305]

Es war aber nicht nur der Nebenverdienst, der von diesen Zusatzbetrieben ausging. Sill nahm darüber hinaus an, dass die Parkhausnutzer bestimmte Dienstleistungen erwarte-

47 Parkhaus Neuer Wall (1956) mit Tankstelle von Sprotte und Neve in Hamburg

ten: »Eine Tankstelle mit angeschlossener Pflegestation ist für einen größeren Parkbau – sowohl für Rampen- als auch mechanische Anlagen – stets notwendig; denn der Parkkunde wird es begrüßen oder sogar verlangen, daß sein Fahrzeug während der Parkzeit gepflegt und gewartet wird.«[306]

Doch schon wenige Jahre später sollte es vorbei sein mit den Service-Einrichtungen, da die Kundschaft nichts anderes als möglichst billige Parkplätze erwartete. Das erkannte schon früh der Düsseldorfer Stadtplaner Friedrich Tamms, der die städtebaulichen Folgen des zunehmenden Parkraumbedarfs in den Innenstädten im Blick hatte. Nicht mehr horizontale Baumasse, sondern vertikale, nicht mehr Bauwerk, sondern Maschine lautete seine zutreffende Prognose. Die Versorgungseinrichtungen würden zurücktreten, denn »Das Problem heißt parken, nicht tanken, waschen oder Ölwechsel!«[307]

Doch solange es solche Nebenanlagen gab, war die richtige Platzierung wichtig.[308] Die Tankstelle sollte sowohl bei der Ein- wie Ausfahrt von Parkenden anzufahren und zusätzlich vom Durchgangsverkehr zu nutzen sein. Sie wurde daher außerhalb des Kontrollpostens angeordnet. Eine Behinderung des Parkbetriebes musste verhindert werden, ausreichend breite Gehwegüberfahrten waren vorzusehen, eine Kreuzung mit dem Parkverkehr war zu vermeiden.

Neben einer Tankstelle erhielten viele Großgaragen der ersten Nachkriegszeit auch eine Waschanlage. Hatten die frühen Hochgaragen der 1920er Jahre schon zentrale Waschplätze, oft in jedem Geschoss besessen, so wurde nach dem Zweiten Weltkrieg die in den USA entwickelte automatische Waschstraße in die ersten Großgaragen integriert. Besonders stolz war man beim Hamburger Parkhaus ›Raboisen‹ auf den 1956 in Betrieb genommenen ›Emanuel-Tunnel‹ mit bundesweit neuester Technologie.[309]

Unselbständige Parkhäuser

Die Fachleute unterschieden, ob ein Parkhaus als selbstständige, gewerblich betriebene Einrichtung geplant wurde oder als Nebenanlage zu einem Hauptbau (Wohn- oder Geschäftshaus, Hotel, Betrieb, Veranstaltungsstätte), wobei die technisch-funktionellen Bedingungen zwar stets die gleichen blieben, aber die architektonischen oft als sehr verschieden angesehen wurden.[310] In der ersten Bauphase nach dem Zweiten Weltkrieg, die bis gegen Ende der 1960er Jahre reichte, wurden Parkhäuser häufiger als unselbständige Bauten in Verbindung mit einem Hotel, einem Kaufhaus oder einer Fabrik errichtet. Bei unselbständigen Parkhäusern ist ein Durchgang zwischen beiden Bereichen in jedem Geschoß zweckmäßig.[311]

Schon in den 1920er Jahren hatten viele Großgaragen Übernachtungsmöglichkeiten für Chauffeure und ›Herrenfahrer‹ besessen, beispielsweise die ›Lindwurm-Garage‹ in München. Dieses Konzept wurde auch nach dem Zweiten Weltkrieg bei den ersten Bauten gelegentlich noch umgesetzt, jedoch bald ganz aufgegeben, da das Angebot nicht ausreichend genutzt wurde. So hatte Paul Schneider-Esleben neben seine ›Haniel-Garage‹ in Düsseldorf ein separates Fahrer-Hotel gestellt, und Paul Bode ein solches auf dem Dach seiner Kasseler ›Centrum-Garage‹ realisiert.[312] Auch die ›Hochgarage Neuer Wall‹ in Hamburg war Parkhaus und Hotel in einem Komplex wie auch ein Parkhaus mit Hotel in Köln nach Entwurf des dort ansässigen Architekten Ernst Nolte (Abb. 48). Letzteres liegt in Sichtweite der Ost-West-Straße, die schon vor dem Zweiten Weltkrieg als wichtige Verkehrsader durch die Innenstadt gebaut worden war, im Bereich der Einmündung der Hohen Straße, Kölns Hauptgeschäftszone, und der Cäcilienstraße. Bauherr war die Allianz Lebensversicherung. »Die Verbindung von Parkhaus und Hotel ist nur dann sinnvoll, wenn etwa die dreifache Anzahl Wagenabstellplätze

48 Parkhaus mit Hotel (1958) von Nolte in Köln, Ansicht

gegenüber den Betten vorhanden ist, damit das 24-Stunden-Parken einmal erreicht, auf der anderen Seite aber genügend Platz für stundenweises Abstellen vorhanden ist«, urteilte damals die Fachpresse.[313] Dies war bei diesem Entwurf mit 295 Stellplätze und 90 Betten möglich.

Beim Hilton-Motel (1960) im kalifornischen San Francisco legte der Architekt William Tablar die Parkplätze im vierten bis zehnten Geschoss in den Kern des Bauwerks und gruppierte die Zimmer außen herum.[314] Die Hochgaragengeschosse sind 44 × 68 m groß und bieten insgesamt 400 PKW Platz, was über 50 m²/Stellplatz entspricht. Grund für diese enorme Fläche ist vor allem die ungünstige Anlage der Rampen inmitten der Parkgeschosse. Rechnet man die Rampenflächen durch die ersten drei Geschosse hinzu, wird das Verhältnis noch ungünstiger. Darüber befinden sich in sieben weiteren Geschossen zusätzliche Zimmer, bekrönt von einem Dachgarten mit Schwimmbad. Die unteren drei Geschosse sind den Gesellschaftsräumen vorbehalten. Hinzu kommen drei Tiefgaragengeschosse über die gesamte Grundfläche des Bauwerks (62 × 85 m) mit 350 Stellplätzen. Im ersten Tiefgeschoss befindet sich auch die Einfahrt in die Garage. Die *Deutsche Bauzeitschrift* nannte eine Investitionssumme von 85 Millionen DM (20 Millionen US-Dollar).

Neuerdings werden wieder häufiger Hotelneubauten mit Parkhauskern gebaut, so etwa die Häuser der Kette ›Motel one‹ in Berlin und anderen Großstädten.

Seit Mitte der 1950er Jahre entstanden, ebenfalls als ›abhängige‹ Parkhäuser die ersten Kundenparkgaragen der Kaufhäuser, etwa 1956 bis 1957 die Kaufhofgarage in Köln und 1957 bis 1959 das Breuninger-Parkhaus in Stuttgart. Der Schwerpunkt lag hier nicht auf einer unmittelbaren Wirtschaftlichkeit des Parkhauses, sondern auf der Überlegung, dass die Kunden ausblieben, wenn sie ihr Fahrzeug nicht in der Nähe abstellen konnten. Um sie auch wirklich in das eigene Kaufhaus zu ziehen, wurde ein Teil der Parkgebühr bei einem Einkauf erstattet. So arbeitete man nicht nur dem Verlust von Kunden entgegen, sondern gewann bestenfalls sogar neue. Bequeme Benutzbarkeit und eine gute Fußgängerverbindung zum Kaufhaus waren dabei wichtiger als billigste Bauweise. Ein unmittelbarer Zugang von jedem Parkdeck in das Kaufhaus war beim Breuninger-Parkhaus aus städtebaulichen Gründen nicht möglich, sondern das Parkhaus musste durch eine lange Fußgängerunterführung angebunden werden.

Doch nicht nur die Unternehmen selbst betrieben durch Parkhäuser Wirtschaftspolitik. Auch die Kommunen trachteten danach, durch ausreichende Abstellmöglichkeiten Kaufkraft in die Städte zu ziehen. Die Stadt München beispielsweise ließ in Verbindung mit einem unterirdischen Einkaufszentrum 1969 bis 1971 am Münchner Stachus (Karlsplatz) auch eine zweigeschossige Tiefgarage erbauen.[315]

Entwicklungen seit 2000

Da die Innenstädte im Verkehr ersticken und zusätzliche Parkplätze nur zusätzlichen Verkehr in die Zentren ziehen, lässt die rot-grüne Münchner Stadtregierung seit 2006 keine zusätzlichen Parkplätze in der Innenstadt mehr zu.[316]

Auf der anderen Seite erhält der private Stellplatz für das Auto im Stadtkern mit der beschworenen Rückkehr der stadtflüchtigen Mittel- und Oberschicht wieder eine erhebliche Bedeutung. Konnte der Vorstädter sein ›gutes Stück‹ ins Eigenheim mit seinem ›Autozimmer‹, der Garage, mitnehmen, so fährt es in der City neuerdings im ›CarLift‹ sogar bis vor die Wohnung in den 5. Stock (Abb. 49).[317] Hier parkt das Auto vor der Wohnungstür in der ›CarLoggia‹.

Das spare – so Architekt Manfred Dick – Parkplätze vor dem Haus oder in der Tiefgarage und bringe Sicherheit, Komfort und Luxus. Neben 29 m² ›CarLoggia‹ vor dem Wohnzimmer-Panoramafenster wird allerdings die gleiche Grundfläche noch einmal für den Lift benötigt: knapp 60 m² Bruttofläche für einen Stellplatz. Doch auch das ist nichts grundsätzlich Neues. Schon in den 1920er Jahren war das Auto in der Wohnung ein Thema der Architektur. So bot beispielsweise Le Corbusier in der Villa Savoye (1929–1931) ganz funktional motiviert drei Kraftwagen Platz im Erdgeschoss. Mies van der Rohe hingegen ordnete den Unterstellplatz für das Automobil in seinem Projekt für ein Hofhaus mit Garage (1934) intim zwischen Esstisch und offenem Kamin an.[318]

Auch Le Corbusiers Idee des Hauses auf dem Garagenflachdach ist noch heute modern. 2005 schufen die Maastrichter Architekten Wiel und Arets auf 900 m² Wohndecks über dem Flachdach einer Hochgarage in Köln als »unmittelbare Reaktion auf eine gestiegene Nachfrage nach hochwertigem innerstädtischen Wohnraum«. Und auch das Auto kann man dort bis fast vor die Wohnungstür mitnehmen, denn auf dem darunter liegenden Halbgeschoss finden neben öffentlichem Raum, Gärten und Spielzonen auch die Autos der Bewohner ihren Platz.[319]

Hatte Perrets ›Garage Ponthieu‹ nur 120 Stellplätze in drei Ebenen, so kommt Deutschlands gegenwärtig größtes Parkhaus, das der ›Allianz-Arena‹ in München-Fröttmaning, auf 9.800 Stellplätze in vier Ebenen. Auch die nächst größeren Parkhäuser der Bundesrepublik liegen selten in den Stadtzentren, sondern meist außerhalb an Messehallen und Flughäfen: ›Parkhaus T 2‹ des Münchner Flughafens mit 6.400 Stellplätzen, ›Parkhaus Rebstock‹ der Messe Frankfurt (5.400 Stellplätze), ›Parkhaus West‹ der Messe München (4.600), Parkhaus ›Neue Messe Stuttgart‹ über der Autobahn 8 (4.200), ›Parkhaus 3‹ am Flughafen Köln/Bonn (4.000), ›BMW-Parkhaus FIZ‹ in München (3.500) und das Parkhaus am Flughafen Halle/Leipzig (2.700).

Das 2007 fertiggestellte Parkhaus ›Neue Messe Stuttgart‹ dient der Messe und dem Stuttgarter Flughafen. Der Entwurf stammt von dem Stuttgarter Architekturbüro Wulf & Partner. Das Parkhaus besteht aus zwei etwa 440 m langen und zusammen 100 m breiten Brücken, die in 10 m Höhe über die Autobahn Stuttgart – München und eine geplante ICE-Neubautrasse gespannt sind, davon 100 m stützenfrei. Die beiden fünfgeschossigen Parkbrücken wurden als Fachwerkträger mit Verbunddecken aus 2.000 vorgefertigten Betonplatten konstruiert.

49 Car-Loft (2008) in Brüssel

Die Dächer sind als ›Landschaftsbrücken‹ begrünt, das südliche ist begehbar.

Die Idee einer Parkbrücke indes ist alt, schon 1925 hatte Mel'nikov in Paris eine solches Projekt über die Seine für tausend Kraftwagen entworfen (siehe S. 27), und 1970 war ein Parkhaus als Hängebrücke über der Sihl in Zürich realisiert worden.

Aufzugparkhäuser – mechanische Parksysteme

Während Kraftfahrzeuge in Rampenparkhäusern mit eigener Motorkraft bewegt werden, übernehmen dies in mechanischen Parkhäusern vertikale und horizontale Förderanlagen. Zwei Hauptgruppen lassen sich dabei unterscheiden, nämlich Anlagen, welche die Fahrzeuge in Fahrtrichtung befördern (›Längsförderer‹), und Anlagen, welche sie quer zur Fahrtrichtung bewegen (›Querförderer‹).

Die Aufzugstürme der mechanischen Parkhäuser wurden bei bis zu sechs Etagen Höhe stehend ausgeführt, bei sieben bis zwölf Etagen als hängende Aufzugstürme, die unten in einer Schiene geführt werden. Noch höhere Parkhäuser erhielten Speziallifte. Die Förderdauer betrug bis zum sechsten Stockwerk weniger als 75 Sekunden, doch hängt die Leistungsfähigkeit mechanischer Garagen im Wesentlichen von der Anzahl der Fördergeräte ab.[320] Die Geschwindigkeit der Aufzüge spielt nur bei sehr hohen Bauten eine Rolle.

Bei Aufzugparkhäusern, in den 1950er Jahren häufig ›Autosilo‹ genannt, galt die geringe benötigte Grundfläche als großer Vorteil. Nach zeitgenössischen Urteilen waren es nur 40 Prozent der Fläche eines Rampenparkhauses.[321] Verglichen wurde 1960 in der *Deutschen Bauzeitung* ein Autosilo und ein Parkhaus mit zwei angebauten Wendelrampen, beide mit einem Fassungsvermögen von 240 Automobilen und 20 m Gebäudehöhe. Die überbaute Fläche betrug demnach beim Autosilo 570 m², beim Rampenparkhaus 1.530 m², der umbaute Raum 11.400 m³ bzw. 30.600 m³. Bei einem zweiten Vergleichspaar ergaben sich ähnliche Verhältnisse. Es wurde nicht nur weniger Fläche für das Befördern und Rangieren benötigt, sondern auch für den Parkplatz selbst, denn bei den ›unbemannt‹ abgestellten Fahrzeugen musste kein Zwischenraum zum Öffnen der Autotüren vorgesehen werden. Auch die Geschosshöhe konnte auf unter 2 m reduziert werden. Dennoch blieb das mechanische Parkhaus die Ausnahme. Als dessen gravierendster Nachteil wurde und wird angesehen, dass die Kunden sich scheuen, ihr Fahrzeug einer solchen Anlage anzuvertrauen und bei der Abholung warten zu müssen – obwohl der Fördervorgang meist schneller vonstatten geht als das Verlassen eines Parkhauses über Rampen, insbesondere aus den oberen Geschossen. Vahlefeld und Jacques[322] erschien 1956 die Abhängigkeit vom Funktionieren der Förderanlage als Hauptnachteil, was auf ein geringes Vertrauen in die Technik weist (wobei die Aufzugtechnik schon seit 1880 bekannt war). Schließlich wurden auch höhere Betriebs- und Unterhaltungskosten als nachteilig angeführt. Farmont empfahl daher die mechanische Förderung nur bei kleinen und ungünstig geschnittenen Grundstücken, jedoch keinesfalls bei Stoßbetrieb, da die schnelle Abfertigung im Vordergrund stand.[323]

Der Verkehr in mechanischen Förderanlagen läuft in der Regel folgendermaßen ab: Die Einfahrt wird durch Gitter oder Lichtzeichen gesperrt bzw. freigegeben. Als Einfahrthilfen sind Spiegel, Bodenkontakte oder Lichtschranken vorhanden. Sodann sind Hinweise notwendig, ob die Handbremse zu lösen oder anzuziehen ist und ob der Gang herauszunehmen oder einzulegen ist. Bei den älteren halbmechanischen Anlagen (wie es Perrets Garage Ponthieu war) blieb der Fahrer im Wagen sitzen und fuhr nach der Vertikalförderung mit eigener Kraft in das Parkgeschoss. Eine solche halbmechanische Anlage wurde aber auch nach dem Zweiten Weltkrieg noch errichtet:[324] 1958 erhielt das Karstadt-Kaufhaus in Hamburg einen Dachparkplatz, der mit drei Aufzügen angefahren werden konnte. An der Zufahrt zu den Aufzügen erhielten die Fahrer eine Kontrollmarke mit der zugewiesenen Parkstandnummer. Der Bestand an Kontrollmarken informierte somit über die freien Plätze. Auf dem Dach erhielt der Kunde seinen manuell mit der Ankunftszeit ausgefüllten Parkschein. Mit einem Personenaufzug gelangte der Fahrer in das Kaufhaus bzw. zurück zu seinem Fahrzeug. Der von der Kasse quittierte Parkschein veranlasste den Parkwächter, die Zufahrt zu einem Aufzug zur Ausfahrt freizugeben. Schließlich wurde unten bei der Ausfahrt aus dem Aufzug die Kontrollmarke wieder abgegeben. Vollmechanische Anlagen werden hingegen vom Kunden nicht betreten. Bei diesen verlässt er sein Fahrzeug in der Einfahrtbox.

Vorbilder

Vorbilder solcher Garagen waren in den USA schon vor dem Zweiten Weltkrieg zu finden. Das erste große vollmechanische Aufzugparkhaus war die 1928 erbaute ›Kent-Garage‹ am Columbus Circle in New York. In 24 Obergeschossen und einem Untergeschoss bot sie Platz für tausend Fahrzeuge. Eine Batterie von 18 Aufzügen scheint bei tausend Stellplätzen eher knapp bemessen. Die Fahrzeuge wurden hintereinander eingestellt, je nach kurz- oder langfristigem Aufenthalt, zwei bis drei, in den unteren Geschossen sogar vier. Dennoch konnten auch langfristig eingestellte Wagen »durch entsprechende Konstruktionsvorrichtungen in kurzer Zeit herangebracht werden«.[325] Weitere automatische ›Kent-Garagen‹ mit 800 bis 1.200 Stellplätzen wurden bis 1930 in New York (211 East 43rd Street) und Chicago (Quincy Street) errichtet.

Ein weiteres Beispiel aus den USA ist der 1931 erbaute ›Auto-Taubenschlag‹ (pigeonhole facility), Teil des 34-geschossigen Carew-Tower in Downtown Cincinnati/Ohio. In 16 Geschossen wurden über 400 Plätze angeboten. Eine achtspurige Ein- bzw. Ausfahrtanlage vermied in Spitzenzeiten Rückstaus. Die Anlage war bis 1978 in Betrieb.

In der Nachkriegszeit, 1961, stellte Tamms ein 40 m hohes mechanisches Parkhaus in Washington D.C. mit 16 Geschossen und 7,50 × 20,50 m Grundfläche vor und meinte, dass wegen der hohen Grundstückspreise in den Innenstädten auch in Deutschland »die Entwicklung zweifellos in diese Richtung führen« würde.[326] Städtebaulich wäre ein solches Bauwerk bei meist nur drei- bis siebengeschossigen Nachbarhäusern ein gewaltiger Störfaktor geworden.

Längsförderer ›Autosilo‹

Das erste europäische ›Autosilo‹ wurde 1954 in Karlsruhe auf einem Trümmergrundstück in der Amalienstraße ausgeführt und im Juni 1955 in Betrieb genommen. Im gleichen Jahr wurde ein weiterer Bau in Heidelberg geplant.[327] Beide Autosilos entwarf der Heidelberger Architekt Karl Götz.[328] Für kurze Zeit wurde Karlsruhe zum Mekka in- und ausländischer Fachleute, die sich über Europas erste mechanische Hochgarage informierten,[329] die allerdings keineswegs vollautomatisch war, sondern von einem Angestellten bedient werden musste.

Die Anlage besteht aus dem eigentlichen Garagenbau, einer vorgelagerten Tankstelle und einem seitlich angebauten zweigeschossigen Flügel mit Wagenpflegehallen und Motel (Abb. 50).

50 *Autosilo (1954) von Götz in Karlsruhe, Schaubild 1953*

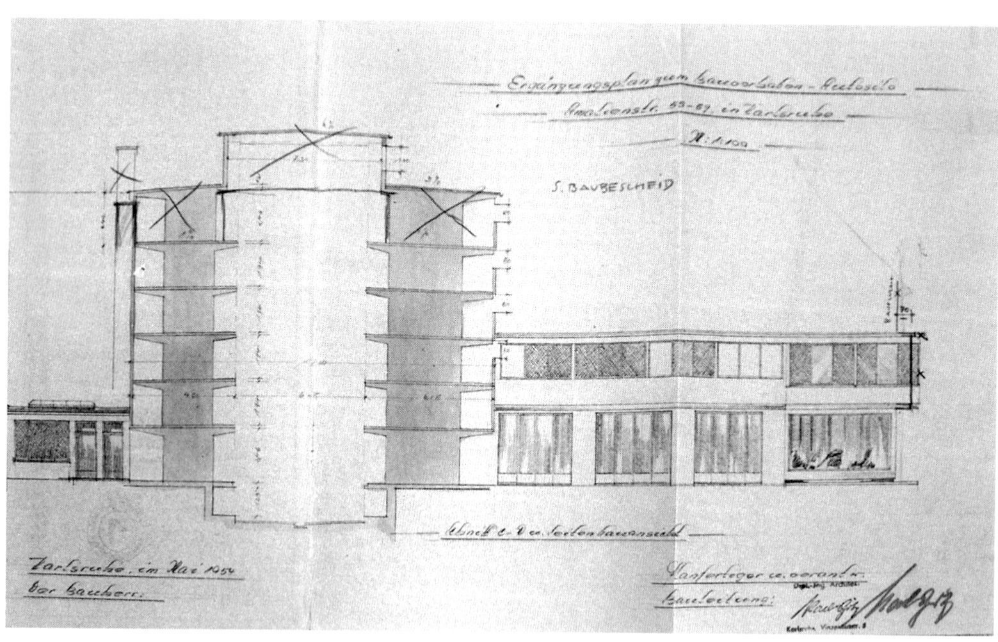

51 *Autosilo in Karlsruhe, Querschnitt*

52 *Autosilo in Karlsruhe, Einfahrtbox, Zustand 2006*

Götz konstruierte das Autosilo als Stahlbetonskelettbau. Es konnte »für die Unterbringung beliebig vieler Wagen gebaut werden«.[330] Die Heidelberger Autosilo-Gesellschaft hatte daher Garagen für 100 bis 400 Fahrzeuge geplant. In zwei sich gegenüber liegenden Riegeln sind in fünf Geschossen reihenartig die Abstellplätze untergebracht, ein geplantes sechstes Geschoss wurde nicht genehmigt (Abb. 51). Im nördlichen Riegel sind die Parkstände 6,05 m tief, im südlichen nur 4,90 m. Dieser Garagentyp konnte prinzipiell mit beliebiger Stockwerkszahl, unter- oder oberirdisch, errichtet werden, wenn auch die Aufzuggeschwindigkeit gewissen Grenzen setzte.

Beim Karlsruher Autosilo stehen die Wandscheiben in 4,25 m Abstand, was der Breite von zwei Stellplätzen entspricht. Die Fassade ist davorgehängt und – im Unterschied zum höheren Förderschacht zwischen den beiden Parkriegeln – mit weißen Trapezblechen verkleidet. Nach Norden, zur Straße, ist die Fassade weniger aus funktionalen als städtebaulichen Gründen durch drei horizontale Fensterbänder gegliedert. Vor der östlichen Stirnseite steht ein Treppenhaus als Notzugang. Die überbaute Fläche misst 22,7 × 17,2 m. Im Förderschacht fuhr der Aufzugsturm, eine Stahlfachwerkkonstruktion, auf Schienen. Sein Antrieb ist unten angeordnet. Durch horizontale Verschiebung des Turmes und gleichzeitige Aufwärtsbewegung der Aufzugkabine war jede Boxe zu erreichen. Die Automobile fuhren von der Amalienstraße in eine von zwei Einfahrtboxen an der Nordseite und wurden von dort durch ein ›Verholsystem‹, einen Greiferwagen, in den Aufzug und von dort auf den Stellplatz bewegt (Abb. 52). Die Räder des Autos liefen dabei zwar frei, wurden aber geführt. Der Transport erfolgte automatisch, also ohne einen Fahrer, wodurch die Boxen auf minimale Ausmaße reduziert werden konnten, denn die Notwendigkeit, die Autotür zu öffnen, entfiel in den Parkgeschossen. Hervorgehoben wurde, dass »durch besondere Führungsschienen jede Beschädigung des Fahrzeugs ausgeschaltet« war.[331]

Die Geschossfläche beträgt pro Parkplatz 20,3 m^2, die überbaute Fläche pro Parkplatz nur 4 m^2. Insgesamt ließen sich 96 Fahrzeuge unterbringen. In einem zehngeschossigen Autosilo konnte bei normalem Betrieb mit jedem Aufzug jede Minute ein Fahrzeug abgefertigt werden (was bei den 240 Stellplätzen des Heidelberger Beispiels und nur einem Aufzug eine vollständige Befüllungs- oder Entleerungszeit von immerhin vier Stunden bedeutete![332]

Das Karlsruher Autosilo ist nicht mehr in Betrieb, sondern wird heute als Lager genutzt. Mit diesem Aufzug-Parkhaus wurden nach Meinung des Architekten im Vergleich zu einem Rampenparkhaus 30 bis 40 Prozent Baugrund eingespart,[333] was aber bei den realisierten Exemplaren nicht erreicht wird. Sill gibt für Rampenbauten als durchschnittliche Bruttofläche pro Stellplatz in Deutschland 30 m^2 an.[334] Das Autosilo kommt auf 23 m^2, was einer Ersparnis von 23 Prozent gegenüber dem Durchschnitt entspricht. Günstig geschnittene Parkrampen erreichen jedoch auch diesen Wert.

Wo liegen die Gründe für diesen geringen Vorteil gegenüber dem Rampenparkhaus? Ein Blick auf den Grundriss zeigt, dass ein Drittel der Grundfläche auf den Förderschacht entfällt. Eine nennenswerte Ersparnis wird also nur dann erreicht, wenn in einer Boxe zwei Fahrzeuge hintereinander untergebracht werden, wodurch sich das Verhältnis von Abstellfläche zu Förderfläche von zwei zu eins auf vier zu eins verbesserte. Werden zwei Fahrzeuge hintereinander abgestellt, verzögert sich aber das Abholen eines Fahrzeugs, wenn zunächst ein davor stehendes umgesetzt werden muss. Nicht zu vernachlässigen ist die mögliche höhere Geschosszahl im Vergleich zum Rampenparkhaus. Bei gleicher Traufhöhe können nämlich mehr Geschosse untergebracht werden, da diese nur wenig mehr als die Fahrzeughöhe messen müssen.

Trotz aller Begeisterung über das Karlsruher Autosilo setzten sich Aufzugparkhäuser in den 1950er Jahren nicht durch. Immerhin, einige weitere Exemplare entstanden.

1957 bis 1958 war ein siebengeschossiges Autosilo mit 112 Stellplätzen (brutto 22,8 m^2 pro Parkstand) am Wiesbadener Kranzplatz (Entwurf Rudolf Dörr) errichtet worden.[335] Wie in Karlsruhe und Heidelberg steuerte ein Liftführer alle Vorgänge. Sodann ist von dem gleichzeitig auf dem Neuen Markt in Wien errichteten Autosilo mit 300 Stellplätzen in elf Ober- und drei Untergeschossen und vier Aufzügen von Karl Schwanzer zu berichten.[336] In jedem Geschoss befindet sich vor und hinter jedem Lift je eine Doppelbox, davon einige so tief, dass nicht nur zwei Fahrzeuge nebeneinander, sondern auch hintereinander abgestellt werden können. Die Förderung in den Aufzug und in die Box erfolgte mit einem Schlitten, dem ›Wertheim-Autoparker‹. Dessen Walzenpaare umfassten die Vorderräder und zogen das Auto rollend in den Lift. Während der Liftfahrt konnte das Auto innerhalb des Fahrkorbes parallel verschoben werden, um es entweder auf einem linken oder rechten Platz einer Box abzustellen. Der ›Wertheim-Autoparker‹ lief auf Gummirollen, benötigte also keinerlei Führungsschienen. Bei vier Aufzügen konnten in Spitzenzeiten mindestens zwei Autos pro Minute gefördert werden. Nach ähnlichem Prinzip arbeitete der ›Auto-Stacker‹ (Auto-Stapler) von T. und P. H. Braddock in London.[337]

Gleichzeitig mit dem Karlsruher war 1954 auch in Basel der Bau eines Autosilos begonnen worden, das aber erst 1958 eröffnet wurde. Erstmals war hier aber eine vollautomatische Steuerung der drei horizontal fahrbaren Lifttürme ohne ›Liftführer‹ realisiert worden. Mit 374 Einstellplätzen in acht Geschossen war es damals auch das größte Autosilo Europas, gebaut »nach amerikanischem Vorbild«. Nach Berechnung der *Deutschen Bauzeitung* benötigte es nur 40 Prozent der Grundfläche einer Rampengarage gleicher Kapazität.[338]

Die vollautomatische Steuerung der Siemens & Halske AG München und der Siemens-Elektrizitätserzeugnisse AG Zürich begeisterte die Zeitgenossen: »Der Druck einer Taste genügt, um zu veranlassen, daß ein Wagen vollautomatisch und innerhalb kürzester Zeit in eine Parkboxe oder zurück befördert wird. 600 km Steuerleitungen mit insgesamt 150.000 Lötstellen mußten zu diesem Zweck verlegt werden.«[339] Der Steuerungsvorgang wurde detailliert beschrieben: »Beim Erreichen eines der beiden Kommandoposten wird die Höhe des Autos gemessen. Dann wird das polizeiliche Kennzeichen in einen Speicher getastet und die zugehörige Einfahrtbox bestimmt. Die in der Zentrale eingebaute Automatik tastet daraufhin die Parkboxen ab und belegt die der Einfahrtbox am nächsten gelegene freie Parkbox. Auch deren Nummer wird automatisch gespeichert. Zwei voneinander getrennt untergebrachte Fernschreiber drucken Datum, Nummer der Einfahrtbox und Parkbox sowie das polizeiliche Kennzeichen auf ein Ticket, das dem Kunden ausgehändigt wird. Dieser fährt seinen Wagen in die Einfahrtbox, löst die Bremse, verschließt den Wagen, verläßt die Einfahrtbox und drückt eine Fertigtaste. Danach schließt sich automatisch das Fallgitter, der Greifwagen zieht das Auto in den Liftturm, dieser fährt vor die betreffende Box, transportiert den Wagen ins richtige Geschoß und schiebt ihn in die Parkbox. Entsprechend verläuft auch die Ausfahrt.«[340] Bei seiner Rückkehr legte der Kunde den Parkschein beim Pförtner vor, eine an den Gebührenzähler angeschlossene Rechenmaschine bestimmte die Parkgebühr und setzte den Fördervorgang in Gang. Währenddessen zahlte der Kunde die Parkgebühr. War die Förderung abgeschlossen, brachte die elektrische Schaltzentrale die Ziffer der Ausfahrtbox zum Leuchten, in welcher das Fahrzeug abgeholt werden konnte. Der Kunde betrat die Ausfahrbox, stieg in sein Fahrzeug und verließ das Autosilo. Durch entlastete Radkontakte wurde die Ausfahrt der Zentrale gemeldet.

Gegen technische Pannen waren alle nur denkbaren Sicherungen eingebaut.

Eine 1955 von Immanuel Kroeker geplante Autosilo-Großgarage am Sendlinger Tor in München blieb im Planungsstadium stecken.[341] In Hamburg hingegen konnte Hans Jönsson 1957 das ›Autosilo Reichshof‹ in der Kirchenallee realisieren.[342] Auch unterirdisch ließen sich solche Autosilos bauen, wie die Anlage mit vier Fördertürmen an der Piazza Diaz in Mailand von 1954/1955 zeigt.[343]

Noch Anfang der 1960er Jahre wurde die mechanische Garage als Zukunftslösung angesehen: »In den Großstädten wird man sich an diese höchst technifizierten Gebilde gewöhnen müssen«, urteilte Tamms.[344] Tatsächlich wurden aber nur wenige Garagen dieses Typs erbaut. 1969 stellt die *Deutsche Bauzeitschrift* ein mechanisches Parkhochhaus im Londoner Stadtteil Houndsditch vor, das bei einer Grundfläche von nur 41 × 22 m und 15 Geschossen 500 Stellplätze ermöglichte. Der Entwurf stammt von R. Seifert and Partners, London. Die drei in der Längsachse verkehrenden Förderanlagen bewegen auf ihren Hebebühnen ein bis zwei Fahrzeuge.[345] Ebenfalls 1969 entstand das ›Susa Autosilo‹ für 490 Fahrzeuge in der Via Gozzi in unmittelbarer Nähe der Piazzale Susa, einem wichtigen Verkehrsknoten in Mailand. Je Stellplatz sind etwa 0,9 m² überbaut. Der Entwurf stammt von Architekt Carlo Perogalli.[346]

Querförderer

Horizontale Verschiebesysteme bewegen die Fahrzeuge nicht nur beim Längs- sondern auch beim Querförderer. Während die Längsfördersysteme im Vergleich zum Rampenparkhaus nicht mehr als 30 bis 40 Prozent Nutzfläche einsparen, erreichen Querförderer 66 (›Parkall U‹) bis 80 Prozent (›Zidpark‹). Da PKW deutlich schmaler als lang sind, reduzierte dies die Grundfläche für die Förderanlage und auch den Förderweg um rund 60 Prozent.[347] Ein weiterer Vorteil ist, dass auch auf schmalen Grundstücken von nur 7,5 m Breite Querförderer eingesetzt werden können.

Beim ›Parkall Zidpark‹ des französischen Ingenieurs M. Thaon aus Saint-André übernahm ein Aufzug die vertikale Förderung und das ho-

53 Parkall Zidpark (1960–1961) von Wilford in London, Innenansicht der Schaltanlage mit Bedienpersonal

rizontale Verschieben zu einem freien Platz durch ein automatisches System, das von einem elektronischen Schaltpult aus durch einen einzigen Angestellten gesteuert wurde (Abb. 53). Das erste Exemplar, 1960 bis 1961 in London in der Upper Thames Street erbaut, wurde von Prinzessin Margaret eröffnet, was ein Licht auf die Bedeutung eines Parkhauses und die automobil geprägte Forschrittsgläubigkeit der damaligen Epoche wirft. Die Gebäudehülle der mechanischen Anlage hatte Architekt C. Edmund Wilford geplant. Er entwarf ein feuerhemmend ummanteltes Stahlfachwerk mit einer vertikalen Lamellenfassade aus beschichtetem Blech, die nur durch das vorspringende Treppenhaus unterbrochen wurde. Von diesem zog sich ein Revisionsgang längs durch jedes Geschoss. Das Dach war mit Blechtafeln gedeckt. Durch Blechwannen unter den Fahrzeugen wurden Verschmutzungen darunter stehender Autos vermieden. Im Erdgeschoss waren neben der Kasse auch Warte-, Sanitär- und Personalräume untergebracht, eine Tankstelle hatte Wilford separat im Zufahrtbereich angeordnet. Diese Zufahrt wand sich um drei Seiten des Bauwerks, wodurch eine ausreichende Rückstaufläche in Spitzenzeiten erreicht wurde. Vier Einfahrten mit je vier hintereinander liegenden stationären Aufzügen ermöglichten die gleichzeitige Förderung von 16 Fahrzeugen. Auf Schalttafeln wurde die Parkplatzbelegung angezeigt, die Steuerung erfolgte manuell aus dem Übergabebereich im Erdgeschoss durch vier Angestellte, die jeweils vier Aufzüge bedienten. Es handelte sich also hier um eine halbautomatische Anlage.

Die Fahrzeuge konnten mit kettengetriebenen Rollenförderern quer in den Aufzug und aus diesem auf den Stellplatz und zurück bewegt werden. Links und rechts vom Aufzug fanden je zwei Fahrzeuge Platz, was je Geschoss 64 Stellplätze ergab, insgesamt 464 in acht Geschossen. Wegen der nahe gelegenen St. Paul's Cathedral waren rentabilitätsfördernde weitere Geschosse nicht genehmigt worden.

Ein Rollenförderer konnte gleichzeitig auf der einen Seite ein Fahrzeug vom Aufzug auf den Stellplatz und auf der anderen Seite vom Stellplatz in den Aufzug bzw. umgekehrt bewegen. Um einen signifikanten Flächenvorteil gegenüber Rampenparkhäusern zu erreichen, standen je zwei Fahrzeuge hintereinander. Daher war pro Aufzug ein freier Platz notwendig, um durch Verschieben auch hinten stehende Automobile erreichen zu können. Die Dauer eines Parkvorgangs wurde mit 45 bis 50 Sekunden angegeben. Das Parkhaus maß 47,2 × 28,2 m, die Geschossfläche pro Stellplatz betrug 20,8 m², die überbaute Fläche pro Stellplatz nur 2,9 m².

Die Hochgarage wurde später abgebrochen und durch eine Tiefgarage ersetzt. Ein in Lausanne geplanter weiterer Bau wurde aus Kostengründen und wegen nicht auszuschließender technischer Pannen nicht realisiert.[348]

Paternoster-Garagen

Bei Paternosteranlagen oder Parkliften fahren die Autos in Gondeln ein, die wie ein Paternoster bewegt werden. Zur Ausfahrt muss die entsprechende Gondel zum Einfahrtbereich bewegt werden. Dies geht nur durch Bewegung aller Gondeln, was einen hohen Energieverbrauch verursacht. Paternosteranlagen können horizontal oder vertikal angelegt sein.

Ein Autopaternoster mit einer Kapazität von 48 Fahrzeugen war 1932 schon in New York in Betrieb (Abb. 54).[349]

Ein deutsches Beispiel einer vertikalen Paternoster-Garage war der Parklift ›Wulpa‹ im Kaufhof-Parkhaus in der Kölner Cäcilienstraße, der 16 Parkstände auf einer Grundfläche von nur 5,80 × 6,75 m unterbrachte, das entspricht 2,5 m² je Stellplatz. Entwickler und Hersteller war die Firma Wilhag in Langenfeld/Rheinland. Bei maximal 25 m Höhe des Stahlgerüstes konnten 20 PKW auf 40 m² Grundfläche untergebracht werden (2 m² je Stellplatz). Es stand immer eine freie Box unten zur Einfahrt bereit, sofern der Lift nicht voll belegt war. Der Kunde fuhr ein, verließ das Fahrzeug und zog den zur Box gehörenden Schlüssel aus der Schalttafel. Dadurch wurden die Förderautomatik und der Gebührenzähler ausgelöst. Die Boxen liefen so lange um, bis wieder eine leere Box unten stand.[350] Beim Abholen warf der Kunde die der Parkzeit entsprechende Gebühr in Münzen in den Steuerungsautomaten, dieser löste die Sperre im Schloss, so dass durch Einstecken und Drehen des Schlüssels die passende Box nach unten gefördert wurde. War diese unten angekommen, öffnete sich die Schranke, der Kunde konnte die Box nun betreten und sein Fahrzeug herausfahren.

Ein Beispiel für die zweite Möglichkeit, ein horizontales Paternostersystem, wurde 1957 im Springer-Verlagshaus in Hamburg als Betriebsgarage eingebaut. Hersteller dieses ›AU-RO‹ genannten Systems war die Firma Krupp.

Weder eindeutig vertikal noch horizontal ausgerichtet war die Trommelgarage nach dem System ›Ferris‹ bzw. einem ähnlichen Patent des deutschen Ingenieurs Erich Geselle. Dabei waren die Einstellplätze in einer Trommel so eingerichtet, dass die Fahrzeuge während der Trommeldrehung wie in der Paternostergarage stets waagerecht standen. Ein- und Ausfahrt waren an vier Stellen der Trommel möglich.

54 *Auto-Paternoster in New York, Foto 1932*

Drehscheiben-Garagen

Außerdem ist über drei verschiedene Arten von Drehscheibensystemen zu berichten:

Bei der Punkt-Hochgarage wird der Aufzug zentral angeordnet, sein Boden ist drehbar und bringt die Fahrzeuge zu einem freien Platz der radial um den Aufzug angeordneten unbeweglichen Stände. Die Fahrzeuge werden durch eine ›Parkmaschine‹ dorthin bewegt.

Umgekehrt kann ein Aufzug ohne drehbaren Boden verwendet werden, wenn sich die Parkstände außen um ihn drehen. Dieses System entwickelte nicht nur der US-amerikanische Ingenieur Albert Buranelli. Auch britische Ingenieure konstruierten um 1960 in London eine solche Garage mit dem Namen ›Rotapark‹. Dieses in zehn Geschossen insgesamt 400 PKW fassende Bauwerk besaß vier kreuzförmig angeordnete Aufzüge, aus denen die Fahrzeuge direkt auf ihren Standplatz fuhren. Dazu waren die ringförmigen Plattformen drehbar gelagert.[351] Sie drehten sich, bis ein freier Platz vor dem Aufzug erschien. Die Parkmaschine förderte den PKW aus dem Aufzug auf den freien Einstellplatz. Es handelte sich also um eine drehbare ›Parkbatterie‹.

Schließlich kann der Aufzug – oder mehrere davon – auch außen vor einem drehbaren Parkring angeordnet sein. So entfällt im Erdgeschoss kein Stellplatz für die Durchfahrt zu einem innen liegenden Aufzug, wie bei den beiden anderen Varianten.

Vahlefeld und Jacques erschienen alle drei Drehscheibentypen wegen der aufwendigen Mechanik als zu störanfällig.[352]

Verschiebesysteme

Ein horizontales Verschiebesystem, bei dem die Kraftfahrzeuge auf Paletten abgestellt wurden, war der 1970 vorgestellte ›Kleindienst-Autoparker‹.[353] Hergestellt wurde er von der Maschinenfabrik Kleindienst & Co. in Augsburg. Die Paletten standen dicht an dicht und konnten horizontal in beiden Richtungen mit Elektroantrieb verschoben werden. Dabei musste ein Platz zum Verschieben frei bleiben, um jedes beliebige Fahrzeug an die Übergabestation bringen zu können. Die Paletten liefen auf 7 mm hohen Führungsschienen auf dem Boden. Für jeden Stellplatz (Palette) war ein eigener Anforderungsschalter (Taster oder Schlüssel) an der Ein- und Ausfahrt vorhanden. Die Anlage wurde im Baukastensystem erstellt, entweder aus Einzelpaletten oder aus Kombinationen von zwei, drei oder vier Paletten, die sich zu größeren Einheiten zusammenstellen ließen. Auch auf bestehenden Parkflächen wurde so eine Kapazitätserhöhung um 50 Prozent ermöglicht.

Ein solches Verschiebesystem erhielt um 1970 die Tiefgarage des Möbelhauses Pesch am Kaiser-Wilhelm-Ring in Köln. Dieser Palettenförderer wurde von der Firma Krupp Maschinen- und Stahlbau Rheinhausen geliefert. Der Fahrer lenkte den Wagen mit Hilfe von Spiegeln auf die Palette in der Übergabebox. Die Palette wurde von einem Parkwächter am Steuerpult abgesenkt und auf einen freien Platz in der ersten oder zweiten Ebene abgesetzt. Dazu wurden die anderen Paletten gegebenenfalls verschoben.[354]

Mechanische Parksysteme nach 1990

Ende des 20. Jahrhunderts erlebte das automatische Parkhaus eine Renaissance, die durch die steuerungstechnischen Entwicklungen im Bereich der Hochregallager möglich geworden war. Die Vorteile wurden nach wie vor hauptsächlich in der Platzersparnis gesehen, aber auch in der Sicherheit gegen Beschädigung und Diebstahl, ersparter Fußwege durch Abgasgestank in dunklen Parkhäusern und einer schnellen Übergabe unter zwei Minuten in einem hellen, behindertengerechten Übergaberaum.

Diese Vorteile werden erkauft durch einen hohen technischen Aufwand, insbesondere bei den Betriebskosten für die Förderung. Letztere tragen beim Rampenparkhaus die Kunden, da sie ihr Fahrzeug selbst im Parkhaus bewegen. Nachteilig ist auch der geringe Umschlagsgrad, da pro Fördereinheit immer nur ein Fahrzeug bewegt werden kann. Mehrere Fördereinheiten beschleunigen zwar den Umschlag, erhöhen aber die Kosten und verlangen eine aufwendigere Steuerungstechnik.

Ein 1990 in Augsburg gebautes unterirdisches mechanisches Parksystem (MPS) bringt auf einer Fläche von 42 m^2 13 Automobile unter.[355] Das Einfahrbauwerk ist 5,90 m breit und 7,05 m lang, darin öffnet sich ein Tor von 3 m Breite. Die Kunden fahren auf eine Palette, den Rest erledigt das MPS. Es senkt die Palette und lagert sie auf einer der jeweils sechs Konsolen links oder rechts in dem 13,65 m tiefen Schacht. Alle Bewegungen werden mittels Winde, Hubschlitten und Teleskopgabel vorgenommen. Die in Augsburg realisierte Garage ist die kleinste sinnvolle Größe und könnte als Einzelanlage auf 35 Fahrzeuge erweitert werden. Als Gruppen-MPS lassen sich sechs solcher Einzelanlagen koppeln, wodurch man 210 Stellplätze erhält. Außerdem ließen sich nach Auskunft der Entwickler der Augsburger Garage durch den Einsatz fahrender Fördertechnik, mit ein bis zwei Geräten pro Gang, Anlagen für mehrere hundert bis zu einigen tausend Fahrzeugen konstruieren. Dieses System benötigt im Gegensatz zu einer Tiefgarage keine optisch beeinträchtigende Rampe, sondern nur eine garagengroße Übergabestation.

Die Entwicklungs- und Vertriebsfirma für Lager- und Stapelsysteme ›Lager-Technik Wolfurt‹ in Vorarlberg nutzte die eigene Kompetenz und errichtete 1993 bis 1994 vor ihrem Betriebsgebäude ein Hochregallager mit Aufzug für die Autos der Mitarbeiter. Die Vorarlberger Architekten Baumschlager & Eberle verhüllten das Innere dezent durch roh gegossene Glasscheiben. Drei Einfahrten führen in das siebengeschossige Hochregallager, unterbrochen durch einen Treppenhausturm zwischen der zweiten und dritten Einfahrt.[356]

Ähnlich gebaut ist das ›Parkregal‹ der Stuttgarter Architekten Petry und Wittfoht in Sindelfingen (Abb. 55). Die 1999 errichtete Stahlkonstruktion hat ein enges Stützenraster, in der Tiefe 5,8 m, in der Breite 2–3 m. Die Außenhaut besteht vollständig aus Glas, so dass die Fördertechnik als ›erlebbare Mechanik‹ und auch die Fahrzeuge von Außen erkennbar sind. Eine ›Verkleidung‹ im eigentlichen Sinn ist also nicht vorhanden. In vier Einfahrten können gleichzeitig Automobile aufgenommen oder ausgegeben werden. Sie werden auf Paletten mittels Magnetkartensteuerung gefördert. Die Einfahrttore sind orange, die Ausfahrttore blau lackiert. Das auf kleinem Eckgrundstück errichtete ›Parkregal‹ kommt mit 315 m^2 überbauter Fläche aus. Die neun Geschosse (sieben ober- und zwei unterirdische) beanspruchen 18,7 m Gesamthöhe und ergeben eine Bruttogeschossfläche von 1.800 m^2. Diese bietet 124 PKW Platz. So kommt die Anlage auf 2,5 m^2 überbaute Fläche pro PKW bzw. 14,5 m^2 Bruttogeschossfläche pro PKW.

Auf 192 Stellplätze kommt das vollautomatische Parkhaus der Städtischen Wohnungsbaugesellschaft WOBA in Dresden-Neustadt, das 2003 bis 2004 erbaut wurde. Die Grundfläche misst 36,5 × 17,4 m, sechs Geschosse summieren sich auf 14,5 m Höhe. Die Hochregallagertechnik mit automatischem Paletten- und Transportsystem wurde von der DirectPark GmbH in Heilbronn geliefert. Zur Übergabe der Fahrzeuge sind je drei Ein- und Ausfahrten vorhanden. Da im Parkhaus keine Abgase erzeugt werden, kann es als geschlossenes System ohne Emission betrieben werden.

Diesen Vorteil macht sich auch der ›Parksafe 580‹ im Stadtlagerhaus in der Hamburg Speicherstadt zunutze, denn diese automatische Hochgarage an der Großen Elbstraße wurde in

55 Parkregal (1999) von Petry und Wittfoht in Sindelfingen, Zustand 2006

einen fensterlosen alten Getreidespeicher eingebaut. Die Hochregallagertechnik aus Stahl mit Aufzug und Palettensystem lieferte die Firma Wöhr aus Friolzheim bei Stuttgart. 132 Kraftwagen finden auf 17 Ebenen Platz.

Der ›Multiparker‹ von Wöhr bietet verschiedenste Möglichkeiten für zehn bis hundert Fahrzeuge und kann für darüber hinausgehenden Bedarf modular aneinandergesetzt werden als Turmparkhaus mit Einfahrt unten, als unterirdisches Schachtparkhaus mit Einfahrt oben oder kombiniert mit Einfahrt auf beliebiger Ebene in der Mitte. Das System kann als Quer- oder Längsparker (bezogen auf die Fahrtrichtung des Autos) konstruiert werden.

Der ›Multiparker 710‹ ist ein Palettenverschiebesystem in der Fläche, der ›Multiparker 720‹ für fünf bis 30 Ebenen bei kleiner Grundfläche, der ›Multiparker 730‹ schließlich bietet besonders schnelle Zugriffszeiten, denn hier bewegen sich auf jeder Ebene Shuttles, die entkoppelt vom Vertikalförderer gleichzeitig, also schneller transportieren, aber auch Vertikalförderer mit gleichzeitiger Horizontalbewegung sind lieferbar. Außerdem besteht die Möglichkeit, die Palette während des Förderns zu drehen – so kann das Auto in der Übergabestation vorwärts zur Ausfahrt angeboten werden. Die Bedienmöglichkeiten reichen von der Magnetkarte bis zur Funkfernsteuerung. Das Abstellen ist auch Platz sparend in zwei Reihen hintereinander möglich, durch das Paletten-Schnellwechselsystem sind kürzeste Zugriffszeiten garantiert.

Verglaste Hochregale erlebten gleichzeitig eine Blüte als Verkaufsvitrinen, wie es in den

56 Smart-Turm (1997) von Kauffmann, Theilig & Partner in Leonberg

57 Einer der Autotürme der Autostadt (2000) von Henn Architekten in Wolfsburg

1920er Jahren schon die ›Garage Marbeuf‹ gewesen war. Eines der ersten Aufsehen erregenden Beispiele war der ›Smart-Turm‹, der 1997 in Leonberg errichtet wurde (Abb. 56). Europaweit sollte er bei den Smart-Verkaufs- und Ausstellungszentren über hundert Mal als Identitätsträger der neuen Automarke werben. Der ursprüngliche Entwurf stammt aus dem Architekturbüro Kauffmann, Theilig & Partner. »Wir haben das Konzept nur bis zum Entwurf begleitet – wer unsere Architektursprache kennt, sieht das auch. Das ist zwar schade für uns wie für's Haus, beschädigt den grundsätzlichen Gedanken aber nicht«,[357] kommentierten die Architekten das erste ›abgespeckt‹ ausgeführte Exemplar. Die gläsernen Türme haben einen kreuzförmigen Grundriss. In jedem Kreuzarm findet ein Fahrzeug Platz, sieben Fahrzeuge stehen übereinander. Der Aufzug befindet sich im Zentrum. Damit wurde die Idee der Turmgarage aus den 1920er Jahren wieder aufgegriffen.

Ins Große gesteigert findet sie sich kurz darauf in der ›Autostadt‹ des Wolfsburger Volkswagen-Werkes. Als Projekt im Rahmen der Expo 2000 entstanden hier zwei gläserne Zylinder von 48 m Höhe nach einem Entwurf des Münchner Büros Henn Architekten (Abb. 57). Mit einem langen, rechteckigen Wasserbecken, in dem sie sich effektvoll spiegeln, bilden sie die nordöstliche Begrenzung der ›Autostadt‹. Sie symbolisieren den Prozess der Fahrzeugproduktion und dienen ganz profan als Zwischenlager für die vom Band gelaufenen Autos vor deren Auslieferung. Jeder der 20 Stockwerke hohen Türme fasst 400 Fahrzeuge. Alle 40 Sekunden gelangt unterirdisch ein neues Auto aus dem Werk in einen Zylinder und wird mit einem Aufzug zu einem freien Stellplatz gefördert, während gleichzeitig ein anderes den Turm in Richtung Kundenzentrum verlässt. »Diese stete Bewegung im Innern der Zylinder gibt als gläserner Motor den Herzschlag der Autostadt vor.«[358] Jede Aufzugsäule bedient pro Geschoss zehn Stellplätze. Da eine Aufzugsäule ihren Arm nur um 180 Grad schwenken kann, sind zwei solcher Säulen nebeneinander angeordnet. Die polygonale Glasfassade umhüllt die Türme, die des Nachts von innen beleuchtet in Szene gesetzt werden.

Auch bei der ›Gläsernen Automanufaktur‹ in Dresden bildet ein Autoturm, wie man ihn aus Wolfsburg kennt, die vertikale Dominante. Er wurde ebenfalls von Henn Architekten entworfen.

Ein reines Schaufenster hingegen ist die 2007 eröffnete ›Vitrine Citroën‹ am Champs Elysée in Paris von Manuel Gautrand (Abb. 58). Sie setzt nicht auf die möglichst Platz sparende Unterbringung von vielen Autos, sondern auf die effektvolle Inszenierung weniger aktueller wie historischer Typen.

58 ›Vitrine Citroën‹ (2007) von Gautrand am Champs Elysée in Paris

59 Haniel-Garage (1949–1953) von Schneider-Esleben in Düsseldorf

Rampenparkhäuser

Aufzuggaragen erlebten eine euphorische, doch kurze Blüte in der zweiten Hälfte der 1950er Jahre und eine Renaissance am Ende des Jahrtausends. Doch die Rampengaragen sollten auch nach dem Zweiten Weltkrieg die bevorzugte Lösung bleiben. Schon der Architekt der ersten bundesrepublikanischen Hochgarage setzte auf Rampen.

1949 bis 1953 entstand in Düsseldorf, weit am östlichen Rand der Stadt – zu weit, wie sich bald herausstellen sollte – die ›Hanielgarage‹ (Abb. 59).[359] Schon im Jahr nach der Währungsreform hatte der Industrielle Franz Haniel geplant, auf dem von seinen Fabriken geräumten Gelände am Lichtplatz zwischen Grafenberger Allee und Sohnstraße eine Großgarage errichten zu lassen. Deren Standort am Autobahnzubringer und den Fernstraßen aus Richtung Ruhrgebiet sollte zum Umsteigepunkt vom Auto in die Nahverkehrsmittel werden – ein nahe liegender Gedanke, der sich allerdings bis heute nirgendwo durchsetzen konnte – sieht man ab von restriktiven Situationen, etwa der ›Autorimessa Communale‹ am Rande Venedigs oder dem Parkhaus vor dem autofreien Skiort Saas Fee in der Schweiz. Die Hanielgarage wurde in Voraussicht auf den Verkehrsinfarkt der Innenstädte und im Glauben an die Vernunft der Kraftfahrer in Auftrag gegeben. Sie ist das erste Großprojekt des noch jungen Architekten Paul Schneider-Esleben.[360]

Letztlich hat seine Idee des Parkens am Stadtrand jedoch nicht funktioniert. Die Autofahrer wollten nicht auf die öffentlichen Verkehrsmittel, nicht einmal auf den exklusiven Zubringerbus der Garage[361] umsteigen, sondern in fußläufiger Entfernung von den Geschäften und Büros parken.

Konstruktion und Form des »sakralen Garagendoms«[362] – so seinerzeit der Architekt Rudolf Schwarz – sind für die damalige Zeit hochmodern. Sie greifen den Bauhausstil der 1920er Jahre auf. Kern der Konstruktion sind 15 dreibeinige Stahlbetonbinder mit auskragenden Armen, die im Rasterabstand von 5,75 m stehen. Die Stützen verbreitern sich nach oben und gehen in die leicht ansteigenden, sich nach außen verjüngenden Kragarme über, an denen die beiden geraden Rampen für Auf- und Abfahrt mit 30 mm starken Rundstählen aufgehängt sind. Die filigranen Deckenplatten der Zwischengeschosse durchstoßen die Glashaut, die über alle vier Geschosse reicht. Dadurch entstand in jedem Geschoss ein schmaler Umgang für den Fensterputzer. Das flache Grabendach entwässert nach innen und kragt seitlich so weit aus, dass die außen an den Längsseiten angeordneten Rampen überdacht sind. Diese werden durch waagerechte Podeste vor den Stockwerkein- bzw. Ausfahrten unterbrochen, wo sie mit den Geschossdecken verbunden sind. Da sie hintereinander liegend auf der gesamten Länge des Gebäudes von 80 m alle drei Geschosse miteinander verbinden müssen, wird eine recht starke Neigung von 14,5 Prozent notwendig. Heizschlangen in den Fahrbahnen beugten Glatteisbildung vor.

In den Geschossen herrschte Einbahnverkehr. Die 500 Parkstände waren rechtwinklig beidseits der zwei 7 m breiten Fahrgassen angeordnet. Die Baukosten je Parkstand betrugen 4.500 DM.

Eine Deckenstrahlungsheizung wirkte auch auf den Boden des darüber liegenden Geschosses. Für die Fußgänger wurden zwei Treppenhäuser zwischen den Mittelstützen eingebaut, darüber zwei Ventilatoren für die geschossweise Absaugung der abgasgeschwängerten Luft. Im Erdgeschoss befand sich eine Servicestation, die obligatorische Tankstelle aber war unter dem vorgelagerten Fahrer-Motel angeordnet. Dieses barg drei herrschaftliche Suiten und 19 einfache Zimmer für Chauffeure, drei Personalwohnungen sowie ein kleines Restaurant.[363] Unter dem Hotel waren außer der erwähnten Tankstelle auch die Zu- und Abfahrten mit Pförtnerloge und Kontrollraum angelegt. Mit der stark dimensionierten Aufständerung sowie den massiven Eck- und Zwischenstützen wirkt es trotz seiner großzügigen Verglasung wesentlich massiver als die Garage.

Neuartig war nicht die Tragkonstruktion aus Stahlbeton, sondern die gläserne Haut, die das gesamte Bauwerk umhüllt und eine Wirkung transparenter Schwerelosigkeit hervorruft. Darin überragt die Hanielgarage das Dessauer Bauhaus und die Alfelder Faguswerke, die Garage Ponthieu und den Kant-Garagenpalast.

Im Anschluss an die Hanielgarage entwarf Schneider-Esleben 1954 eine sechsgeschossige Großgarage mit Omnibusbahnhof in Sichtweite des Kölner Doms am Rheinufer, die aber nicht realisiert wurde. Sie sollte eine innen liegende Rampe erhalten. Im Folgejahr errang er mit dem Entwurf einer Stahl-Großgarage für Frankfurt am Main einen Ersten Preis. In abgewandelter Form verwandte er hier nochmals das Motiv der Außenrampen. Doch dieser Entwurf blieb ebenso ungebaut wie seine kreisförmige Parkrampe für die Berliner Interbau 1957.[364]

Ein weiteres mehrfach publiziertes Beispiel einer Hochgarage mit geraden Rampen ist das Parkhaus ›Raboisen‹ (Abb. 60) von Robert Deimling-Ostrinsky in Hamburg (1956). Im Unterschied zur Hanielgarage sind die Rampen innen, und zwar mittig in der Längsachse angeordnet. Die Einfahrt befindet sich daher an der Schmalseite. Die Garage wird kreuzungsfrei im Einbahnverkehr im Uhrzeigersinn befahren.

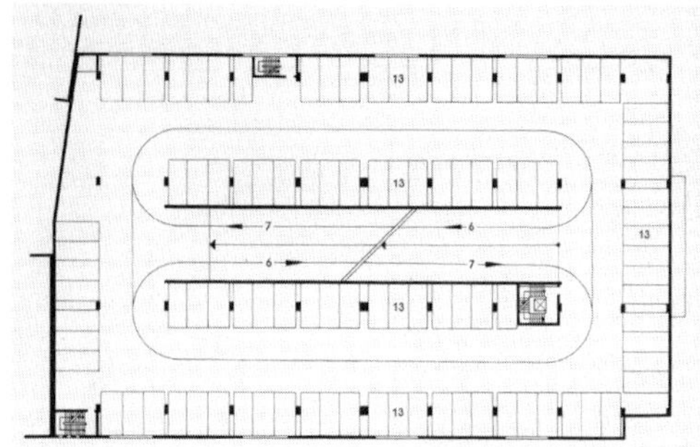

60 Parkhaus Raboisen (1956) von Deimling-Ostrinsky in Hamburg, Normalgeschoss-Grundriss

Die Rampensteigung ist mit 8,2 Prozent deutlich moderater als bei der Hanielgarage. Da die Rampen übereinander statt hintereinander angeordnet waren, stand mehr Platz für die Rampenlänge zur Verfügung. In einem Untergeschoss, vier Obergeschossen und auf der Dachebene finden 800 Kraftwagen Platz. Je Geschoss gibt es zwei 7 m breite Fahrgassen mit vier 5 m tiefen Parkstreifen, in denen die Automobile rechtwinklig zur Fahrtrichtung eingeparkt werden.[365] »Bei einem Abstand von 23,00 m und einer Fahrgeschwindigkeit von 15 km/Std. kann alle 6 Sekunden ein Wagen ein- oder ausfahren, d.h. in einer Stunde 600 Wagen«,[366] schwärmte die *Deutsche Bauzeitschrift*. Außer Stellplätzen bot die Garage im Erdgeschoss einer Pförtnerloge, Büros, einem Restaurant, Personalräumen, drei Wagenpflegeständen und einer automatischen Waschanlage Platz. Für Fußgänger hat das Parkhaus drei Treppenhäuser, von denen das Haupttreppenhaus mit Selbstbedienungs-Fahrstuhl für sechs Personen ausgestattet wurde.

Eine gleichartige Rampenanlage haben das gegenüberliegende Parkhaus Rosenstraße (Architekt Clemens von Schinckel)[367], das BP-Parkhaus Cäcilienstraße (Architekt Jacques Schmitz, 1967) und die Theater-Garage in Köln sowie das ›Parkhaus Am Stachus‹ in München (Regierungsbaumeister Hansjakob Lill, 1958)[368]. Die Länge der Anlage von 90 m ermöglichte es in

München aber, dass die Rampen mit kurzer Unterbrechung zur Aus- und Einfahrt jeweils zwei Geschosse erschließen, also die Notwendigkeit des Richtungswechsels nur halb so oft besteht, wie bei üblichen Hochgaragen mit gerader Rampe. Die Erschließung von drei Geschossen durch in Linie hintereinander angeordnete Rampen wie bei der Hanielgarage hätte indes eine stärkere Rampensteigung verlangt.

Split-level-Garagen

Während Parkrampen-Garagen und Parkhäuser mit Wendelrampen auf große Grundstücke angewiesen sind, lassen sich bereits Flächen ab 35 × 35 m mit einer Split-level-Anlage effizient bebauen. Noch kleinere Grundstücke sind auf mechanische Parksysteme angewiesen. Nachteilig ist der nicht vermeidbare Gegenverkehr auf den Fahrgassen und bei bestimmten Systemen auch auf den Rampen. Einbahnverkehr kann nur bei gegenläufigen Rampen bzw. zwei getrennten Rampen-›Kreisen‹ erreicht werden (Abb. 61). Als nachteilig werden außerdem die höheren Betriebskosten der Personenaufzüge angegeben, sofern jede Parkebene angesteuert werden soll, was aber aus Komfortgründen und mit Rücksicht auf Behinderte notwendig erscheint. Dazu muss der Aufzug in der Mitte zwischen den Ebenen angeordnet werden. In Spitzenzeiten kann es zu sehr häufigen Halten der Aufzüge kommen, was neben höheren Wartungskosten für den Betreiber auch längere Fahrtzeiten für die Nutzer zur Folge hat. Zudem sind auch die Baukosten für die zahlreichen Halteebenen höher. Wird die vertikale Fußgängererschließung zwischen den beiden Halbgeschossen platziert, kommt es in den

61 Halbrampe im Parkhaus Neuer Wall (1956) von Sprotte und Neve in Hamburg

62 Parkhaus Fuggerstraße (1954–1956) von Wiegand in Augsburg, Ansicht

meisten Fällen zu einer Kreuzung zwischen Fahr- und Fußgängerverkehr im Erdgeschoss, da in den seltensten Fällen diese Erschließung von außen über eine freistehende Stirnseite erfolgen kann. Wird die vertikale Erschließung an die Front des Gebäudes gelegt, können Behindertenparkplätze nur auf den vorderen Halbgeschossen ausgewiesen werden, da die hinteren nur über Treppen und Gehsteige entlang der Halbrampen erreichbar sind.

Diese Nachteile werden von Fachleuten als gravierend empfunden: »Aus der Sicht der Garagenbetreiber stellen Parkhäuser mit Halbrampen meist nur Notlösungen dar, die nach Möglichkeit vermieden werden sollten.«[369] Insbesondere kommt es in Stoßzeiten bei abfließendem Verkehr zu erheblichen Staus, da ausparkende Fahrzeuge den Verkehrsfluss auf den Fahrgassen unterbrechen. Aus diesem Grund wurde das ›Parkhaus Oper‹ in Hamburg 2006 abgerissen. Regelmäßig war es hier nach Veranstaltungsende zu Rückstaus bis in die oberen Halbgeschosse gekommen. Dieses Problem trifft übrigens auch Parkrampengaragen und insbesondere mechanische Parkhäuser. Trotz der geschilderten Nachteile werden Split-level-Garagen aufgrund der Platz sparenden Bauweise gerade auf kleinen Grundstücken und wegen der günstigen Bauweise vermutlich am häufigsten von allen Typen errichtet.

Schon im ersten Garagenfachbuch der Nachkriegszeit stellten Vahlefeld und Jacques die von D'Humy entwickelte Halbgeschoss-Garage vor, und zwar mit einem Mailänder Beispiel.[370] Kurz darauf, 1954 bis 1956, wurde auch in der Bundesrepublik Deutschland eine solche Anlage errichtet.

Den Bau in der Augsburger Fuggerstraße entwarf der Münchner Architekt Gerd Wiegand,[371] der nach dem Zweiten Weltkrieg zu einem der bekanntesten Fachplaner für Hochgaragen und großen Befürworter der Split-level-Garagen wurde. Seine erste, die Augsburger, hat acht Halbgeschosse (Abb. 62). Die beiden Ebenen unter Straßenniveau waren für Dauerparker vorgesehen. Die später erfolgte Aufstockung um vier weitere Ebenen war bereits bei der Planung der Garage vorgesehen. Durch je-

63 *Parkhaus Neuer Wall (1956) in Hamburg mit offener Fassade*

des Halbgeschoss führt eine Fahrgasse mit beidseitig rechtwinklig angeordneten Stellplätzen. Die Baukosten waren mit 3.600 DM je Parkstand im Vergleich zu anderen Bauten niedrig.

Eine ganz entscheidende Neuerung, die Wiegand hier in den Hochgaragenbau einführte, war die offene Bauweise. Während andernorts, etwa in Frankfurt am Main, geschlossene Fassaden bevorzugt wurden, setzte Wiegand weitgehend auf offene: Die Konstruktion bilden 36 einzeln fundamentierte Stützpfeiler und Kragträger. An der Nordseite wurden schräg gestellte Brüstungen vorgehängt, die unterhalb der Geschossdecken weit herabgezogen sind, um das Eindringen von Regen zu verhindern. Die gegenüberliegende Längsfront zum Stadtmarkt hingegen wurde aus Schallschutzgründen mit Glasbausteinen geschlossen. Einer Hälfte der Stirnseite nach Westen ist eine Wand aus Beton-Lochsteinen vorgesetzt. Diese sind mit Ziegelsplitt durchsetzt und daher rötlich. »Mit der Farbgebung hat der Architekt bewußt und erfolgreich versucht, dem Bauwerk jeglichen Industriecharakter zu nehmen.«[372] An der Ein- und Ausfahrt ordnete Wiegand eine Tankstelle mit Pflegedienst an.

In der *Deutschen Bauzeitung* hatte dieses Parkhaus 1960 eine ausführliche Würdigung erfahren.[373] Dabei wurde einerseits die zentrale Lage in der Innenstadt mit bester Anbindung an die Nord-Süd- und Ost-Westachse hervorgehoben. Positiv vermerkt wurde aber auch die geringe Neigung der D'Humy-Rampen und deren komfortable Breite: »Der Fahrer hat überdies kaum das Gefühl, sich in einem Hause zu bewegen, da die straßenbreiten Rampen und die Fahrstraßen auf den Geschossen jedes Gefühl der Engigkeit ausschalten.«[374]

Ein weiteres Split-level-Parkhaus mit offener Fassade entstand 1956 am Neuen Wall in Hamburg nach Entwurf von Herbert Sprotte und Peter Neve (Abb. 63).[375] Und auch bei Hans Bielenbergs Hochgarage am Zoologischen Garten in Berlin 1956 bis 1957 wurden offene Fassaden mit Brüstungen aus Sichtbeton gewählt. Auf die hier sehr niedrigen Brüstungen sind 33 cm hohe Geländer gesetzt. Die Garage ist Teil

64 *Breuninger-Parkhaus (1957–1959) von Wiegand in Stuttgart, Ansicht 2008*

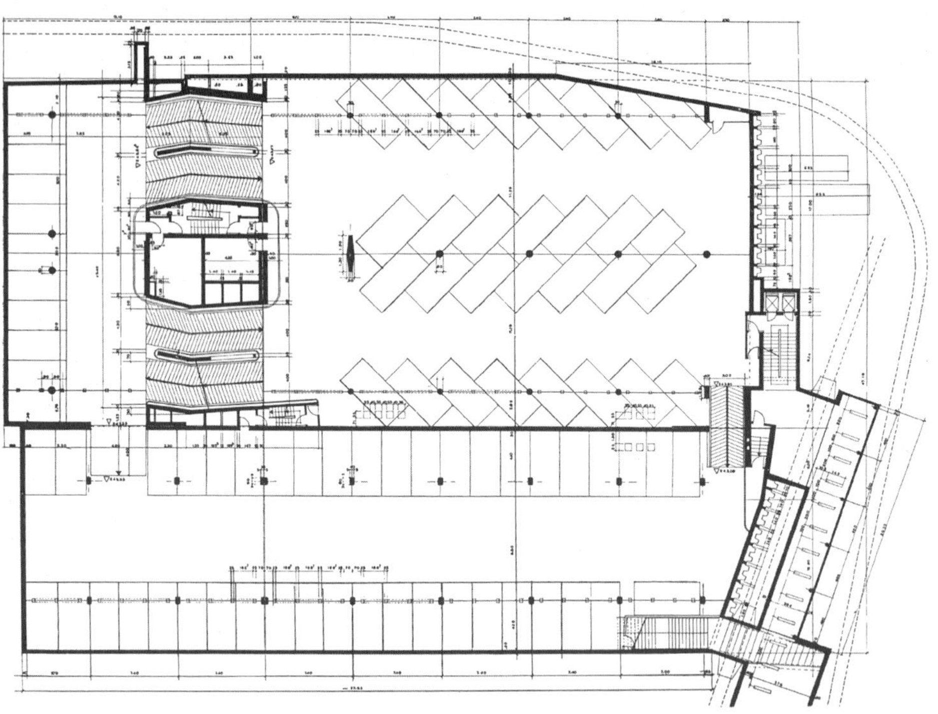

65 *Breuninger-Parkhaus, Grundriss Untergeschoss*

des ›Zentrums am Zoo‹.[376] Die Halbgeschossanlage besteht wegen des Grundstückszuschnitts nicht aus zwei, sondern drei um ein halbes Geschoss versetzten Trakten. Auch ein Parkhaus in der Düsseldorfer Charlottenstraße von Hans Farmont zeigt diese Besonderheit.[377] Zur Straße sind es dort einschließlich Keller- und Dachgeschoss sechs Ebenen, in der Mitte fünf und im hinteren Teil drei.

Es lässt sich nicht mehr ermitteln, ob bei dem Berliner Beispiel oder dem ebenfalls 1957 fertiggestellten Parkhaus an der Großglockner-Passstraße erstmals die einzelnen Parketagen mit unterschiedlichen Farben markiert wurden, was bei der sonstigen Einförmigkeit eine willkommene Orientierungshilfe für die Nutzer darstellte. Schnell setzte sich dieses Prinzip im mehrgeschossigen Parkhausbau durch.

Während von Bielenberg keine weiteren Hochgaragen bekannt sind, entwarf Wiegand zahlreiche weitere, darunter das Breuninger-Parkhaus (1957–1959) in Stuttgart (Abb. 64). Die Tragwerksplanung stammt von Karl Cronauer. Die Hochgarage liegt an der viel befahrenen Holzstraße. An der gegenüber liegenden Straßenseite steht das Breuninger-Kaufhaus. Beide sind durch einen Tunnel miteinander verbunden, keine ideale, sondern eine pragmatische städtebauliche Situation. Der Grund für die Errichtung der Hochgarage war der Mangel an Kundenparkplätzen.[378] Eine Fachzeitschrift bemerkte: »Privatinitiativen dieser Art scheinen uns besonders wichtig, um der in den USA eingetretenen Situation zu entgehen. Wie bekannt, legt man dort in zahlreichen Städten in den Außenbezirken Shopping Centers mit ausreichenden Parkmöglichkeiten an, weil es dem Kraftfahrer unmöglich wird, die Geschäfte der Innenstadt aufzusuchen.«[379] Die Bauhöhe war durch die Stadtverwaltung beschränkt worden. Daher dehnte Wiegand das Untergeschoss der Garage unter die Holzstraße aus. Somit wurden zwei Drittel der Plätze unterirdisch bereitgestellt.[380]

Ungewöhnlich ist, wie Wiegand hier die Rampen in Richtung der Längsachse des Bauwerks anlegte, denn meist sind D'Humy-Rampen rechtwinklig zur Gebäudelängsachse angeordnet. Und neu war auch die Position der Rampenpodeste als Kopfanlage, also eine stark asymmetrische Aufteilung der beiden Halbgeschossflächen (Abb. 65). Grund dafür war, dass schon während der Planung eine spätere Verlängerung in Aussicht stand, die 1974 realisiert wurde.[381] Fahrtechnisch bewährte sich die provisorische Kopfanlage. Die Rampen sind leicht gekrümmt, so dass die notwendigen Lenkbewegungen gering sind.

Mit der Verlängerung wurden pro Ebene 36 zusätzliche Plätze geschaffen. Das komfortable Schrägparken im Winkel von 45 Grad ließ sich zur Kapazitätssteigerung in 90 Grad ändern, da die Stützen entsprechend platziert wurden. Mit der Erweiterung wuchs die Kapazität auf 650 Plätze (Geschossfläche pro Parkstand 32 m^2). Die Kosten pro Stellplatz wurden mit 6.500 DM (oberirdisch) bzw. 9.500 DM (unterirdisch) angegeben.

Je Ebene sind zwei Parkgassen angelegt, die im Einbahnverkehr befahren werden, jedoch mit kreuzendem Verkehr vor den Rampen. Im Untergeschoss gibt es eine dritte Parkgasse unter der Holzstraße. Zwischen Ein- und Ausfahrt im Erdgeschoss liegt eine Tankstelle.

Die offene Fassade der ›Breuninger-Garage‹ besteht aus Betonfertigteilen, die wie in Augsburg als schräge Blenden und Brüstungen Verwendung fanden. Der Rampenbereich wurde aus Lärmschutzgründen als geschlossener Sichtbetonblock gestaltet. Daran schließt sich der verschieferte geschlossene Bereich der Kopfanlage an. Die Erweiterung wurde wiederum offen entsprechend dem vorderen Garagenteil gestaltet. Ein markanter Treppenturm mit Aufzug verbindet vor Kopf die Parkgeschosse direkt mit dem Fußgängertunnel. Er ist schwarz verschiefert und nur an den Schmalseiten verglast. »Durch die Akzentuierung des freistehenden

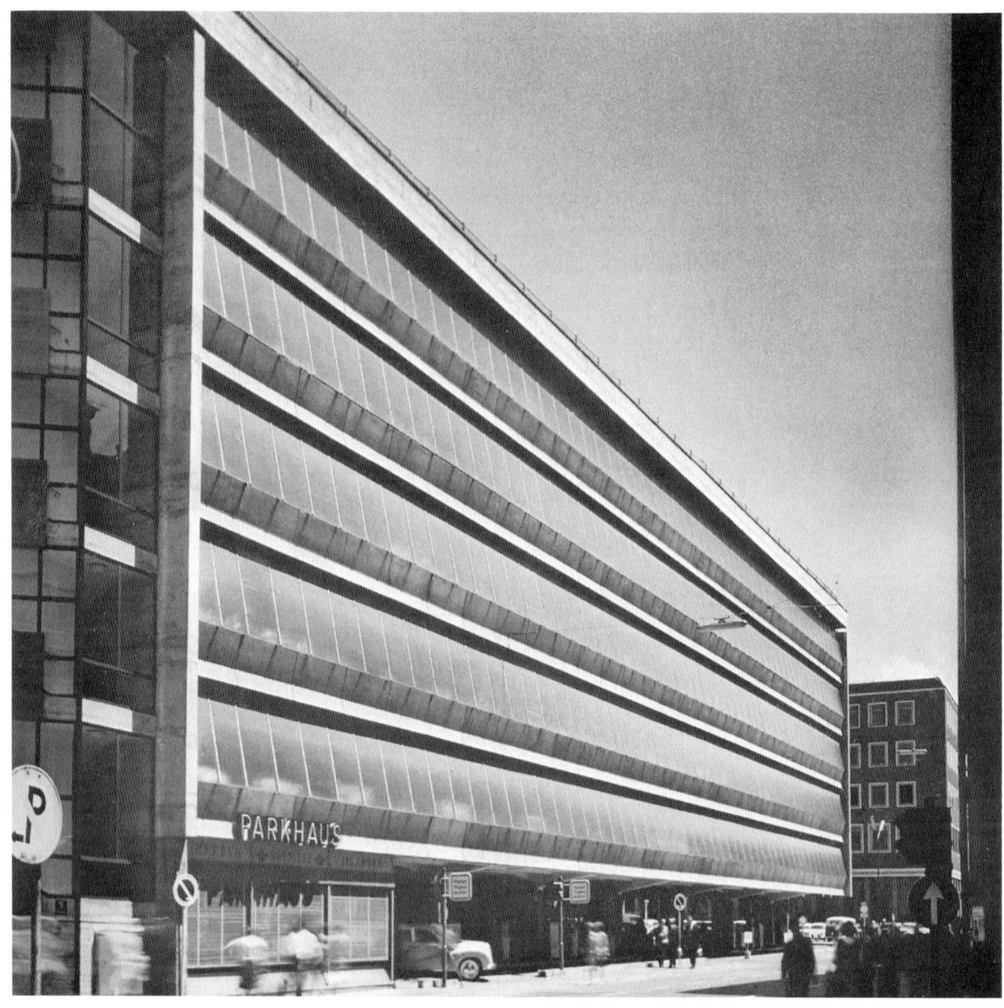

66 Parkhaus am Färbergraben (1959–1962) von Wiegand in München, Ansicht

Liftturmes konnte städtebaulich die Beziehung zur gegenüberliegenden Leonhardtskirche und zum Hochhaus Breuninger erreicht werden« – glaubte man 1960 in der *Deutschen Bauzeitung*.[382]

1964 zeichnete die Stadt Stuttgart die Garage mit dem Paul-Bonatz-Preis »für beispielhafte Gestaltung, Gesamtorganisation und Verkehrsführung eines Ingenieurbaues auf engem Raum und in städtebaulich wichtiger Situation« aus. Bei der Gesamtsanierung 1990 bis 1991 wurden viele Details verändert, besonders am Aufzugsturm.

Ein weiteres Wiegand'sches Parkhaus ist die Split-level-Garage am Färbergraben in München (1959–1962). Hier realisierte er annähernd geschlossene Fassaden (Abb. 66). An den Längsseiten sind die Betonbrüstungen nach außen geneigt, die Verglasung (Industriedrahtglas ohne Rahmen) darüber hingegen nach innen. Ein Spalt zwischen Fensterglas und Decke sorgt für natürliche Be- und Entlüftung. Wandscheiben aus Sichtbeton bilden die Stirnseiten. Grund für die geschlossene Fassade war die vorgesehene teilweise Beheizung.

Wie in Stuttgart berücksichtigte Wiegand beim Parkhaus am Hofbräuhaus in München (1965–1968 mit Rainer Martens), im Unterschied zu seinen Projekten in Augsburg und Nürnberg, das Einbahnprinzip. Der Verkehr fließt kreuzungsfrei und übersichtlich. Die wegen des Stützenrasters 5 m breiten Rampen sind bequem zu befahren. Die Stellplätze sind rechtwinklig zu den beiden Fahrgassen angeordnet.

Erstmals entwarf Wiegand hier eine Vorhangfassade aus Glas in einem Bronzeton.[383] Dieses Material empfand er als besonders verträglich mit der Umgebung der Garage: »Der Architekt hatte sich die Aufgabe gestellt, ein ›stadtgerechtes‹ Parkhaus zu bauen. Ein Parkhaus also, dessen architektonische Gestaltung dem umliegenden Stadtgebiet nicht abträglich ist.«[384]

Fred Hochstrasser und Hans Bleiker schoben bei ihrem Entwurf für die Hochgarage ›Deutschhaus‹ in Ulm die Halbgeschosse um 1,50 m ineinander, um das Außenmaß von 34 m nicht zu überschreiten.[385] Das war schon vorher bei einem Parkhaus in Atlanta/Georgia erprobt worden (Abb. 67). Folge dieser Komprimierung war, dass die Rampen kürzer, also steiler werden mussten.

Bei der Kaufhaus-Garage in der Bielefelder Elsa-Brandström-Straße gelang es Farmont 1965, in elf Halbgeschossen auf insgesamt 17.630 m² 740 Plätze unterzubringen.[386] Dies entspricht einer Bruttofläche von nur 23,80 m² pro Stellplatz – in Augsburg hatte Wiegand noch 32 m² benötigt!

Die Fassaden entsprechen den Düsseldorfer Parkhäusern des Architekten, wenn auch statt

67 Ineinandergeschobene Halbgeschosse einer Split-level-Garage (1954) in Atlanta/Georgia, Entwurf von Aeck Associates

der roten hier weiße Spaltklinker verwendet wurden.

Die große Innovation waren die vollautomatisch ausgerüsteten Einfahrten in der Elsa-Brandström-Straße mit Parkscheindruckern und Schranken. Auch die Ausfahrt besaß eine vollautomatische Schrankenöffnung. Zählgeräte registrierten alle Ein- und Ausfahrten, so dass die Belegungsdichte, sowohl der einzelnen Etagen als auch insgesamt, in der Hauptkasse sofort feststellbar war und Leuchtanzeigen zu den Geschossen mit freien Plätzen leiten konnten.

Wendelrampengaragen

Wendelrampen, also als Spirale gestaltete Auf- und Abfahrten, haben den Vorteil, dass sie komfortabel zu befahren sind. Da der Radius gleich bleibt, sind keine größeren Lenkbewegungen notwendig. Auch wird die Auf- oder Abfahrt nicht durch rangierende Fahrzeuge unterbrochen, da die Rampen von den Parkgeschossen getrennt sind. Da diese Geschosse auch nicht alle, wie etwa beim Split-level-Parkhaus durchfahren werden müssen, ergeben sich – vor allem bei höheren Parkhäusern – kurze Fahrzeiten zu den oberen Geschossen. Nachteilig ist allerdings, dass die Wendelrampen recht viel Fläche einnehmen. Sie sind daher nur bei Parkhäusern wirtschaftlich, die viele Stellplätze pro Geschoss und mindestens fünf oder sechs Geschosse aufweisen. Wendelrampen können zweispurig angelegt, also im Gegenverkehr befahrbar sein, oder separate Rampen für Auf- und Abfahrt besitzen.

Die Kaufhof AG hatte 1959 bis 1960 durch ihre Hausarchitekten Hermann Wunderlich und Reinhold Klüser das Flachdach ihres Aachener Kaufhauses als Parkplatz erschlossen.[387] Die 2.500 m^2 große Dachfläche bietet Platz für 95 PKW. Von der Straße aus fahren die Kunden

68 Rathausgarage (1960) von Heeb in Stuttgart, Ansicht 2008

über eine freitragende angebaute offene Spiralrampe in dreieinhalb Windungen bei einer Steigung von acht bis zehn Prozent auf das Dach. Das Befahren dieser Anlage ist nur wechselnd auf- und abwärts möglich und wird automatisch durch eine Ampel geregelt. Die Spindel besteht aus der außen liegenden Fahrbahn mit einem Radius von 7,50 m bis zur Fahrbahnmitte und einem abgetrennten inneren Fußweg von 1,25 m Breite. Der Außendurchmesser der Rampe beträgt 19,30 m, der Durchmesser des offenen Auges 7,90 m. Zwischen beiden befindet sich – eine interessante Konstruktion – als Brüstung der 40 cm breite und 1 m hohe gewundene Hauptträger, in den Fahrbahn und Fußweg als Kreisringplatte berechnet elastisch eingespannt sind.

Eine Hochgarage mit zweispuriger Wendelrampe, die also im Gegenverkehr befahren wird, entwarf 1960 der Stuttgarter Baudirektor Adolf Heeb in Zusammenarbeit der städtischen Ämter für Hoch- und Tiefbau am Stuttgarter Rathaus (Abb. 68).[388] Der Rampenturm ist seitlich in die Hochgarage eingebaut. Die Wendelrampe bot für das kleine Grundstück von maximal 50 × 50 m die »beste Grundrißaufteilung«, wie in der *Deutschen Bauzeitung* zu lesen ist,[389] aber diese Behauptung lässt sich leicht widerlegen, denn bei einer Split-level-Anlage hätten sich bei 50 × 50 m Grundfläche drei Fahrgassen mit jeweils 40 Stellplätzen unterbringen lassen, vermindert um den Platz der Halbrampen bzw. Durchfahrten. Dafür wären pro Geschoss 16 Stellplätze fortgefallen. Statt der 41 Stellplätze pro Regelgeschoss läge die Kapazität dann bei 104! Die unwirtschaftliche Planung äußert sich auch im Bruttoflächenbedarf des einzelnen Stellplatzes: Auf einen Parkplatz (netto 11,50 m^2) kommen einschließlich aller Verkehrs- und sonstigen Flächen 37,40 m^2 und Baukosten (ohne Grunderwerb) von 8.620 DM![390]

Dieser erhebliche Unterschied ergibt sich aus dem immensen Platzbedarf der Wendelrampe, deren Durchmesser rund 25 m beträgt,

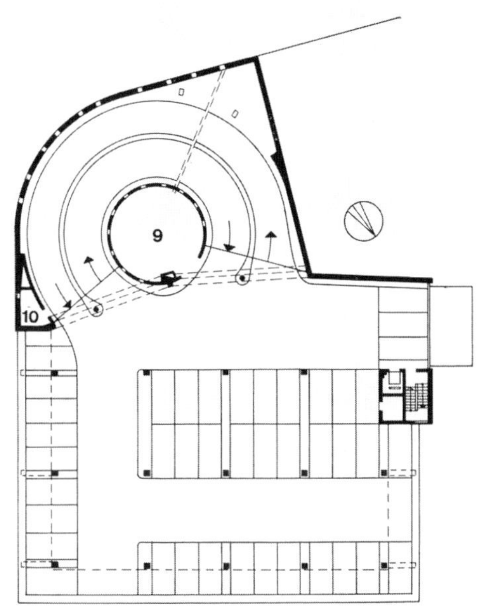

69 Rathausgarage Stuttgart, Grundriss Normalgeschoss

d. h. ein Viertel des zur Verfügung stehenden Grundstücks einnimmt (Abb. 69). Ihre beiden Fahrbahnen sind zudem durch ein Mittelbankett von 60 cm Breite getrennt. Die Aufwärtsrampe liegt innen und hat in Fahrbahnmitte einen Radius von 7,30 m, was eine Steigung von 9 Prozent bedeutet. Die Abwärtsrampe hingegen hat einen mittleren Radius von 11,30 m, was entsprechend ein Gefälle von geringen 5,9 Prozent ergibt. Eine entgegen dem Uhrzeigersinn steigende Rampe hätte den Vorteil gehabt, dass die Auffahrtrampe die geringere Steigung erhalten hätte, wie es bei Wendelrampenparkhäusern die Regel ist.

Das Treppenhaus und der Rampenturm bestehen aus einer bis auf kleine Fensteröffnungen geschlossenen Stahlbetonkonstruktion, die außen mit Spaltklinkern verkleidet wurde. Im Kontrast dazu blieben die Parkgeschosse zwecks natürlicher Belüftung offen, nur mit filigranen Stahlgeländern geschützt.

Die beiden Untergeschosse ragen wie beim ›Breuninger-Parkhaus‹ unter den Straßenraum und sind dadurch etwa 20 m breiter. Sie bieten jeweils 20 Stellplätze mehr. Eine Aufstockung um zwei weitere Geschosse wurde von vornherein eingeplant, jedoch später nicht realisiert.

Wollte man den Gegenverkehr auf der Wendelrampe vermeiden, standen grundsätzlich zwei Möglichkeiten zur Verfügung: der Bau einer zweiten Rampe, so dass für jede Fahrtrichtung ein eigener Rampenturm zur Verfügung stand, oder der Einbau einer doppelgängigen Wendelrampe, wie sie in Deutschland erstmals mit der Berliner Kantgarage 1930 realisiert worden war.

Getrennte Wendelrampen für Auf- und Abfahrt

Zwei selbständige Rampen, eine für jede Fahrtrichtung, waren erstmals 1934 bei der ›Autorimessa‹ in Venedig realisiert worden. Dieses Konzept bevorzugten die Planer der ersten Hochgaragen nach dem Zweiten Weltkrieg in Frankfurt am Main. Die dort 1956 an der Hauptwache (Abb. 70) und 1959 an der Konstabler Wache (Abb. 71) errichteten Parkhäuser wurden von den Architekten Max Meid und Helmut Romeick entworfen.[391] Beide Hochgaragen erhielten zwei Rampentürme, getrennt für den auf- und abfahrenden Verkehr.

Mit gut 50 × 90 Metern Grundfläche ist das Parkhaus an der Konstabler Wache größer als das an der Hauptwache, für das nur 40 × 70 Meter zur Verfügung standen. Der Anteil der Rampen an der gesamten Geschossfläche beträgt bei der größeren der beiden Garagen nur 12,5 Prozent, bei der kleineren sind es hingegen 29 Prozent. In fünf Geschossen wurden insgesamt 750 bzw. 389 Stellplätze untergebracht. Die größere Grundfläche trägt also überproportional zur Schaffung von Stellplätzen bei. Diese Erkenntnis lässt sich allerdings innerstädtisch in den wenigsten Fällen in die Praxis umsetzen, da entsprechend große Grundstücke fehlen, was trotz der vorangegangenen Kriegszerstörungen auch in den 1950er Jahren selten anders war.

Die Anordnung der Kreisrampen ist von Meid und Romeick bei den beiden Frankfurter Hochgaragen unterschiedlich gelöst. Bei dem Parkhaus an der Hauptwache nehmen sie nebeneinander stehend die gesamte Parkhausbreite und fast ein Drittel seiner 70 m Länge ein.[392] Die Parkhausbreite ergibt sich aus der Grundstücksbreite von 40 m, welche im Parkbereich durch zwei Fahrgassen und schmale Parkstreifen für Senkrechtparken genutzt wird. »Diese Aufstellungsart spart erfahrungsgemäß den meisten Platz.«[393] Trotzdem konnten auf dem verhältnismäßig kurzen Grundstück pro Geschoss nur 67 Stellplätze von 2,36 m Breite realisiert werden. In vier Obergeschossen, Keller- und Zwischengeschoss kam man so auf insgesamt 389 Einstellplätze.

Die Fassaden sind geschlossen und bestehen in den Parkgeschossen über niedrigen Betonbrüstungen aus Fensterbändern, bei den Rampentürmen teilweise aus offenen Betonformsteinen, teilweise aus Backsteinverblendern. Das »Prinzip, durch klare Fenster den Inhalt, also die geparkten Autos, zu zeigen, fördert die Beziehungen zwischen innen und außen, verlebendigt die ansonsten stetige und horizontal durchgehende Fassade und erhöht den Aufforderungscharakter für Parkplatzsuchende, ein bedeutsamer, aber oft in Vergessenheit geratener Faktor der Funktion eines öffentlichen Parkhauses«.[394]

Beim Parkhaus an der Konstabler Wache erforderte die Grundstücksbreite vier schmale Fahrgassen von nur 4,80 bzw. 4,30 m Breite, was zum Schrägparken mit 45 Grad zwang, da die Stellplätze sonst ohne Rangieren nicht zu erreichen waren. Problematisch ist die Verkehrsführung. Aus Gründen der Sicherheit und des Verkehrsflusses herrscht überall strenger Einbahnverkehr. Bei der Garage an der Konstabler Wache durchziehen je vier Fahrgassen die Geschosse in Längsrichtung. Sie werden an

70 Parkhaus Hauptwache (1956) mit Tankstelle und Pflegestation von Meid und Romeick in Frankfurt am Main

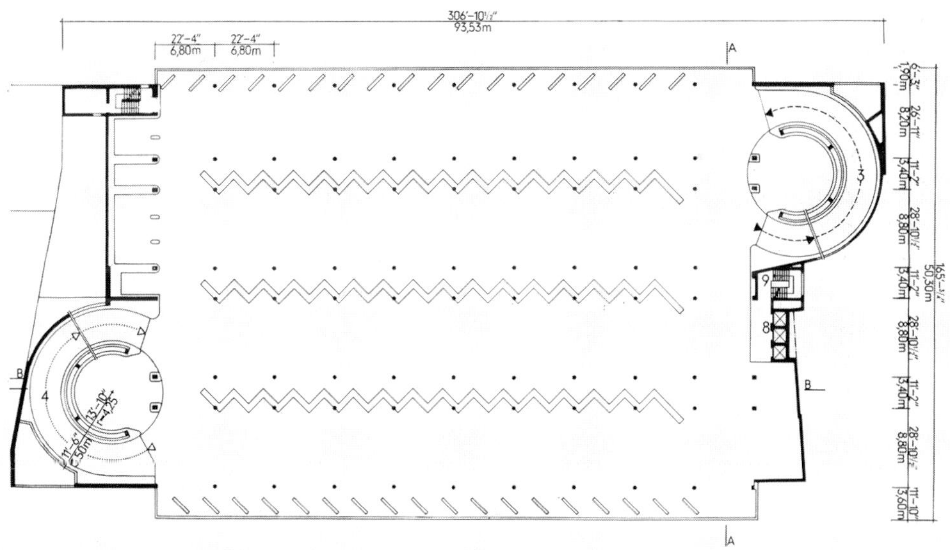

71 Parkhaus Konstablerwache (1959) von Meid und Romeick in Frankfurt am Main, Grundriss

den Schmalseiten durch je eine verteilende bzw. sammelnde Quergasse verbunden.

Weitere Parkhäuser der Frankfurter Aufbau AG, am Theater (1961), Stadtbad Mitte (1960) und am Hauptbahnhof, wurden ebenfalls durch zwei getrennte Rampentürme erschlossen und mit geschlossenen Fassaden versehen.

Eine besondere Situation stellt ein Parkhaus im Hochgebirge dar. 1957 wurde an der Großglockner-Hochalpenstraße in Österreich der Geschossparkplatz am Freiwandeck erbaut.[395] Bauherr war die Großglockner-Hochalpenstraßen AG in Salzburg. Das 228 m lange Bauwerk wurde errichtet, um die Kapazität des bestehenden Parkplatzes von 400 Stellplätzen auf 900 zu steigern. Eine Auslastung besteht jedoch nur bei Hochbetrieb während drei Monaten im Jahr; die restliche Zeit genügen die bestehenden vier Parkplätze. Die Planung stammt von den Ingenieuren Franz Wallack und Günther Köllensperger. Auch sie setzten auf eine Erschließung durch getrennte Rampentürme. Bei der Gestaltung beriet Architekt Wilhelm Zinnauer.

Auf vier Ebenen wurden 900 Stellplätze angeboten (31,7 m² brutto). Die Stockwerke wurden durch Nummern und Farben gekennzeichnet, wie es 1957 gleichzeitig im Berliner Parkhaus am Zoologischen Garten eingeführt worden war. Parken, Fahren und Gehen sind voneinander getrennt, Kreuzungen vermieden. Die zunächst eingesetzten Parkwächter wurden später durch eine Automatik ersetzt, was schon bei der Betriebsplanung berücksichtigt war. Zwischen dem Auffahrtsturm, einer 5 m breiten Rampenspirale mit 10 Prozent Steigung und einem Abfahrtturm mit 12 Prozent, im unteren Geschoss gar 18 Prozent Gefälle spannten die Planer die Parkgeschosse auf. Die erhebliche Länge wurde in vier Brandabschnitte unterteilt. Im ersten Bauabschnitt entstanden die drei unteren Geschosse mit jeweils einer Parkgasse. Die im zweiten Bauabschnitt geplanten zwei Obergeschosse und der Dachparkplatz sollten, dem Hang folgend, die doppelte Breite einnehmen, was zwei parallele Parkgassen erlaubte. Alle Flächen sind mit zwei Prozent zum Auffahrtturm geneigt, um das Niederschlagswasser abzuleiten. Talseitig ist das Parkhaus offen. Die Konstruktion besteht aus Stahlstützen mit Ortbetondecken. Während die Stahlbeton-Rampentürme außen mit Naturstein verblendet sind, zeigen die Treppenhäuser Sichtbeton. Selbst hier im Hochgebirge wurde bei dem Parkhaus auf eine Tankstelle nicht verzichtet.

Parkhäuser mit getrennten Wendelrampen für auf- und abfahrenden Verkehr wurden bis in die jüngste Zeit gebaut. 1992 wurde die Hochgarage der Braun-Werkanlagen in Melsungen nach Entwurf von Stirling Wilford & Associates mit Walter Nägeli fertiggestellt. Die beiden Rampentürme stehen nebeneinander an einer der beiden Stirnseiten. Dahinter verlaufen zwei miteinander verbundene Fahrgassen mit beidseitigen Stellplätzen.

Das gleiche Prinzip liegt dem Backsteinbau mit Lochblechfassade zugrunde, den die Architekten Claude Vasconi & Partner 1999 in Berlin neben einer der alten Borsig-Fabrikhallen schufen. Hier ist zwischen den Parkgassen, mittig in der Längsachse, ein schmaler Lichthof zur natürlichen Belüftung aller Parkebenen angeordnet.

Beim Parkhaus am Bollwerksturm in Heilbronn (1997–1998), einem lang gestreckten Körper von 137,5 × 18,5 m, stehen sich die beiden Wendelrampen für Auf- und Abfahrt an den beiden Enden gegenüber, verbunden durch eine etwa 7 m breite Fahrgasse (Abb. 72). Da die Stützen der Stahlskelettkonstruktion unmittelbar am Rand untergebracht sind, überspannen die Decken die Parkgeschosse freitragend, was der Übersichtlichkeit zugute kommt und das Einparken erleichtert. In jedem der fünf Geschosse finden je hundert Kraftfahrzeuge in 90-Grad-Aufstellung Platz. Neben einer gestalterisch genutzten Freitreppe vor der Fassade sind im Inneren zwei Stahlbetontreppenhäuser und – im Kern der Auffahrtspindel – ein behindertengerechter Aufzug untergebracht.

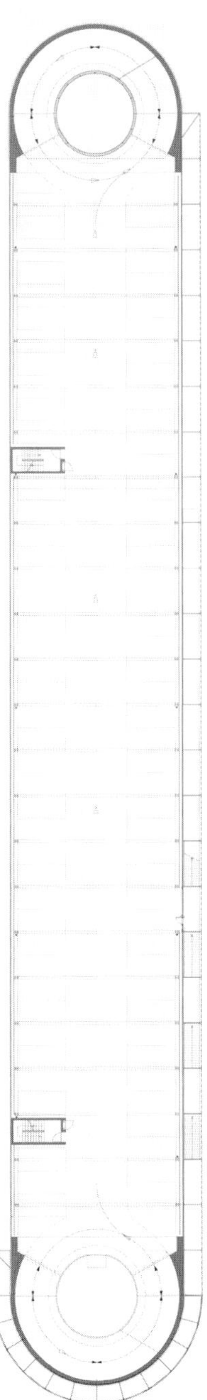

72 Parkhaus am Bollwerksturm (1997–1998) von mgf Architekten in Heilbronn, Grundriss

Doppelhelix

Eine doppelgängige Spiralrampe oder ›Doppelhelix‹ benötigt für beide Fahrtrichtungen nur den Platz einer einspurigen Wendelrampe, ist also eine Platz sparende Lösung. Das erste Beispiel der Nachkriegszeit schufen der Leiter der Kaufhof-Bauabteilung Hermann Wunderlich[396] und sein Mitarbeiter Reinhold Klüser 1956 bis 1957 mit ihrem Kaufhof-Parkhaus an der Cäcilienstraße in Köln (Abb. 73).[397] Das Grundstück befindet sich in optimaler Lage an der Grenze zur Innenstadt und an der Hauptverkehrsachse in Ost-West-Richtung (Cäcilienstraße), nahe ihrer Kreuzung mit der zweiten Hauptachse, der Nord-Süd-Fahrt. Die Garage steht in funktionaler wie konstruktiver Einheit mit dem damals erweiterten Kaufhof-Gebäude.[398]

Die Zufahrt zum Rampenturm erfolgt von der Cäcilienstraße aus und wird von zwei Mauerzungen flankiert, die mit einem Polygonmauerwerk aus Natursteinplatten verblendet sind, ein beliebtes gestalterisches Element der 1950er Jahre. Zur Cäcilienstraße schließt sich im Erdgeschoss ein verglaster Automobil-Schauraum mit geschwungener Front an, welche die weit auskragenden und wegen der Grundstücksform spitz zulaufenden Deckenplatten der Parkebenen an der Ecke zur Seitenstraße An St. Agatha unterschneidet, um danach wieder über deren Kante hinauszubauchen. Der Rampenturm wiederum ist leicht eingezogen. Die Fassaden sind offen, mit filigranen Geländern gesichert – auch beim Rampenturm, denn auf Schallschutz musste in dieser Lage nicht geachtet werden. Die beiden funktionalen Bauteile – Rampenturm für die Erschließung und Parkebenen zum Abstellen – sind im Äußeren dennoch klar ablesbar. Die

73 Kaufhof-Parkhaus (1956–1957) von Wunderlich und Klüser in Köln, Ansicht 2009

74 Parkhaus Rödingsmarkt (1965) von Sprotte und Neve in Hamburg, Doppelwendelrampe

75 Parkhaus Rödingsmarkt, Blick in die Kuppel über dem Rampenauge

hellen Rampenkanten bzw. Geschossplatten aus Sichtbeton ergeben eine starke Betonung der Horizontalen; die im Verhältnis dazu dünnen und dunklen Stahlgeländer treten kaum in Erscheinung. Natürliche Belichtung und Belüftung sind hier optimal gewährleistet. Auch optisch wird nichts versteckt, die am Rand abgestellten Fahrzeuge sind von außen deutlich zu sehen.

Die Konstruktion besteht aus Kragplatten auf Rundstützen, die in einem Raster von 11 m Abstand stehen. Überbaut wurde eine unregelmäßig geschnittene Fläche von 2.800 m² mit vier Parkgeschossen und einem Dachparkplatz, der sich auch über das anschließende Kaufhaus erstreckt und insgesamt 6.400 m² umfasst. Trotzdem wurden nur 413 Stellplätze untergebracht, denn die Fahrgassen und die Rampe nehmen gut zwei Drittel der gesamten Geschossflächen ein. Da die Wendelrampe bei komfortabler Fahrbahnbreite von 3 m höchstens 13 Prozent Steigung erhalten sollte, war ein großer Durchmesser von 27,70 m notwendig. Dieser Wert liegt noch über dem der Stuttgarter Rathausgarage. Die Bruttofläche pro Stellplatz erreicht dadurch stolze 45 m²!

Im Rampenauge, aber nicht in dessen Mittelpunkt, sondern an den Rand gerückt, steht der verglaste Treppenturm für eine Wendeltreppe, welche die fußläufige Erschließung der Parkebenen gewährleistet, ergänzt durch Nebentreppen und Aufzüge. Der Rampenturm wird von einer flachen Kuppel mit Glasbausteinen bedeckt, die vom Straßenraum aus nicht in Erscheinung tritt.

Ganz ähnliche Rampen realisierten Wunderlich und Klüser Anfang der 1960er Jahre bei weiteren Kaufhof-Parkhäusern, etwa in Wuppertal-Elberfeld und Kassel.[399]

Die gleichzeitig erbaute Hochgarage am Hamburger Rödingsmarkt zwischen Große Reichenstraße und Alsterfleet wird ebenfalls durch eine doppelgängige Wendelrampe erschlossen (Abb. 74). Der Entwurf stammt von den Hamburger Architekten Herbert Sprotte und Peter Neve.[400] Im Unterschied zu den zuvor besprochenen Parkhäusern ist die Rampe nicht am Rand, sondern im Kern des Parkhauses platziert und durch eine feuerfeste Wand von diesem getrennt. Ihr Durchmesser beträgt 18 m. Innen wie außen wird die Rampenfahrbahn mit einer 70 cm hohen anprallsicheren Brüstung eingefasst, in welche runde Lampen eingelassen sind. Zusätzlich fällt Licht durch die transparente Kuppel über dem Rampenauge auf die Fahrbahn (Abb. 75).

In einem Kellergeschoss, fünf Obergeschossen und auf dem befahrbaren Dach werden 643 Stellplätze angeboten (40 m² Bruttogeschossfläche pro Stellplatz). Im Erdgeschoss befanden sich keine Stellplätze, sondern neben der Ein- und Ausfahrt auch die Kasse, die üblichen Serviceeinrichtungen und Geschäftsräume an der Ost-West-Straße.

Der Stahlbeton-Skelettbau in offener Bauweise erhielt eine Fassade aus mosaikverkleideten Betonfertigteilbrüstungen und vorgehängten transparenten Polyesterplatten. Das Kellergeschoss wurde wegen des Elbhochwassers aus 30 cm starkem wasserdichtem Beton für Boden und Wände hergestellt. Die Lüftung erfolgt im Keller mechanisch, in den Obergeschossen jedoch natürlich.

Beim wenige hundert Meter östlich gelegenen Parkhaus Große Reichenstraße (1964), ebenfalls von Sprotte und Neve, ist der Rampenturm in die Mitte der Ostfassade gerückt, durch einen Erweiterungsbau aber heute nicht mehr von der Straße aus sichtbar.

Parkrampengaragen

Die Idee der Parkrampengarage, 1929 erstmals in Den Haag realisiert, griffen Architekten und Ingenieure nach dem Zweiten Weltkrieg wieder auf. Vahlefeld und Jacques beschrieben die Parkrampe 1956 so: »Das Prinzip dieser [...] Garage beruht darauf, daß die Decken in der

76 Parkrampengarage der Ruhrgas AG in Essen

Längsrichtung des Gebäudes so geneigt sind, daß die Fahrzeuge mit eigener Kraft die Geschoßhöhen überwinden können und dazu keine besonderen Rampen oder Aufzüge erforderlich sind. Die Fahr- und Stellflächen haben also dieselbe Neigung, so daß die Wagen leicht geneigt stehen.«[401]

In Deutschland war erstmalig nach dem Zweiten Weltkrieg eine solche Parkrampe bei einem Parkhaus der Ruhrgas AG in Essen schon vor 1956 angewandt worden.[402] Bei der geringen Grundstücksbreite von 23,25 m waren aber Stellplätze nur auf einer Seite der Fahrgasse möglich (Abb. 76), was zu einem ungünstigen Verhältnis zwischen Verkehrs- und Stellfläche von 1:1 führte. Bei einer Länge von 44 m beträgt die Steigung 5,4 Prozent.

Nach dem Vorbild der Torengarage entstand Ende der 1960er Jahre ein Horten-Parkhaus in Hamburg nach Entwurf von C. F. Fischer und H. v. Bassewitz. Die wie in Den Haag ebenfalls unregelmäßig ovale Parkrampenanlage ist 44 m lang und in den ›Obergeschossen‹ 36 m breit.[403] Bei gleicher Länge wie bei dem Essener Ruhrgas-Parkhaus ergibt sich durch das etwas breitere Grundstück eine niedrigere Steigung von 3 Prozent. Es konnten wie in Essen nur auf der Außenseite der Fahrgasse in sieben Umdrehungen Stellplätze angeordnet werden – insgesamt 220, für die überbaute Fläche von 1.584 m² sehr wenig (brutto 50 m²/Stellplatz!). Zu rechtfertigen war dieser schlechte Wert nur dadurch, dass die Parkrampe auch zur Erschließung des Daches des benachbarten Kaufhauses dient, auf dem zusätzlich 150 Fahrzeuge Platz finden.

Nachteilig bei der Parkrampengarage sind die im Verhältnis zur Wendelrampe sehr langen Wege zu den oberen Parkständen. Als nützlich wurden bei mittleren bis größeren Anla-

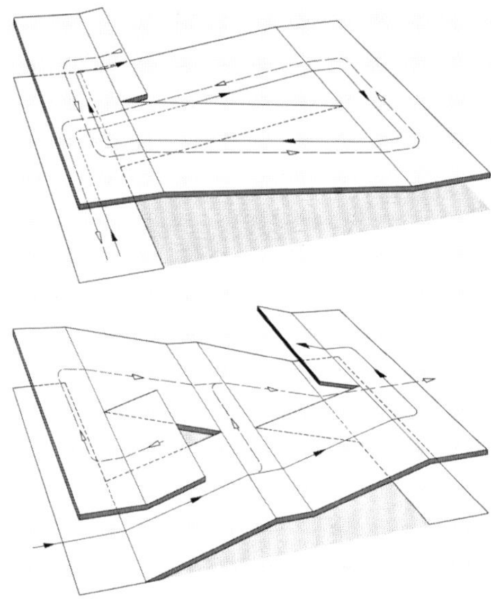

77 Parkrampen-Typen

gen daher separate Abfahrtrampen angesehen – in den USA ›express exit ramps‹ genannt – die nicht an den Parkständen vorbei führen und recht steil sein können. Bei großen Parkrampengaragen wurden auch separate Auffahrtrampen empfohlen, um neben dem Abfahrtweg auch den Zufahrtsweg in die oberen Geschosse zu verkürzen. Damit wuchs aber die Bruttofläche pro Stellplatz unverhältnismäßig an. Diese Nachteile und den des notwendigen Befahrens im Gegenverkehr konnten durch eine Erfindung Paul Bodes und Ernst Brundigs vermieden werden: In der Mitte der Garage wurden die Parkrampen miteinander verbunden, so dass zwei voneinander unabhängige Fahrtrichtungen in zwei Spiralen entstehen und auf jeder ›Ebene‹ der Wechsel zwischen Auf- und Abfahrt möglich ist (Abb. 77). »Durch einen Fahrbahnwechsel in der Gebäudemitte entsteht kein Gegenverkehr.«[404] Außerdem verkürzt eine solche Verbindung die zu fahrenden Wege. Als besonderer Vorteil wird noch erwähnt, dass die Wagentür des Fahrerplatzes sich jeweils auf der höheren Seite befände, was deren unbeabsichtigtes Aufschlagen verhindere. Und durch die Kombination mit einer Wendelrampe für die Einfahrt könne die Parkrampen-Garage zu Stoßzeiten besonders schnell gefüllt werden.[405] Eine solche Kombination konnte sich im Garagenbau aber nirgends durchsetzen.

Bode und Brundig ließen sich dieses »neue vielbeachtete System«[406] patentieren und realisierten es 1955 bei der Kasseler ›Centrum-Garage‹ (Abb. 78). Wegen des recht kurzen Grundstücks zwischen Neuer Fahrt und Garde-du-Corps-Straße ergaben sich recht hohe Steigungen von 5 bis 6,5 Prozent. Im Unterschied zur Torengarage in Den Haag befinden sich die Stellplätze nicht kontinuierlich entlang der Rampe, sondern nur an deren Längsseiten. Hinter den gewölbten Glasfassaden der Schmalseiten verlaufen die Rampen ohne Stellplätze. Sie sind hier leicht gebogen, was der Lenkbewegung der Fahrer entgegen kommt. Diese Fassaden waren als feingliedrige, nach außen gewölbte Rasterfassaden mit grünen Brüstungsfeldern und Gussglasfenstern darüber gestaltet, was zu einer recht weiten Ausleuchtung des Parkhauses führte. Zur ausreichenden Belüftung waren einige Glasflächen lamellenartig schräg gestellt.

Die Stahlbeton-Rahmenkonstruktion mit Unterzügen und Stützen ermöglicht bei 7 m Fahrgassenbreite bequemes Einparken in die 90-Grad-Parkstände. Je zwei Parkstände sind zwischen zwei Stützen angeordnet. Diese stehen im Abstand von 5,50 m (Abb. 79).

Die Garage war am Rand des Stadtzentrums ursprünglich für Dauerparker geplant. Sie ist zwischen zwei parallel verlaufenden Straßen angelegt, zwischen denen eine Fußgängerpassage mit Läden das Erdgeschoss durchzieht. Diese Passage sollte ursprünglich bis zum Rathaus weitergeführt werden, was aber nicht realisiert wurde. Über den Läden befinden sich Büros. In fünf Obergeschossen und auf dem Dachgeschoss mit Chauffeurhotel parken die Autos.

78 *Centrum-Garage (1955) von Bode und Brundig in Kassel, Ansicht 1955*

79 *Centrum-Garage in Kassel, Innenansicht 1955*

80 Züblin-Garage (1960–1961) von Brundig mit Schaate und Möritz in Stuttgart, Ansicht 2008

Das Untergeschoss ist durch eine separate Zufahrt von der Neuen Fahrt erschlossen, die übrigen Geschosse von der Garde-du-Corps-Straße aus.

»Hubschrauber können auf Hochgarage landen«, feierte Manfred Obst von den *Hessischen Nachrichten* 1955 den ›Fortschritt‹ in Kassel. »Dieser gewaltige Betonklotz an der Neuen Fahrt – das ist ein Stück vorweggenommene Zukunft. Zwar klingt ›Hochgarage‹ recht vertraut. Aber was die Architekten Paul Bode und Ernst Brundig schufen ist eine vorbildliche Lösung für die Unterbringung des ruhenden Verkehrs. Vorbildlich im Sinne des Wortes, denn schon bemühen sich auswärtige Städte, die Architekten zum Bau gleicher Hochgaragen für sich zu gewinnen. Man hat nicht einfach ein Haus gebaut, in dem Autos abgestellt werden können. Man hat, wie Baurat Köberich vom Amt für Stadtplanung schreibt, ›ein beispielhaftes System entwickelt, das es ermöglicht, ohne Rampen, ohne Aufzüge und ohne Gegenverkehr jeden Platz der 400 Parkstände zügig und ohne Aufenthalt zu erreichen. Die Decken der siebeneinhalb Etagen des Bauwerks sind nur sanft geneigt, und es gibt keine größeren Steigungen innerhalb des Gebäudes als in den Straßen der Stadt [...]‹.«[407] Bodes Funktionalismus ist nicht allein dem Ökonomischen, Nüchternen und Funktionalen verpflichtet, sondern entwickelt daraus auch ein ästhetisches Moment. Dieses ist, nach dem Intermezzo einer Aluminiumblechverkleidung der 1970er Jahre, durch die Fassadenerneuerung mit grünem Glas mit sandgestrahlten Glaslamellen durch Ohlmeier Architekten 1999 wiederbelebt worden.

Ein weiteres Mal realisierte Brundig dieses System mit den Architekten Schaate und Möritz 1960 bis 1961 mit der Züblin-Garage in Stuttgart, nun aber nicht mit einer geschlossenen, sondern mit einer offenen Fassade, welche die schräge Rampenkonstruktion außen deutlich zeigt (Abb. 80). Der rundum freistehende Bau bedeckt eine Fläche von 76,25 × 34 m auf dem Leonhardtsplatz am Rande der Stuttgarter Altstadt. Diese Hochgarage war für Kurzparker gedacht und durch eine Fußgängerunterführung mit dem Geschäftszentrum verbunden. Die Konstruktion besteht aus zwei Reihen von Stahlbetonrahmen. In vier Windungen schraubt sich die Garage bis zur Dachparkfläche in 16,50 m Höhe. Wegen der im Vergleich zu dem Kasseler Exemplar großen Länge reduzierte sich die Neigung der Parkrampe auf 3,7 Prozent. Im Erdgeschoss gehen nur geringe Flächen für Betriebseinrichtungen ab, denn die Tankstelle ist außen angebaut. Geparkt wird schräg unter einem Winkel von 70 Grad. Daher genügt eine Fahrgassenbreite von 6 m. Der Stützenabstand liegt wie in Kassel bei 5,50 m. Insgesamt werden 570 Parkstände angeboten. Zwei enge Treppenhäuser sind an den beiden Enden des Rampenkerns eingebaut. Ein weiteres, großzügig verglastes wurde vor wenigen Jahren außen auf der Stadtseite hinzugefügt.

Weitere Beispiele sind das Parkhaus Merkur in Duisburg, geplant von Architekt Helmut Rhode, mit außen ablesbarer Rampenkonstruktion,[408] das Passagehof-Parkhaus in Karlsruhe und das Parkhaus N 2 am Paradeplatz in Mannheim von 1970.[409]

Das Olympia-Parkhaus in München (1971–1972) gegenüber dem BMW-Firmengelände liegt jenseits der Lerchenauer Straße auf dem Olympiagelände. Es wurde, um dessen Gesamtanlage nicht zu stören, in einen künstlichen Hügel integriert. Nach Osten hin löste es sich in diesen auf – nur noch das zurückgesetzte, kleinere Dachgeschoss ist hier zu sehen, das »den Charakter eines schwebenden Tabletts bekommen hat«, wie die *Deutsche Bauzeitschrift* 1974 schrieb.[410] Mit 1.850 Stellplätzen in fünf Geschossen war diese Parkrampenanlage damals die größte Hochgarage Süddeutschlands. Sie ist unterteilt in fünf Fahrgassen mit beidseitigen Stellplätzen. Zwei Fahrgassen im Kern sind als Parkrampe mit 5 Prozent Neigung konzipiert. Die überbaute Fläche pro Stellplatz beträgt nur 23 m². Über eine Brücke ist das Dachgeschoss mit dem BMW-Gelände verbunden. Es gibt insgesamt elf Treppenhäuser, davon sieben mit zusätzlichen Personenaufzügen.

Als Planer war eine Architektengemeinschaft unter Führung von Gerd Wiegand verantwortlich. Die Parkgeschosse sind weitestgehend stützenfrei. Die Bauweise beruht auf vorgefertigten Elementen (Decken- und Hammerstützen, 16,5 m lange und 2,5 m breite ›Doppelplattenbalken‹ sowie Brüstungselemente), die Karl Schwanzer schon bei seinem 1969 bis 1970 entworfenen BMW-Parkhaus gegenüber erprobt hatte (siehe S. 157).

Eine Besonderheit stellt die 1959 fertiggestellte Parkrampengarage in der Nyropsgade in Kopenhagen dar, denn hier sind zwei Rampen als Doppelhelix ineinandergeschoben.[411] Dieses Prinzip machten sich auch Petry und Wittfoht 2003 beim ›Parkhaus Engelenschanze‹ in Münster zunutze. Das doppelgängige Parkrampensystem windet sich um einen teilweise begrünten Hof mit Wasserbecken. Die Querverbindungen zwischen Auffahrt- und Abfahrtrampe wurden durch Brücken aus feuerverzinkten Gitterrosten hergestellt.

Auch der Architekt Hans Engels schuf in der Essener Kirschstraße eine interessante Variante. Er kombinierte Parkrampen- und Halbrampengarage, indem er zwei entgegengesetzt geneigte Parkrampengaragen aneinander koppelte.[412] Die zur Auffahrt genutzte Rampe hat eine Steigung von 2,7 Prozent, die etwas kürzere Abfahrtrampe eine Gefälle von drei Prozent. An einer Schmalseite sind die beiden Rampen miteinander verbunden und es kann, wie bei Bodes Kasseler Garage, von der Auffahrtrichtung zur Abfahrtrichtung über eine kurze Halbrampe mit neun Prozent Neigung gewechselt werden. Die Fahrtrichtung muss dazu, da die beiden Rampen entgegengesetzt geneigt sind, nicht geändert werden – es herrscht also in der Garage überall Einbahnverkehr.

Eine interessante Variante zeigt auch die in den Aarehang gebaute ›Rathausgarage‹ in Bern: Zwei miteinander verbundene fünfgeschossige Parkrampen mit insgesamt 600 Stellplätzen liegen in Längsrichtung nebeneinander, die linke dient dem Abwärtsverkehr, die rechte dem Aufwärtsverkehr.[413] Ein- und Ausfahrt erfolgen oben. In jedem Geschoss ist der Übergang von der Ab- zur Auffahrt möglich. Zwischen den beiden Rampenbauten liegt zentral das Treppenhaus mit drei Personenaufzügen.

Turmgaragen

Turmgaragen sind im Prinzip Parkrampengaragen mit kreisrundem Grundriss auf kleinstmöglicher Fläche. Balla hatte schon Ende der 1920er Jahre eine Turmgarage für tausend Autos in Form einer Spiralrampe entworfen. Auch diese Idee wurde nach dem Zweiten Weltkrieg wieder aufgegriffen. 1960 meldete der Architekt Kurt Höfler seine ganz ähnliche ›Turmgarage H‹ zum Patent an.[414] Sie war im Kern um eine Wendelrampe mit 9 m Durchmesser konstruiert. Pro Umdrehung hatten 24 PKW und zwölf Motorroller Platz. Bei einer Bauhöhe von 23,10 m und einer Geschosshöhe von 2,20 m waren 240 PKW unterzubringen. Aber auch Bauhöhen von 34,10 m (360 PKW) und 45,10 m (480 PKW) waren vorgesehen. Bei nur 950 m² überbauter Fläche und Baukosten von 3.000 DM pro Stellplatz stellte Höflers Vorschlag eine äußerst interessante Lösung dar, die aber offenbar nirgends realisiert wurde.

Eine Alternativplanung hatte er für Nürnberg ausgearbeitet. Hier standen 854 m² überbaute Fläche zur Verfügung mit 18 PKW je Umdrehung. Bei einer Bauhöhe von 23,0 m waren 144 PKW unterzubringen, bei 40,0 m Höhe 270 PKW. Mit seiner Idee, solche Turmgaragen auch als Auslieferungslager für Neuwagen zu nutzen, nahm er die Idee der Smart-Türme und die Türme der Wolfsburger Autostadt vorweg.

Turmgaragen enthalten auch die beiden Hochhäuser der ›Marina-City‹ (1962) in Chicago/Illinois von Bertrand Goldberg. Die unteren 19 ›Etagen‹ der 160 m hohen Türme dienen als Parkhaus, darüber befinden sich 40 Wohngeschosse (Abb. 81). Die Parkplätze liegen radial außen an einer Wendelrampe, die im Gegenverkehr befahren wird. Je Umdrehung finden 32 Automobile Platz, je Turm 450. Die Parkrampen haben trotz der strengen Winter eine offene Fassade. Hauptkritikpunkt war hier jedoch, dass die »unendlich lange Fahrbahn wie auch die lange Fahrzeit sehr ermüden«, außerdem würde die Auf- bzw. Abfahrt durch rangierende PKW häufig unterbrochen.[415]

1966 wurde eine Turmgarage in Würzburg am Theater in Betrieb genommen (Abb. 82). Entworfen hatte sie H. J. Budeit aus Dortmund. Sie bot in vier Umdrehungen 195 Stellplätze.[416]

Ähnlich, jedoch mit Stellplätzen beiderseits der Auffahrrampe, ist das Projekt einer ›Park-

81 *Marina City (1962) von Goldberg in Chicago*

82 Parkspindel (1966) von Budeit in Würzburg

spirale‹ von Baurat Piazolo in Dortmund (1961).[417] Sie hat einen Durchmesser von 46 m mit Platz für 62 PKW pro Umdrehung. Die Konstruktion sollte demontierbar aus einem ausbaufähigen Stahlskelett aus statisch selbständigen Kreissegmenten erfolgen. Aus dem inneren Parkring konnte vorwärts unmittelbar in die Abwärtsrampe im Kern gefahren werden, aus dem äußeren Parkring sollte es je Umdrehung eine Durchfahrt dorthin geben. Im Kern waren Personenaufzüge untergebracht. Eine Realisation dieses Prinzips sollte erst 30 Jahre später in Hamburg erfolgen.

Hier entstanden am Flughafen 1989 bis 1990 und 2003 bis 2004 nach Entwürfen des Büros Gerkan, Marg und Partner (GMP) zwei viel beachtete Beispiele. Das erste bietet 808 Einstellplätze in acht Umdrehungen (Abb. 83–84). Der Durchmesser des runden Bauwerks beträgt 61 m. Im Kern verläuft eine doppelgängige Wendelrampe, welche die neun Geschosse erschließt. Diese besitzen eine konzentrische Fahrgasse mit beidseitigen Stellplätzen, innen unterbrochen von den Ein- und Ausfahrten der Rampe.[418] Die Kreisringplatten der Parkdecks aus Stahlbeton lagern innen auf der zylindrischen Außenwand des Rampenturms, außen auf einem Kranz von 20 Stützen. Die Rampen selbst sind als Kragarme an die Innenseite des Rampenturm-Zylinders betoniert. Alle Betonteile wurden glatt geschalt und durch Einlegeleisten gegliedert, die sichtbar gelassenen Trichter für die Abstandshalter der Schalung sind gestalterisch in einem regelmäßigen Raster platziert.

Neben dem Parkzylinder steht ein schmalerer und höherer Zylinder, der drei Personenaufzüge sowie eine Treppe enthält und unmittelbar an den gleichzeitig erbauten neuen Terminal angebunden wurde. Mit den ›Parkdecks‹ ist er in jeder Ebene durch kurze Brücken verbunden. An der gegenüberliegenden Seite des

83 *Flughafen-Parkhaus I (1989–1990) von Gerkan, Marg und Partner in Hamburg, Fassade*

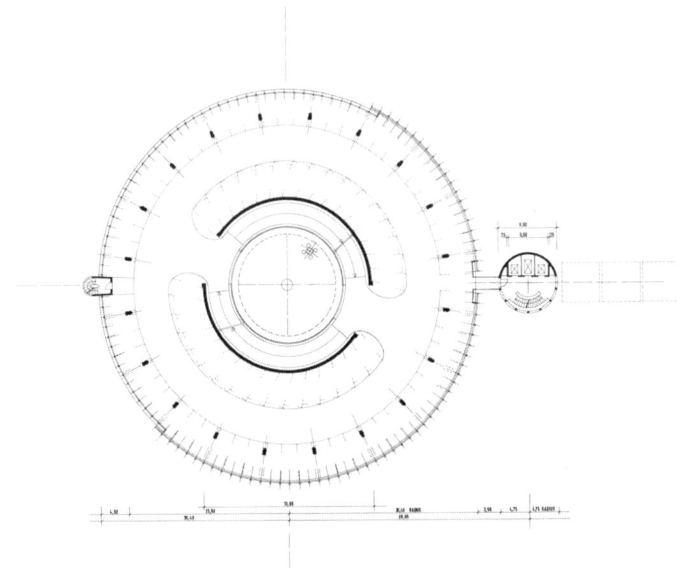

84 *Flughafen-Parkhaus I in Hamburg, Grundriss*

85 *Flughafen-Parkhaus II (2003/2004) von Gerkan, Marg und Partner in Hamburg, Fassade*

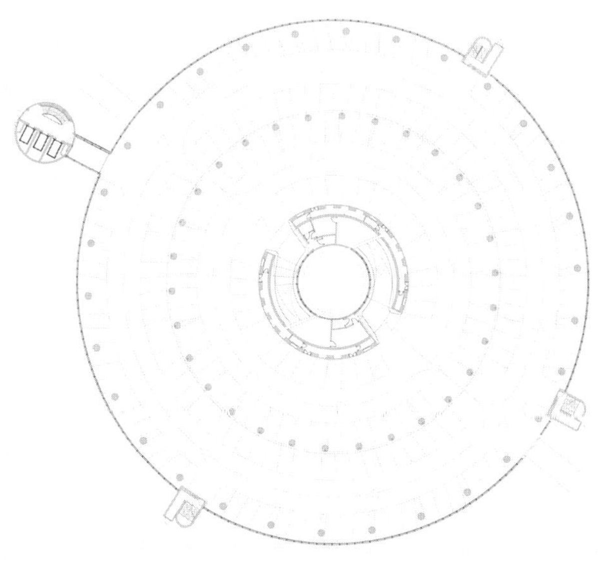

86 *Flughafen-Parkhaus II, Grundriss*

Parkhauses ist das notwendige Fluchttreppenhaus untergebracht.

Eine zweite, wesentlich größere Parkrotunde mit rund 93 m Durchmesser wurde 2003 bis 2004 ebenfalls nach den Plänen von Meinhard von Gerkan und Jürgen Hillmer erbaut (Abb. 85–86). Auf einer Bruttogeschossfläche von 62.650 m^2 bietet sie 2.115 Parkplätze (29,6 m^2/Stellplatz). Im Kern erschließt eine Doppelhelix mit 23 m Durchmesser die zehn Ebenen. Die Parkdecks besitzen zwei konzentrische Fahrgassen mit beidseitigen Stellplätzen.

Nach der ersten Hamburger Parkrotunde hatten Ingenhoven und Partner in Offenburg das Burda-Parkhaus, einen 60 m breiten Turm mit Doppelhelix im Kern geschaffen (Fertigstellung 2002). Die Fahrgasse mit beidseitigen Stellplätzen ist wie in Hamburg um die Rampe herumgelegt. Die Fassaden bestehen aus horizontalen Holzlamellen an vertikalen Stahlseilen.

Michel Targe, Jean-Michel Wilmotte und Daniel Buren hatten schon 1994 diesen Typus mit ihrem Parkhaus ›Parc des Célestins‹ in Lyon als Tiefgarage aufgegriffen.

Tiefgaragen

Bei den Tiefgaragen ist grundsätzlich zwischen überbauten und nicht überbauten zu unterscheiden. Überbaute Tiefgaragen, also Tiefgeschosse unter Büro-, Geschäfts- oder Wohnhäusern, sind innerstädtisch heute bei den meisten Neubauten unumgänglich, um das Parkplatzproblem von Kunden oder Mietern zu lösen. Sie treten nach außen durch die Öffnungen der Ein- und Ausfahrten in der Fassade mehr oder weniger prägnant in Erscheinung und sollen hier nicht näher behandelt werden.

Die nicht überbauten Tiefgaragen unter Plätzen und Grünanlagen haben den Vorteil, dass sie im Stadtbild weniger als ein Hochbau in Erscheinung treten. Denn die Integration des großen Volumens eines Parkhauses in das meist kleinteilige Bild alter Stadtkerne stellt eine erhebliche Schwierigkeit dar. Vor allem im Bereich größerer Plätze kann diese Problematik durch den Bau einer Tiefgarage gemildert werden. Nur die Ein- und Ausfahrten, Fußgängertreppen und -lifte sowie die Entlüftungsanlagen fallen oberirdisch ins Auge. Vorteilhaft ist für die Kommunen, dass sie solche Garagen meist ohne Grundstückserwerb realisieren können. Nachteilig sind die im Vergleich zum Hochbau höheren Baukosten einer Tiefgarage. Henjes favorisierte – bei allen damit verbundenen Schwierigkeiten – 1966 die unterirdische Unterbringung von Kraftwagen: »In Stadtzentren bleibt oft als einzige Möglichkeit die ein- oder mehrgeschossige Tiefgarage. Dies ist zugleich die optisch beste, aber auch problemreichste Lösung«,[419] wie bereits beschrieben wurde. Henjes meinte, eingeschossige Tiefgaragen, deren Decke sich in verdichteten Wohngebieten als Grünanlage gestalten ließe, mit relativ geringen Mitteln anlegen zu können.

Anlässlich eines Vortrags bei der Bremer Vereinigung für Stadtbildgestaltung und Baurechtsform hatte 1950 Dr. Hamens seinen alten Vorschlag zur Gründung einer Reichsautogaragen-Gesellschaft, die in allen Städten unterirdische Großgaragen bauen und betreiben sollte, erneuert. Für Bremen schlug er eine Unterhöhlung des Stadtgrabens für eine zweistöckige Garage mit 2.000 Stellplätzen vor.[420] Der Architekt Helmut Hentrich propagierte aus Sorge, die Kunden könnten wegbleiben, 1956 eine Tunnelgarage unter der Düsseldorfer Königsallee.[421] Doch erst in den 1960er Jahren entstanden die frühesten Tiefgaragen der BRD, wie Henjes berichtete: »In einzelnen Städten ist man – allerdings nur zögernd – an den Bau von Tiefgaragen herangegangen. Zögernd, nicht weil die Möglichkeiten der unterirdischen Parkraumbeschaffung nicht erkannt worden sind, sondern vorwiegend aus finanziellen Gründen.«[422] Ein frühes, vor 1965 ausgeführtes Beispiel ist die Tiefgarage unter dem Max-Josef-Platz in München nach Entwurf des Bauingenieurs A. Dahmen von Buchholz.[423] Sie bietet in zwei Geschossen 441 Plätze. Im Tiefgaragenbau eher ungewöhnlich ist die hier benutzte Spiralrampe, da sie nur für größere Höhenunterschiede sinnvoll ist. Aus Gründen des Denkmalschutzes für den Max-Josef-Platz wurde die Rampeneinfahrt nicht überdeckt; nur ein transparentes Schutzgeländer ist sichtbar. Die Spiralrampe hat zwei Fahrspuren und wird im Gegenverkehr befahren.

Eine Beförderung erfuhr der Bau von Tiefgaragen durch die Ausstattung als Zivilschutzraum, die den Bau zwar wiederum verteuerte, aber zugleich erhebliche staatliche Zuschüsse ermöglichte.[424] Die damalige Auffassung war,

»daß große Tiefgaragen erst durch die Kombination mit dem Bevölkerungsschutz sinnvoll, zweckmäßig und vor allem leichter realisierbar sind«.[425] Das Ausland hatte hier bereits Beispiele gegeben. In Deutschland schuf unter anderem die Stadt Karlsruhe eine größere Zahl Tiefgaragen, die zugleich als Zivilschutzräume ausgebaut sind (Festplatz 1 und 2, Schlossplatz, Luisenstraße, Fasanengarten u. a.). Auch die zweigeschossige Votivgarage an der Wiener Ringstraße war 1966 als Strahlenschutzraum vorbereitet.[426]

Wie hoch die Kosten für Tiefgaragen waren, sollen die folgenden Beispiele zeigen. So lag der Preis pro Stellplatz bei der Tiefgarage unter der Riponne in Lausanne 1972 bei 30.400 Schweizer Franken (etwa 25.500 DM)![427]

Die wesentlich größere Garage ›Parking du Mont-Blanc‹ unter dem Genfer See am Pont du Mont-Blanc in Genf (Quai du Général-Guisan) war bei 1.450 Stellplätzen mit 19.400 Schweizer Franken (ca. 16.300 DM) pro Stellplatz zwar erheblich günstiger,[428] jedoch weit über den Aufwendungen einer Hochgarage gleichen Fassungsvermögens. Einige Jahre zuvor, 1956, hatten die Garagenfachleute Vahlefeld und Jacques die Baukosten für einen Hochgaragen-Einstellplatz einschließlich Grundstückskosten auf 6.000 DM geschätzt.[429]

Der 1972 in Genf fertiggestellte Stahlbetonbau hat die für Tiefgaragen ungewöhnlich hohe Anzahl von vier Geschossen. Er liegt ganz im Seegrund und ragt über die Linie des vorherigen Seebodens nicht hinaus. Die Garage ist 185 m lang, 70 m breit und 11 m tief. Das Bauwerk ist vollständig eingestaut, wobei der Wasserspiegel ca. 10 m über der Oberkante des untersten Parkdecks liegt. Die Wasserauflast von 2,5 bis 4,0 Mp/m² wird durch die Stützen im Raster von 6,90 × 7,00 m und die 87 cm starken Außenwände auf die Fundamentplatte übertragen. Die lichte Geschosshöhe ist auf 2,20 m reduziert.

17 Jahre nach der Genfer Garage entwickelte der Schweizer Architekt Hannes Strebel mit der Bremer Vulkanwerft eine Unterwassergarage aus Stahl für Hongkong.[430] Dort waren 1989 über 350.000 Kraftfahrzeuge registriert, auf einem Straßennetz von nur 1.435 km – eine Verkehrsdichte, die kaum an einem anderen Ort der Erde erreicht wurde. Zu berücksichtigen ist besonders, dass Fahrten damals nach 50 km an der chinesischen Grenze endeten. Als eigentliches Problem kristallisierte sich auch in Hongkong der ruhende Verkehr heraus. Der 120 m lange, 34,5 m breite und 12 m hohe dreigeschossige Behälter sollte auf vier im Meeresboden fundamentierte Stahlbetonstützen abgesenkt werden und mit zwei Röhren als Zu- und Abfahrt mit dem Festland verbunden sein.

2007 wurde im Zentrum Oslos eine Unterwasser-Tiefgarage für 650 PKW geplant, deren Decke zugleich einem neuen Wohngebiet dienen soll.[431] Die Stahlbetongarage sollte – wie eine off-shore-Plattform – in einem Trockendock gebaut und dann zum Standort Tjuvholmen geschleppt und dort abgesenkt werden.

Das Gegenteil ist das schwimmende Parkhaus in Göteborg, ein am Kai liegendes mehrgeschossiges Parkschiff aus Stahl.

Aufwendiger ist bei Tiefgaragen nicht nur der Rohbau, sondern auch die Sicherheitstechnik. So wird in dem Genfer Beispiel die leistungsstarke Ventilation über CO-Sensoren gesteuert, Rauchmelder alarmieren automatisch das Überwachungspersonal wie auch unmittelbar die Feuerwehr; bei einer Temperatur über 70 Grad Celsius öffnet sich die Sprinkleranlage. Rettungswege für Personen sind unmittelbar auf den Quai und an der Wasserseite durch Fluchtgänge gewährleistet, die ständig unter Überdruck stehen. Notstromaggregate gewährleisten die Funktion der Technik auch bei Stromausfall.

Die Finanzierung der 28 Millionen Schweizer Franken (23,5 Millionen DM) teuren Garage gelang durch eine Gesellschaft, welche die Hälfte der Baukosten durch Aktionäre, die andere Hälfte durch Bankanleihen aufbrachte. Mit dem Staat, dem Besitzer des Seegrundes, besteht ein Konzessionsvertrag, nach dem das Eigentum an der Garage nach 65 Jahren (also 2037) entschädigungslos in die öffentliche Hand übergeht.

Ebenfalls 1972 wurde in der Schweiz eine Tiefgarage mit sechs Geschossen fertig gestellt, also noch zwei Geschossen mehr als in Genf. Die Tiefgarage ›Jelmoli‹ in Zürich ist eine unterirdische Parkrampe auf einem kleinen Grundstück. Daraus resultiert die große Zahl der Geschosse, die bis zu 20 m unter Straßenniveau reichen.[432] Da in dieser Tiefe der Wasserdruck des Grundwassers bereits 13 t/m² beträgt, war eine noch höhere Geschosszahl nicht möglich. Die Parkrampe ist als Doppelhelix mit zwei gegenläufigen Wendeln konstruiert. Pro Umdrehung müssen daher zwei Geschosshöhen überwunden werden. Auf der Fahrt in das unterste Geschoss kommt der Fahrer also nur an der Hälfte aller Stellplätze vorbei. Im untersten Geschoss wird er auf die Aufwärtsrampe geleitet, wo er auf dem Weg nach oben an den restlichen 50 Prozent der Stellplätze vorbeifährt. Doch in jeder Ebene ist der Wechsel der Fahrtrichtung möglich. Fahr- und Parkflächen sind wegen des geringen Durchmessers der Garage stützenfrei, auf der Innenseite der Spirale befinden sich keine Stellplätze. Bei 225 Stellplätzen wird daher eine Bruttofläche von 36 m²/Stellplatz erzielt. Diese Tiefgarage ›verschwindet‹ allerdings keineswegs, da bei den geringen Abmessungen des überbauten Steinmühleplatzes die Ein- und Ausfahrtbauwerke mit Treppenhaus- und Lüftungsturm sowie Tankstelle praktisch den gesamten nicht vom Straßenraum belegten Platz einnehmen (Abb. 87).

87 Sichtbare oberirdische Bauteile der Tiefgarage Jelmoli (1972) in Zürich

88 Nicht zu übersehen: Tiefgaragenzufahrt Gauforum Weimar, 2008

Friedrich Tamms erwähnte 1961 zwei Beispiele für vier- bis sechsgeschossige Tiefgaragen in den USA: unter dem Mellon Park in Pittsburgh/Pennsylvania (annähernd 800 Plätze) und unter dem Union Square in San Francisco (fast tausend Plätze).[433]

Dass eine Tiefgarage keinen ›unsichtbaren‹ und daher unproblematischen Eingriff darstellt (Abb. 88), mussten auch die Würzburger Stadtväter lernen. Schon 1970 war die zweigeschossige Unterkellerung des dortigen Residenzplatzes für tausend Personenkraftwagen projektiert gewesen, die 1974 zu konkreten Plänen für die Zu- und Abfahrtstraßen führte. Nur durch das im selben Jahr erlassene und hier greifende Bayerische Denkmalschutzgesetz konnten der Straßenausbau und die Tiefgarage verhindert werden.[434] 1978 kam es in der Stadtverwaltung erneut zu einer Diskussion eines Tiefgaragenprojektes unter dem Residenzplatz, doch die Aufnahme der Residenz samt Park und Vorplatz in die Liste des Unesco-Weltkulturerbes beendete diese Initiative, bis 1985 ein dritter Vorstoß erfolgte. Diesmal waren die möglichen Zuschüsse des Bundes für eine kombinierte Nutzung als Zivilschutzraum der Anlass. So wurde der Bevölkerung vorgerechnet, aus diesen Zuschüssen und den erwarteten Einnahmen die Tiefgarage ›kostenlos‹ bauen zu können.

Das größte Problem dieser Tiefgaragenprojekte stellten – neben dem erheblichen Eingriff in die gewachsene Kulturschicht vor dem Schloss – die rampenartigen Ein- und Ausfahrten am Platzrand dar – nicht nur in optischer Hinsicht, sondern auch funktional durch ihre trennende Wirkung zwischen Platz und Altstadt. Auch die Entlüftungsschächte und Notausgänge hätten optisch stark gestört. Fraglich war auch, ob Anstieg und leichte Krümmung des Platzes zu den Seiten so hätten wiederhergestellt werden können. Alles dieses wäre viel-

89 Zugang zur Marktplatzgarage (1987–1989) von Anselment in Freudenstadt, 2008

leicht – so der Zürcher Denkmalpfleger Georg Mörsch – durch Detailänderungen und denkmalpflegerische Auflagen lösbar, doch das Entscheidende sei »die totale Entleerung und Verfremdung, die solchem Denkmal mit seiner materiellen Aushöhlung widerfährt. [...] Mit anderen Worten: Unser Glück über einen historischen Platz bestimmt sich nicht nur nach seinen städtebaulichen Proportionen und nach der architektonischen Qualität seiner Randbebauung, sondern auch nach unserer Sicherheit, auf einem gestalteten Stück Erdbodens zu stehen und nicht nur auf einem notdürftig kaschierten Tiefbauwerk für den motorisierten Verkehr.«[435] Auch vergleichbare Tiefgaragenprojekte zwischen dem kurfürstlichen Schloss und der Schinkelschen Anatomie in Bonn sowie im Saarbrücker Schlossberg konnten laut Mörsch verhindert werden.

Mit einem ›Kunstgriff‹ haben die Planer des Ingenieurbüros Walter Anselment aus Karlsruhe bei der zweigeschossigen Marktplatz-Garage in Freudenstadt (1987–1989) das Problem der Rampen ›gelöst‹.[436] Die Zufahrt verläuft von der Loßburger Straße aus hinter dem Postamt versteckt unter der Stuttgarter Straße von Süden her. Das Problem der zerschneidenden und ästhetisch unbefriedigenden Rampen ist also vom Oberen Markt auf den weniger prominenten Postplatz verlagert. Die Tiefgarage unter dem Oberen Marktplatz befreite den benachbarten Unteren Marktplatz von parkenden Autos. An jeder der vier Platzseiten ist ein Ausgang für Fußgänger geschaffen. Der an der Einfahrt gelegene Nebenausgang besitzt zudem einen Personenaufzug. Oberirdisch treten diese Zugänge als gläserne Pavillons, teils mit Glas-, teils mit Kupferdach in Erscheinung (Abb. 89).

Die Problematik der Zufahrts-, Zugangs- und Lüftungsbauwerke, welche für Tiefgaragen notwendig sind, zeigen die in zwei Bauzeitschriften als gelungen gefeierten Pavillons der zweigeschossigen Tiefgarage unter dem Biberacher Viehmarktplatz (1987–1990).[437] Sie wurden vom Stuttgarter Büro Kaag + Schwarz aus Stahl, Aluminium und Glas entworfen.

Die Treppe des einen Pavillons wird um die beiden gewaltigen Lüftungsrohre herumgeführt, die den Pavillon weit überragen. Die Treppe des anderen um einen gläsernen Aufzug. Die Stahltreppen sind zur besseren Belichtung mit Trittstufen aus Gussglas versehen. »Der Gestaltwille, die Konstruktion so filigran wie möglich auszubilden, Brüstungen zu entmaterialisieren, die Stufen und den Aufzug aus Glas zu konstruieren und reflektierende Materialien wie Edelstahl zu verwenden, ist ein sich ergänzendes Prinzip mit der Anforderung, eine helle und freundliche Atmosphäre zu schaffen, die diejenige üblicher Tiefgaragenabgänge konterkariert«,[438] wurde nach der Fertigstellung ein wenig euphorisch geurteilt.

In Balingen nutzte man die Hanglage aus, um eine unterirdische Garage ohne lange Rampeneinschnitte bauen zu können. »Halb sichtbar, halb eingegraben. Ein Vorteil für den städtebaulichen Kontext, da der Bau harmloser erscheint, als er vom Volumen her ist.«[439] Sichtbar ist die talseitige Fassade, die mit rechteckigen Sandsteinplatten verkleidet wurde. Die Stahlteile der Lamellenfenster und Pergolen sind blau und weiß gestrichen. Der Entwurf der Stuttgarter Architekten Nicolai, Reichel, Sassenscheidt wurde 1987 bis 1989 realisiert. Die 240 Stellplätze sind in sechs Halbgeschossen bereitgestellt. Die Dachfläche bedeckt eine Grünanlage, die durch eine Pergolenanlage gefasst ist.

1990 ist die Tiefgarage dann auch auf dem Dorf ›angekommen‹. In Pullach zeigt das Planungsbüro Fahr + Partner aus München nur drei kleine Glaskioske um die Lüftungsrohre; auf der Wiese liegen »wie hübsch verteilte Broschen«[440] die Oberlichter mit ihren leicht gewölbten Gittern, welche die Tiefgarage tagsüber belichten. Die Einfahrtrampe ist unter einem flachen Hügel versteckt.

Im Inneren der Garage herrscht Klarheit: »sperriges Tragwerk und technisches Gedärm, das üblicherweise Tiefgaragen verstopft und wegen seiner Unübersichtlichkeit solche Orte zu unsauberen, beklemmenden Kellern macht« verschwindet hier. Das kommt auch der Lüftung zugute, die auf dem optimierten Strömungsraum beruht. Die Zuluft kommt von der Öffnung an der Einfahrtrampe und wird mit Axialventilatoren über meterdicke Rohre abgesaugt. Die Strömung funktioniert so gut, dass auf Brandabschnitte verzichtet werden konnte. Die Entrauchung war im Versuch in der Hälfte der geforderten Zeit geschafft. Möglich wurde dies durch die flach gewölbte Deckenkonstruktion. Deren ausbetonierte Stahlrohstützen stehen im funktional optimalen Raster von 16,20 × 4,80 m. Dazwischen sind die Decken frei gespannt. Keinerlei Stützen behindern das Fahren oder Parken. Alle Flächen sind glatt, ohne Aufputzinstallationen oder Kabeltrassen. Einen Nachteil hat diese Gestaltung aber auch: »Ein kleiner Fiat klingt wie ein Turboporsche, jeder Kofferraumdeckel fällt mit einem Donnerschlag ins Schloß […]«.[441] Nur nach außen dringt nichts, denn die Zufahrt wurde als Schalldämpfertunnel konzipiert.

Material und Konstruktion

Eine völlige Stützenfreiheit innerhalb der Parkgeschosse, in Frankreich mit der ›Garage Raspail‹ schon 1925 realisiert, lässt sich in Deutschland erstmals bei der 1954 bis 1955 erbauten Großgarage Schober in Pforzheim nachweisen. Sie erhielt im ersten Bauabschnitt drei Geschosse, die 1959 durch eine Halle mit vier Geschossen erweitert wurden. Beide sind durch Halbrampen miteinander verbunden. Der Entwurf von Kurt Walther Ebert zielte darauf, die »beim Aufstellen der Wagen hinderlichen Stützen« ganz an die Außenseiten zu rücken.[442]

Die – im Verhältnis zur ›Garage Raspail‹ – erhebliche Verringerung der Unterzughöhe von 70 auf 42 cm bei gleichzeitiger Vergrößerung der Spannweite von 13 auf 16 m wurde durch eine in den 1930er Jahren von Eugène Freyssinet entwickelte und ab 1944 in Deutschland vor allem von Willy Baur und Fritz Leonhardt weiterentwickelte Bauweise ermöglicht: den Spannbeton. Bei dieser Konstruktionsweise wird die Beanspruchbarkeit der Betonkonstruktion durch vorgespannte Stahlseile im Beton erhöht. Hier wurden die seit 1949 weiterentwickelten Baur-Leonhardt-Spannglieder verwendet. Die Konstruktionshöhe der Decke konnte dadurch auf 51 cm einschließlich der 9 cm starken Fahrbahnplatte reduziert werden. Als Auflager der Decken dienen die beiden äußeren, 25 cm starken, und die mittlere, 35 cm starke Stahlbeton-Langswand zwischen den Halbgeschossen.

1967 bis 1968 entstand in München in der Marsstraße ebenfalls ein vollkommen innenstützenfreies Parkhaus. Es wurde als etwa 73 m lange und 34 m breite Parkrampe im Einbahnsystem konzipiert; wie erstmals in Kassel ist in der Mitte ein Übergang von der Auf- zur Abfahrt möglich. Die Geschossdecken wurden zwischen zwei Brandmauern eingespannt; die Schmalseiten blieben offen. Natürlich war diese Bauweise kostspieliger als ein engerer Stützenabstand, doch »Preisuntersuchungen ergaben, daß die Mehrkosten durch bessere Flächenausnutzung ausgeglichen werden.«[443]

Neuerdings spielt hochfester Beton eine wichtige Rolle im Parkhausbau. Durch ihn erfährt der Stahlbetonbau für filigrane und stützenfreie Parkhäuser neuen Auftrieb.[444] Hochfester Beton ermöglicht große Spannweiten ohne Unterzüge. So kann bei Hochhaushöhe (22 m) ein Geschoss mehr untergebracht werden als in herkömmlicher Konstruktion.[445] Der Verzicht auf Innenstützen und Unterzüge ergibt eine große Übersichtlichkeit bei guter Ausleuchtung infolge der glatten Deckenunterseiten. »Im Unterschied zur Ortbetonbauweise können die Innenstützen durch die höhere Betonfestigkeit und die kostengünstige Spannbettvorspannung entfallen. Gleichzeitig sind geringere Konstruktionshöhen als bei der Stahlverbundbauweise möglich.«[446]

Stahlskelett-Fertigbau

Erst seit 1970 wurde auch häufiger Stahl für das Tragwerk eingesetzt. Die Firma Krupp in Duisburg-Rheinhausen bot dazu die ›Krupp-Montex R Bauweise‹ an, ein Fertigteil-System.

Für den Fertigteilbau – gleich ob Stahl oder Beton – ist die Bauaufgabe Parkhaus ideal, denn die an Parkhäuser gerichteten Anforderungen sind im Verhältnis zu anderen Bauaufgaben sehr einheitlich. So hat sich die Einheit einer 6 bis 7 m breiten Fahrgasse mit 5 m tiefen und rechtswinklig dazu angeordneten 2,30 bis

2,50 m breiten Stellplätzen als optimal herausgestellt. Auch die Anforderungen an Treppenhäuser bzw. Personenaufzüge sowie Rampen können mit wenigen Typen mit spezifischen Abmessungen erfüllt werden. Aus diesem Grund lassen sich Parkhausbauten gut elementieren.[447] Um Parkhäuser unterschiedlichster Grundrissform erstellen zu können, müssen sich diese Elemente flexibel zusammenstellen lassen. Auf diese Weise schuf man seit den späten 1960er Jahren die Möglichkeit wirtschaftlichster Parkhauserstellung. Elementierte Parkhäuser wurden in Skelettbauweise sowohl aus Stahlbeton als auch aus Stahl errichtet.

Das erste wegweisende Beispiel ist das 1970 errichtete Universitätsparkhaus in Tübingen (Abb. 90). Den Entwurf hatte das Universitätsbauamt geschaffen, eine Einrichtung, die sich schon einige Jahre mit dem Fertigteilbau beschäftigte. Dieser erlangte im Hochgaragenbau Ende der 1960er Jahre einige Bedeutung, nachdem er schon Mitte des Jahrzehnts in das deutsche Bauwesen eingezogen war. Neben Stahlbeton-Fertigteilen fanden auch Stahlkonstruktionen Verwendung. Die Tübinger Split-level-Anlage mit zehn Halbgeschossen kann für diesen Bautyp als Leitbau gelten.

Die Stahlkonstruktion wurde von Krupp in Duisburg-Rheinhausen geliefert.[448] Grundelement dieser Systemgarage ist ein Quader von 16 m Länge, 2,50 m Breite und 2,65 m Höhe. An jeder seiner Ecken befindet sich eine Stütze. Die Geschossdecken bestehen aus einer vorgefertigten zweiteiligen, 10 cm starken Stahlbetonplatte von jeweils 2,50 × 8 m. Die insgesamt 16 m Länge setzen sich aus einer 6 m breiten Fahrgasse und einem Stellplatz von 5 m Tiefe zu beiden Seiten der Fahrgasse zusammen. Abzüglich der Konstruktionshöhe der Decke von 0,55 m bleibt bei der verwendeten Stützenhöhe von 2,65 m eine Lichte Höhe von 2,10 m. Diese Einzelelemente lassen sich in beliebiger Länge

90 Erstes Fertigteil-Parkhaus aus Stahl (1970) in Tübingen, 2011

91 Schnee auf den nicht überdachten oberen Ebenen des Split-level-Parkhauses hinter dem Bielefelder Hauptbahnhof, 2010

zu stützenfreien Parkebenen von 16 m Spannweite aneinanderreihen. Die Stellplatzbreite ist nicht an die Elementbreite von 2,50 m gebunden, sondern lässt sich durch Markierungslinien beispielsweise auf 2,30 m reduzieren (so ließen sich 20 Stellplätze mit 19 Elementen herstellen). Diese Variabilität ist jederzeit möglich. Sie beruht darauf, dass im Fahr- und Parkbereich keinerlei Stützen stehen. Dies wird durch die hohe Festigkeit des Stahls ermöglicht. »Denkt man an die kommende Entwicklung des kleinen City-Cars, wie es auf der ›Constructa 1970‹ in Hannover gezeigt wurde, so wären Parkstände von 2,0 m Breite denkbar«, schrieb die *Bauwelt*.[449] Zwar sind kleinste Stadtautos mit den avisierten Maßen inzwischen auf dem Markt, doch kann wegen der gleichzeitig in die Breite gewachsenen Luxuslimousinen und Geländewagen an eine Reduzierung der Stellplatzbreiten nicht gedacht werden.

Die Aneinanderreihung der Elemente ergibt ein ›Parkschiff‹. Aus Brandschutzgründen ist die Geschossfläche auf 2.500 m² begrenzt. So können zwei 16 m breite Halbgeschosse nicht länger als 80 m werden. Die Höhe darf 16 m nicht übersteigen. Bei diesen Maßen können 790 Stellplätze untergebracht werden (22,5 m² brutto pro Stellplatz). Aber auch andere Längen, Grundrisse (sechsreihig, L-förmig, zwei gegeneinander versetzte Parkschiffe oder einschiffige Anlagen) oder Rampenarten (Halbwendel-, Vollwendelrampen an den Enden oder Parkrampengaragen mit Übergang in der Mitte) sind möglich.

Eine Überdeckung der oberen Parkebenen mit Trapezblechen ist die wirtschaftlichste Ausführung. Dabei entfällt nicht nur die zusätzliche Abdichtung der Deckenplatten mit einem 3 cm starken Asphaltbelag auf einer aufgeklebten Dichtung, sondern im laufenden Betrieb auch das Schneeräumen (Abb. 91).

Die Serienproduktion ermöglichte nicht nur erhebliche Einsparungen, sondern auch eine weitgehend witterungsunabhängige Montage, selbst bei Frost. Ein weiterer Vorteil, der aber nur selten zum Tragen kommt, ist die vollständige Demontierbarkeit, um das Parkhaus, sogar mit verändertem Grundriss, an anderer Stelle wieder aufzubauen. Für diese Option ist es allerdings notwendig, dass die Betondeckenplatten in aufgeschraubter Ausführung geliefert werden. Die kaum genutzte Wandelbarkeit war für Idelberger 1973 der erste Vorzug der Stahlparkhäuser.[450]

In Kiel erlaubte die leichte Stahlverbundbauweise 1972 die Gründung im wenig tragfähigen

Sumpfgebiet der Kieler Förde. Bis 1973 waren mit dem Typ ›Krupp-Montex-R-Bauweise‹ allein in Berlin 17 Hochgaragen entstanden, deutschlandweit 28.[451]

Ein als Hängebrücke über die Sihl aus Fertigteilen konstruiertes zweistöckiges Parkdeck wurde 1970 an der Gessnerallee in Zürich gebaut.[452] Die Stahlkonstruktion schließt sich südlich an die Postbrücke an. Die beiden Decks hängen an vier Stahlpylonen, die im Zug der Trennmauer zwischen Sihl und Schanzengraben fundamentiert wurden. Um in den Fluss der Sihl nicht einzugreifen, überspannen die hängenden Parkdecks den Flusslauf stützenfrei. Die Deckenplatten bestehen aus vorgefertigten Stahlbetonrippenelementen von 2,50 × 15,50 m Größe. Ein solches Element umfasst zwei gegenüberliegende Stellplätze von 2,50 × 5,00 m und dazwischen einen Fahrgassenanteil von 5,50 m Breite.

Stahlbeton-Fertigbau

Der Fertigteilbau beschränkt sich aber keineswegs auf Stahlkonstruktionen, sondern wurde auch im Stahlbetonbau angewandt. Nicht nur für die tragenden Teile, auch für Fassadenelemente wurden häufig Fertigteile verwendet.

Ein Parkhaus aus Spannbeton-Elementen in Houston/Texas erwähnte 1960 die *Deutsche Bauzeitschrift*.[453] Stahlbeton-Fertigteile und Bimsbetonplatten waren im selben Jahr auch die Planungsgrundlage für eine zehngeschossige Turmgarage in Den Haag in den Niederlanden.[454]

Ebenfalls 1960 entwarf Victor Gruen die Split-level-Hochgarage Hempstead auf Long Island/New York als Fertigbau, einschließlich der Rampen und Schutzgeländer.[455] Sie bietet auf einer Gesamtnutzfläche von 31.752 m² insgesamt 1.160 Plätze (pro Stellplatz 27,4 m²). Der erste Bauabschnitt mit 600 Stellplätzen wurde in zwölf Arbeitstagen erstellt, der zweite ebenso große ohne Unterbrechung in 72 Stunden. Dabei waren 50 Montagearbeiter und zwölf Elektro- und andere Monteure sowie zwei 35-Tonnen-Autokrane im Einsatz (Abb. 92). Hauptfertigteile sind die sechseckigen Stützen (26 × 40 cm) und die Deckenplatten, von denen je zwei auf einem Tieflader angeliefert wurden.

Eine interessante kombinierte Bauweise aus Fertigteilen und Ortbeton stellt eine Hochgarage in Salt Lake City/Utah dar. Die 40 Stützen aus Spannbeton wurden vorgefertigt und im Raster von 60 × 60 Fuß (18,30 × 18,30 m) von zwei Kränen aufgerichtet. Je vier Stützen wurden provisorisch verstrebt und anschließend in Höhe der oberen Geschossdecke eine Gleitschalung aus Stahl und Holz montiert. Fünf Tage nach dem Betonieren wurde die Schalung mittels Handwinden auf Höhe der nächsten Geschossdecke abgesenkt und dort erneut betoniert und nach fünf Tagen wiederum abgesenkt, bis die untere Geschossdecke erreicht und die Gleitschalung am nächsten Stützengeviert erneut von oben nach unten benutzt wurde.[456] Dieses in den USA entwickelte ›Lift-slab-Verfahren‹ wurde seit 1967 auch in Deutschland angewendet.[457] Die Deckenschalung konnte ebenso von unten nach oben gehoben werden.

1962 war in London in nur zehneinhalb Monaten das Parkhaus ›Fairfield‹ aus vorgefertigten Stahlbetonelementen errichtet worden (Entwurf A. F. Holt).[458] Die Split-level-Garage bietet auf 65,40 × 49,90 m Grundfläche in elf Ebenen 17.000 m² Geschossfläche. Bei 770 Stellplätzen ergibt dies eine sehr günstige Bruttofläche von 22 m² pro Kraftwagen. Sie kommt zustande durch die Beschränkung der Fahrgassen auf 5,00 bzw. 6,10 m Breite – eine Komforteinbuße, denn größere Fahrzeuge können nicht ohne Rangieren in die rechtwinklig zur Fahrbahn gelegenen Stellplätze eingeparkt werden.

In Deutschland wurde vermutlich 1961 erstmals eine Hochgarage aus Stahlbeton-Fertigteilen errichtet. Darüber berichtete die *Bauwelt*:[459] Der Entwurf stammt von dem Bochu-

92 Montage einer Split-level-Garage für 1.200 Autos in Hempstead/New York durch die Tishman Research Corporation 1960

mer Architekten Paul Wieschemann, die Konstruktion von der Essener Niederlassung der Baufirma Wayss & Freytag. Die Hochgarage in der Bochumer Kortumstraße fasst in vier Ebenen etwa 650 PKW. Es handelt sich um eine Garage mit geraden Rampen mit durchschnittlich 13 Prozent Steigung.

Vorgefertigt wurden alle Stützen, die Haupttragbalken und die Deckenplatten (Abb. 93–94). Das größte Gewicht der einzelnen Montageelemente wurde wegen der Leistungsfähigkeit des Turmdrehkrans auf 2,5 Tonnen beschränkt. Die Stahlbeton-Rundstützen reichen über drei Geschosse und besitzen ein ringförmiges Auflager für jede Geschossdecke. Ihr Durchmesser nimmt von unten nach oben von 40 auf 30 cm ab. Die Hauptträger wurden in einer Länge von 8,29 m vorgefertigt. Die Deckenplatten schließlich sind als dreieckige Kassettenplatten mit 10 cm starkem Spiegel und 40 cm hohem umlaufendem Steg mit einer Seitenlänge von 3,69 m gegossen, dazu als Passstücke auch einige Deckenelemente in halber Größe. Ihre Bewehrung wurde auf einer Holzmatritze geflochten und als fertiger Korb in die Schalform eingelegt. Die 91 Stützen wurden an Ort und Stelle stehend in aufklappbaren Stahlformen hergestellt und nach nur einem Tag ausgeschalt. Es waren daher lediglich zwei Schalsätze notwendig. Da der Platz auf dem Baugrundstück nicht ausreichte, mussten Hauptträger und Deckenplatten auf einem nahe gelegenen Gelände ge-

93 Parkhausbau (1961) von Wieschemann in Bochum aus örtlich gefertigten Stahlbeton-Fertigteilen; Stützen und Hauptträger über dem ersten Obergeschoss

94 Parkhausbau in Bochum, Montage der Deckenelemente

gossen und nachts zur Baustelle transportiert werden. Die Stützen wurden mit dem Turmdrehkran in zylindrische Aussparungen der Ortbetonfundamente eingesetzt, ausgerichtet und vergossen. Dann wurden die Hauptträger der untersten Decke auf die Stützenkonsolen aufgelegt und die Deckenplatten an drei Punkten hängend vom Turmdrehkran passgenau auf die Hauptträger gesetzt. Dann folgten in gleicher Weise die zweite und dritte Decke. Um in Reichweite des Turmdrehkrans zu arbeiten, wurde das Bauwerk abschnittweise jeweils in voller Höhe hergestellt und der Turmdrehkran Abschnitt für Abschnitt versetzt.

Die Bauweise war wirtschaftlicher und verkürzte die Bauzeit im Vergleich zur herkömmlichen Ortbetonbauweise mit üblicher Schalung. Dafür war jedoch mehr Zeit und Personal für die Ausarbeitung der Pläne und die Vorbereitung der Fertigung notwendig.

1969 bis 1971 entstand mit dem Parkhaus Deutschhausgelände in Ulm unmittelbar an der Fußgängerzone nahe der Bahnhofstraße eine weitere Konstruktion aus Betonfertigteilen, eine Split-level-Anlage nach Entwurf von Fred Hochstrasser und Hans Bleiker mit der Tragwerksplanung von Kurt Attendahl.[460] Im Bauablauf wurden zunächst die Stützen in ganzer Länge angefahren, aufgestellt und durch Drahtseile fixiert. Die 30 cm starken Parkdecks wurden am Boden ohne Schalung übereinanderbetoniert, nur getrennt durch nylonverstärkte Kunststofffolien, und anschließend auf die entsprechenden Stockwerkshöhen gehoben. Die Brüstungen bestehen aus Betonwinkeln, ebenfalls Fertigteile, mit einer Außenansicht in Waschbeton. Darüber wurden Fensterbänder aus Drahtglas in Aluminiumrahmen auf Lücke montiert.

Die 1970er Jahre wurden, nach diesen ersten Vorläufern, in West wie Ost das Jahrzehnt der Elementbauweise. In München schuf der österreichische Architekt und Professor der Wiener Technischen Universität, Karl Schwanzer, am südlichen Rand des BMW-Firmengeländes am Petuelring ein städtebauliches Ensemble aus einem Verwaltungshochhaus, einem Firmenmuseum und einer Hochgarage.[461] Die Bauten wurden von 1969 bis 1973 realisiert. Als erstes entstand 1969 bis 1970 das Parkhaus, denn auf dem bisherigen Firmenparkplatz sollte anschließend das neue Verwaltungsgebäude erbaut werden. Als letztes folgte im Jahr darauf das BMW-Museum.

»Zu den gesellschaftlichen Leistungen vieler Betriebe gehört die Bereitstellung von Parkplätzen für die autofahrenden Mitarbeiter«, lobte 1970 die *Bauwelt*.[462] Auf einer Fläche von höchstens 6.500 m² mussten bei einer maximalen Bauhöhe von 13 m rund 1.600 Einstellplätze für die Mitarbeiter des Automobilherstellers untergebracht werden.[463] Dies gelang in sieben Stockwerken, die nach dem D'Humy-System mit je zwei Auf- und Abfahrrampen in Halbgeschosse geteilt sind. Im Grunde handelt es sich um zwei miteinander verbundene parallele Hochgaragen, die zusammen eine Fläche von 83,60 x 65,10 m einnehmen. Die Verdoppelung der Rampenzahl kommt dem Verkehrsfluss in Spitzenzeiten zugute. Der Verkehr ist kreuzungsfrei organisiert, Ein- und Ausfahrt sind auf zwei verschiedene Halbgeschosse verteilt. »Ein induktionsgesteuertes Zählwerk mit Grenzwertschaltung zeigt den Benutzern den Füllungsgrad des Parkhauses an und verhindert so ein erfolgloses Befahren«.[464]

Die kurze Planungs- und Bauzeit von insgesamt 19 Monaten erforderte eine Fertigteilbauweise. Lediglich die aussteifenden Wände des Rampenteils wurden in Ortbeton gegossen. Da die Parkgeschosse im Bereich der Stellplätze und Fahrgassen stützenfrei bleiben sollten, ergab sich ein Stützenraster von 16 x 5 m. Dieses damals größte bundesdeutsche Parkhaus aus Fertigteilen ist aus wenigen Elementen zusammengesetzt. Zweistegige Plattenbalken-Fertigdeckenteile von 16 m Länge, 2,50 m Breite und 0,70 m Höhe ruhen nebeneinander auf vorgefertigten Hammerkopfstützen (Abb. 95). Das Versetzen einer Rippenplatte nahm mit einem

95 BMW-Parkhaus aus Fertigteilen (1969–1970) von Schwanzer in München, Innenansicht mit Hammerkopfstütze und Plattenbalken, 2009

96 BMW-Parkhaus, Außenansicht 2009

Kranführer und zwei Mann etwa 20 Minuten in Anspruch.[465]

Auch Rampenplatten, Rampenbalken, Treppenläufe, Wandplatten und Fassadenplatten sind vorgefertigte Bauteile. Um das Ausschalen der gegossenen Stützen zu erleichtern, wurden diese leicht konisch nach unten verjüngend hergestellt, so dass sie sich einfach nach oben aus der Stahlschalung herausziehen ließen. Die sechs unterschiedlichen Fassadenelemente wurden nach Fertigstellung des Rohbaus von außen mit Konsolen auf die Randbalken gesetzt und durch innen herausstehende Bewehrungsschlaufen mit den Decken vergossen. Die offene Fassade wirkt durch die voluminösen Fassadenteile in hohem Maße plastisch (Abb. 96).

Fassaden

Starke Plastizität zeigte schon die 1959 von Albert Kahn Associates entworfene Fassade des Parkhauses des Henry Ford Hospitals in Detroit/Michigan (Abb. 97). 60 cm breite Betonlamellen spannen sich hier als hyperbolische Paraboloide von Deck zu Deck. Ähnliche Wirkung hatte Paul Rudolph mit seinem Parkhaus in der Temple Street in New Haven (1959–1963) erzielt.

»Je mehr Bauten für den ruhenden Verkehr, vornehmlich also Garagen, in das Orts- und Landschaftsbild eingefügt werden, umso mehr sind sie den Forderungen einwandfreier Baugestaltung zu unterwerfen«, forderten Vahlefeld und Jacques 1956; ein »abträglicher optischer Eindruck« war zu vermeiden.[466] Insbesondere genügte ihnen keine nur ingenieurmäßig erarbeitete Lösung. Auch für Tamms ergab die Funktion allein noch nicht die Form: »Bei den Parkhäusern handelt es sich um eindeutige Zweckbauten. Sie haben eine Funktion zu erfüllen, nämlich die, auf kleinstem Raum möglichst viele Wagen aufzunehmen. Dazu gehören übereinander geschichtete Etagen, Auf- und Abfahrtsrampen, Ein- und Ausfahrten, Tankanlagen und Pflegestätten. Alles das hat seine Bestimmung und wird in den ihm zukommenden Abmessungen die sichtbare Form des Gebäudes bestimmen. Dennoch ist die Funktion noch nicht Form. Die Addition all dieser, im einzelnen wichtigen Teile ist noch keine Gestaltung. So sehr ihr Vorhandensein die Grundlage des Bauwerks ist, so sehr sind der Phantasie des Architekten hinsichtlich der Bestimmung der Proportionen, der Oberfläche des Gebäudes, seiner Gliederung wie seiner sichtbaren oder unsichtbaren Haut keine Grenzen gesetzt. Auch das Parkhaus kann, wie jedes technische Bauwerk, Träger von Geist und Empfindung sein. Wenn es aber nur Funktion ist, zeigt es keins von beiden. Für das Gesicht der Stadt, seiner Straßen und Plätze ist es von starker Bedeutung, daß Bauherr und Architekt wissen, daß ein Parkhaus mehr sein kann, als nur eine richtig konstruierte Maschine. Nur dann erfüllt es seine Aufgabe als wichtiger Teil des Stadtbildes.«[467]

Die Integration in das Stadtbild war also in den Augen der Architekten das Wesentliche an der Bauaufgabe ›Parkhaus‹. Für Gerd Wiegand war es »ein Zweckbau wohl, aber mit starker Ausstrahlung auf das Ortsbild. Ein Bautyp mit gewerblicher Hinterhoftradition und mit der anhaftenden Tendenz, durch planerische Sorglosigkeit und geforderte Sparsamkeit ein ›notwendiges Übel‹ zu werden, um sich letzthin im

97 Parkhaus des Henry Ford Hospitals (1959) von Kahn Associates in Detroit

Stadtbild selbst zu verdammen. Es handelt sich hierbei grundsätzlich um eine Baumasse, deren Gestaltung sich nicht mehr mit Zurückhaltung entschuldigen läßt, kurzum ein neues städtebauliches Phänomen mit absoluter Daseinsberechtigung. Diese Daseinsberechtigung muß Gestalt werden und auf der Ebene der schöpferischen Formgebung ihre eigene neue architektonische Ausdrucksform finden.«[468]

Und letzten Endes sind es nicht die Parkhäuser, welche die Städte verschandeln, sondern die Autos. Straßen, Plätze, jedes freie Eckchen ist ohne Rücksicht auf Menschen (von Natur aus Fußgänger) mit fahrenden und stehenden Automobilen verstopft, also als Bewegungsraum besetzt, und ästhetisch verschandelt. So zerstört das Automobil, das Freiheit verspricht, nicht nur die Natur, das Land, sondern auch die Stadt. Autofahrer beschränken die Bewegungsfreiheit der Fußgänger fast überall, doch sobald der Fußgänger im Auto sitzt, lärmt, stinkt und jagt auch er.

Viele als »Verschandelung des Stadtbildes« bewertete Hochgaragen sind für sich gute, durchgearbeitete Architektur. Die Gestaltung konzentrierte sich auf die Fassade, bei offenen Parkhäusern auf die Profilierung der Brüstungen. Doch nicht das Äußere an sich stellte das Problem dar, sondern die »gestalterische Bewältigung der Baumasse innerhalb kleinmaßstäblicher Altstadtbebauung«.[469]

Geringere architektonische Schwierigkeiten hätte das Konzept eines Hochgaragenkranzes am Stadtrand verursacht, wie Schneider-Eslebens Garage in Düsseldorf zeigt. Die freistehende Garage wirkt in ihrer Transparenz leicht und schnittig. Ein »gebautes Bekenntnis zur Massenmotorisierung und zur autogerechten Stadt«,[470] so Gympel, ist sie jedoch keineswegs, denn gerade mit dieser Garage am Stadtrand wollten Haniel und Schneider-Esleben ja verhindern, dass die Stadt im Kern autogerecht umgestaltet werden musste.

Die 1950er Jahre brachten in Deutschland zunächst eine grundlegende Neuerung in der Hochgaragengestaltung: neben der geschlossenen Fassade die offene. Die Verglasung oberhalb der Brüstungen wurde fortgelassen. Bei nicht einmal einem Prozent der Baukosten[471] für eine Befensterung handelte es sich dabei nicht um eine wirtschaftliche Entscheidung, sondern um ein gestalterisches Konzept. Das entscheidende Beispiel für die offene Bauweise war das ›Parkhaus in der Grottenau‹ in Augsburg, 1957 nach Entwurf von Gerd Wiegand errichtet. Deutlich zeigen sich hier die einzelnen Ebenen der Split-level-Anlage und das Turmelement der Treppe.

Auch beim Breuninger-Parkhaus in Stuttgart wählte Wiegand zwei Jahre später eine offene Fassade. »Die Lage des Bauwerks stellte besondere architektonische Ansprüche, denen durch plastische Gliederung Rechnung getragen ist. Die Akzentuierung des freistehenden Liftturmes nimmt städtebaulich die Beziehung zu vertikal orientierten Baumassen der Umgebung auf. Die schrägen Blenden der zwei Obergeschosse bestehen aus vorgefertigten Betoneinzelteilen.«[472]

Noch konsequenter stellte sich 1961 die benachbarte ›Züblin-Garage‹, eine offene Parkrampengarage auf dem Leonhardtplatz in Stuttgart, mit ihren schrägen, dem Rampenverlauf folgenden Brüstungen dar.

Eine ungewöhnliche offene Fassade hatte 1955 das Parkhaus Nr. 1 von Shaw, Metz & Dolio in Chicago/Illinois mit im Abstand von 20 cm vertikal gespannten 9 mm starken Trossen aus nichtrostendem Stahl anstelle von Außenwänden erhalten (Abb. 98). Die Seile gaben beim Anprall eines Wagens nach und verhinderten so Beulen in der Stoßstange. Insgesamt wurden zwischen dem ersten Geschoss und den Dachhalterungen über dem elften Geschoss 17 km Stahlseil verspannt. Diese Konstruktion wurde als außerordentlich preisgünstig bezeichnet.[473]

98 Parking Facility No. 1 (1955) von Shaw, Metz & Dolio in Chicago mit Fassaden aus Stahlseilen

In Deutschland setzte sich bei den offenen Fassaden aber die Variante mit Brüstungen, meist aus Sichtbeton, durch.

Geschlossene Fassaden blieben aber neben den neuen offenen als Alternative bestehen. Eine ringsum geschlossene Form mit Befensterung der Parkgeschosse wurde in den 1950er Jahren in den Stadtzentren der offenen Form sogar vorgezogen, da sie als repräsentativer galt. Die Redaktion der *Deutschen Bauzeitung* führte als wesentlicheren Grund an, dass eine geschlossene Garage leichter sauber zu halten sei und keine Entwässerung der Parkdecks wegen Regen und Schnee notwendig würde.[474] Eine ausreichende Querlüftung konnte durch Lüftungsschlitze in der Außenhaut gewährleistet werden. Doch auch der Schallschutz und nicht zuletzt die bis in die 1950er Jahre häufig

99 ›Gefaltete‹ Sichtbetonfassade des Parkhauses am Paradeplatz (1970) von Serini in Mannheim, 2010

noch installierte, aus der Vorkriegszeit tradierte Garagenheizung verlangten nach einer möglichst geschlossenen Fassade.

Die geschlossene Hochgarage am Neuen Wall in Hamburg (1956) erhielt Brüstungsfelder mit farbigem Kleinmosaik.[475] Ähnlich wurde auch das annähernd gleich alte Parkhaus Raboisen in Hamburg mit glasierten blaugrünen Spaltplatten verkleidet.[476] Hier »kam die Materialbedeutung der Fliese als Medium der Reinlichkeit voll zur Wirkung«[477].

Beim geschlossenen Parkhaus schien es eher möglich, durch unterschiedliche Oberflächen auch wenig gegliederten Baukörpern eine spannungsreiche Erscheinung zu geben. Die Hochgarage an der Hauptwache in Frankfurt am Main ist eine schalungsraue Stahlbetonkonstruktion; der am Kopf angeordnete Rampenbau ist geschlossen und mit roten, rotbraunen und gelben Klinkerriemchen verkleidet, ebenso die gegenüberliegende Giebelwand.[478] Die dort um die Ecken geführten Fenster der Längsseiten haben weiß gestrichene Stahlrahmen. Darunter sind blaue Stahllamellen zur Belüftung der Geschosse angeordnet. Auch das zweite Frankfurter Parkhaus, an der Konstablerwache, ist ringsum mit Fenstern geschlossen.

Eine Verblendung mit ortsüblichen Materialien erlaubte eine Anpassung an die umgebende Bebauung, wie sie bald angestrebt wurde. Ein Beispiel ist die ›Salvatorgarage‹ in München, 1964 bis 1965 von Architekt Franz Hart für die Bayerische Vereinsbank entworfen. Sie passt sich mit ihrer dunklen Ziegelverblendung an die gegenüberliegende alte Salvatorkirche und den letzten Rest der Stadtmauer an der Jungfernturmstraße an.[479]

In den 1970er Jahren gerieten die geschlossenen Fassaden dann massiver, wie bei der Parkrampengarage von 1970 am Paradeplatz (N 2) in

Mannheim (Abb. 99).[480] In dessen Sichtbetonfassade ist die schräge Aufstellung der Fahrzeuge im Winkel von 45 Grad ablesbar, denn die Mannheimer Architekten Emil und Peter Serini entwickelten daraus die ›gefaltete‹ Außenwand, welche die Begrenzung der schrägen Parkplätze entlang der Längsseiten darstellt. Die Schmalseiten sind mit Betonlamellen versehen. Die frei in die ›Faltwände‹ gespannten Decken des Tragwerksplaners H. Gegenheimer ermöglichten einen vollkommen stützenfreien Fahr- und Parkraum.

Schon ein Jahrzehnt zuvor waren ähnliche Fassaden realisiert worden. An der Place Victor Hugo in Toulouse hatten Cabinet & Genard dies bereits 1958 bis 1959 ausprobiert.[481] In Salt Lake City/Utah wurden die Deckenplatten eines offenen Parkhauses an der Kante entsprechend dem Schrägparken im Winkel von 60 Grad gezackt betoniert.[482]

Beim Parkhaus Osterstraße in Hannover, ebenfalls ein Bau der 1970er Jahre, sind die Stirnseiten entsprechend dem Radius der Fahrgassen gerundet. Die Längsseiten sind durch die im 60-Grad-Winkel angelegten Parkplätze charakterisiert, die sich in Vor- und Rücksprüngen der Fassade zeigen. Da die Fahrtrichtung durch die doppelgängige Wendelrampe in jedem Geschoss wechselt, ändern auch die Stellplätze ihre Richtung und ergeben dadurch im Äußeren »eine sehr plastische, kleinteilige Untergliederung« (Abb. 100).[483] Die Brüstungen bestehen aus Betonfertigteilen mit gerippter und sandgestrahlter Oberfläche. Es »wurde in der architektonischen Gesamtkonzeption vor allem angestrebt, die funktionell unabdingbar notwendige Baumasse nach außen hin möglichst differenziert ›kleinteilig‹ erscheinen zu lassen und sie dadurch indirekt auch auf die in ihrer unmittelbaren städtebaulichen Umgebung bestmöglich optisch einzudisponieren«.

Ende der 1960er Jahre hielten die ersten Fassadenverkleidungen aus Aluminiumplatten Einzug in den Parkhausbau. Eines der frühesten publizierten Beispiele ist das Parkhaus Scheibenstraße in Düsseldorf in unmittelbarer Nähe des Messegeländes.[484] Die Fassaden wurden ab dem ersten Obergeschoss mit vertikalen, über alle Geschosse reichenden, auf Lücke gesetzten hellen Aluminium-Waben verkleidet; lediglich der Rampenbereich der Split-level-Anlage und die sichtbaren Wandflächen des Erdgeschosses sind dunkel verklinkert.

Die Horten-Parkrampengarage in Hamburg, entworfen Ende der 1960er Jahre, besitzt eine offene Fassade, deren Brüstungen mit quadratischen dunkel-bronzefarben eloxierten Aluminiumpanelen verkleidet wurden.[485]

Eine ganz andere Architektursprache finden wir am Parkhaus auf dem Bahn-Konversionsgelände Buchhornplatz in Friedrichshafen: Für die Bauzeit der 1980er Jahre kennzeichnend ist die vorgebaute geschwungene Fassade im Süden, hinter der Läden Platz fanden. Das erste Obergeschoss ist mit einer weißen Aluminiumfassade verkleidet, die keine ›Wabe‹ mehr sein will, sondern eine geschlossene Fläche, die auf das Weiß der Schiffe im Hafen anspielt. Die Sockelverleidung aus Muschelkalk hingegen nimmt Bezug auf den Hafenbahnhof und neuere Bauten am Buchhornplatz. Im zweiten und dritten Obergeschoss erhielten die Parkdecks gestaffelte Pultdächer, um die Baumasse zu gliedern.[486]

Geschlossen und doch offen zu sein versuchen die vollständig verglasten Hochgaragen, von denen die Düsseldorfer Hanielgarage die erste war. Abgesehen von der Transparenz der gläsernen Außenhaut löste Schneider-Esleben hier die geschlossene Form auch durch die Kragarme des weit ausladenden Daches und die Aufhängung der Außenrampen auf.

Auch in anderen Städten spielte die großzügige Verglasung von Parkhausfassaden eine Rolle, etwa in Kassel bei Paul Bodes ›Centrum-Garage‹. Erstmals erhielt das Münchner ›Fina-Parkhaus‹ Anfang der 1970er Jahre eine vorgehängte Glasfassade aus frei gespanntem, nur

100 *Parkhaus Osterstraße (1976) von Wilke in Hannover, 2009*

101 Parkhaus Engelenschanze (2004) von Petry + Wittfoht in Münster

seitlich gelagertem Sicherheitsglas.[487] Der Bronzeton filtert die Sonnenstrahlung, dennoch sind die Parkgeschosse hell. Horizontale Schlitze zwischen den Scheiben sorgen für die notwendige Belüftung.

Spiegelndes Glas umgibt auch das Parkhaus am Staatstheater in Wiesbaden (1978–1979). »Durch die verspiegelten Außenwände [...] tritt das Gebäude optisch weniger stark in Erscheinung und verliert das Aussehen eines Behälterbaus«,[488] hoffte man in der Zeitschrift *Baumeister*.

Die Vorliebe der Gegenwart für Glasarchitektur bescherte nicht nur der Kasseler ›Centrum-Garage‹ wieder ihre zwischenzeitlich abhanden gekommene Glasfassade, sondern ließ auch gläserne Parkhaus-Neubauten entstehen. Für den sensiblen städtebaulichen Bereich zwischen Bahnhof und Altstadt in Münster entwarfen die Architekten Petry und Wittfoht aus Stuttgart 2004 das ›Parkhaus Engelenschanze‹ (Abb. 101). Auf einem Eckgrundstück bildet dieses eine prägnante Platzkante. Eine Einfügung in die Umgebung soll durch die Spiegelungen der Fassade erfolgen, nachts hingegen erscheine das illuminierte Parkhaus als »leuchtender Kristall«. Die Glasscheiben, in unterschiedlichen Grüntönen und bedruckt, sind mittels filigraner Stahlpfosten mit der tragenden Konstruktion verbunden. Leicht aus der Senkrechten gekippt, werfen sie Schlagschatten, welche die Horizontale betonen.

Das ›Parkhaus am Sterntor‹ in Nürnberg ist unmittelbar in einer Lücke der mittelalterlichen Stadtbefestigung gelegen. »Da die vorhandene alte Stadtmauer dem Stadtbild des Zentrums einen besonderen Charakter verleiht, wurde von Seiten der Stadtplanung besonderer Wert darauf gelegt, daß die in der Stadtmauer liegende Fassade des Parkhauses sich architektonisch einfügt.«[489] Es wurde versucht, den »altstädtischen Maßstab« durch ein ausgemauertes Stahlbetonskelett »anzudeuten«, was schon mit der Wahl des Begriffs »Betonfachwerk« verschleiert wurde. Vermeiden wollte man »romantische Formelemente«, was immer man sich darunter bei einem Parkhaus vorstellen mag. Die Fassade wurde aus geschosshohen, auf Lücke gesetzten Betonfertigplatten gebildet, deren Anpassung an die historische Altstadt sich auf die Verwendung von Zuschlägen beschränkte, »die aus dem gleichen Material wie die benachbarte Stadtmauer bestehen.«[490] Die Einfahrt wurde architektonisch nicht dargestellt, sondern musste durch applizierte Leuchtzeichen gekennzeichnet werden. Die lange seitliche Fassade zur Unteren Grasersgasse sollte »einen halb durchsichtigen, häutigen Charakter bekommen«, der mit frei aufgehängten Faserzementplatten realisiert werden sollte, womit sämtliche Verwechslungen mit historischer Architektur ausgeschlossen waren.[491]

Zu einem Parkhaus in Trier hieß es Mitte der 1970er Jahre: »Die Fassadengestaltung übernimmt den Maßstab der umgebenden Bebauung. Je zwei der sechs Geschosse sind mit einer Fassadenplatte bekleidet. Das Parkhaus wirkt so dreigeschossig. Kleingegliederte, farbig behandelte Betonelemente sowie Versatz und Rücksprung des oberen Parkdecks wurden ebenso als Anpassungsmittel entwickelt.«[492] Diese Anpassung ist natürlich nicht gelungen, denn allein die Baumasse, nicht nur die Länge der Fassade (53 m), sondern auch die Höhe gegenüber der dreigeschossigen Gründerzeitbebauung, sprengte den Maßstab. Daran vermögen auch die zwei Geschosse überspannenden Fassadenplatten nichts zu ändern.

In Lage/Lippe sollte ein Parkhaus »in das Herz der Stadt [...] verpflanzt werden, unter der Voraussetzung, daß man es möglichst nicht wahrnimmt.«[493] Eine schier unmögliche und auch unsinnige Aufgabe. Die Aufgabenstellung eines Wettbewerbs für ein Parkhaus in Möckmühl/Baden-Württemberg legte ebenfalls besonderes Gewicht auf eine Berücksichtigung der »qualitätvollen Stadtanlage« und des »Gesamtanlagenschutzes nach Denkmalschutzgesetz«.[494] Ähnlich bestand die Stadt Passau bei ihrer Ausschreibung für ein Parkhaus an der Schanzlbrücke auf einem städtebaulichen Entwurf, welcher »der Lage des Grundstückes an der Nahtstelle zwischen alten Stadtstrukturen und neuzeitlichen Bebauungen, und vor allem dem großartigen historischen Stadtbild gerecht wird«.[495]

Eine Möglichkeit der Anpassung sahen die Architekten in den 1970er Jahren in einer Mimikry-Architektur, welche das Parkhaus hinter einer Wohn- oder Gewerbebebauung ›versteckte‹. In Verden an der Aller entstand ein Parkhaus am Altstadtrand, das mit Altenwohnungen in Form kleiner giebelständiger Reihenhäuschen umbaut ›verschwand‹. Das viergeschossige Parkhaus wurde außerdem zur Hälfte unterirdisch angelegt: »Um die Baumasse nicht über die benachbarte Bebauung hinausragen zu lassen, hat man zwei Tiefgeschosse vorgesehen und auch um die reinen Parkhausfassaden (Norden und Osten) die Giebelhausstruktur weitergeführt.«[496] An der Nord- und Ostseite sind Arkaden vorgelagert, die für den späteren Einbau von Läden vorbereitet wurden. Die Parkdecks sind nicht durch horizontale Öffnungen betont, wie dies bei Hochgaragen oft der Fall ist, sondern es mildern »hochkant stehende Fenstertüren die Fremdheit dieses Gebäudes«.

Auch in Marktredwitz war es bei den 1976 beginnenden Planungen einer Großgarage wichtig, »sich mit den Baumassen in das bestehende Kleinstadtgefüge einzuordnen.«[497] Notwendig war sie durch die Verkehrsberuhigung des langgezogenen Straßenmarktes geworden. Die Hochgarage erhielt eine offene Fassade aus schräg stehenden Glaslamellen zur natürlichen Belüftung, zur Hauptstraße wurden im Erdgeschoss Läden untergebracht. Die beiden oberen Parkgeschosse sind »hinter einem steilen

Blechdach versteckt«, was »die Gebäudehöhe optisch stark reduziert«. Nachteilig ist, dass die Schaufensterfront bei ansteigender Straße zum Ende hin im Erdboden versinkt, »dies scheint jedoch der Preis für die verhältnismäßige Unflexibilität des darüberliegenden Parkhauses zu sein«.[498]

Das Konzept der Münchner Architekten Otto Steidle und Roland Sommerer wurde als geglückt bezeichnet, da es gelungen war, »alt und neu zusammenzufügen. Die verschiedenen Funktionen Wohnen, Läden, Parken stören sich gegenseitig nicht, sind aber doch so miteinander verknüpft, daß sie baulich eine Einheit bilden«. Das öffentlich finanzierte Parkhaus war, wie die *Bauwelt* 1982 moniert, »um etliches zu groß geraten, was die leer stehenden Parkflächen beweisen«.[499]

In Karlsruhe hatte Gernot Kramer mit Rudolf Wiest + Partner im Sanierungsgebiet ›Dörfle‹ an der Fritz-Erler-Straße eine 16 m hohe Parkrampengarage mit 68 × 58 m Grundfläche hinter einer Gewerbeschule im Westen und Verwaltungsbüros im Süden versteckt (Abb. 45).[500] Nachteilig sind vor allem die dadurch notwendig langen, engen Flure ohne Tageslicht von den Parkdecks zum Ausgang.

Mancherorts schien auch das Verblenden nicht Erfolg versprechend. Zur Planung eines Parkhauses am Rand der Altstadt von Schwäbisch-Hall hieß es 1981: »Eine Hochgarage schied wegen des historischen Stadtbildes aus; deshalb wurde unter Ausnutzung der Hangsituation eine Tiefgarage mit versetzten Parkebenen geplant.«[501]

Andernorts hatte entkernte historische Architektur die Hülle für die abgestellten Autos zu liefern. So versteckten Wiegand + Schneckenburger das Wörnitz-Parkhaus in Donauwörth hinter der Stadtmauer und funktional überflüssigen Satteldächern.[502] Salzstadel und alter Bauhof wurden dafür geopfert. »Es galt, die gewachsene Gebäudestruktur mit neuen Innereien zu erstellen und die besonders reizvolle alte Dachlandschaft der weithin sichtbaren Altstadtsilhouette zu erhalten.« Gestalterisch und materiell knüpften die neuen Bauteile an kleinbürgerliche Traditionalismen an. »Die Stadt legt allergrößten Wert auf eine freundliche blumengeschmückte Atmosphäre im und am Parkhaus.« Das Oberparkdeck erhält zwar zu beiden Seiten Tageslicht, doch reicht es wegen der beiden dunklen und hohen Satteldächer nicht bis in die Mitte. Völlig unverständlich ist daher der Kommentar in der *Deutschen Bauzeitschrift*: »Von besonderem Reiz ist der sichtbare Holzdachstuhl, der auch empfindlichsten Besuchern keine Garagenängste aufkommen lässt.«

Das erste Parkhaus in Emmendingen, 1987 am Schloss erbaut, um »mehr Stadtqualität« in die »im Verkehr erstickende Innenstadt« zu bringen und die befürchtete »Entvölkerung des Geschäftszentrums« zu verhindern,[503] wurde möglich durch die Initiative eines Kaufhauses, die Bereitschaft der Stadtväter zur Kostenbeteiligung und das Förderprogramm zur städtebaulichen Erneuerung des Landes Baden-Württemberg. So konnte über ein rein funktionales Parkhaus hinaus eine postmoderne Fassade des Freiburger Architekten Siegel realisiert werden. Im Kern steckt ein reiner Stahlskelettbau mit Halbgeschossen, stützenfreien Spannweiten von 16,12 m und Betonfertigteildecken. Und die Fassadenelemente sind ebenfalls Fertigteile aus Stahlbeton. Die Schauseite will als dreigeschossiges Bauwerk mit 15 Fensterachsen auf einem Natursteinsockelgeschoss erscheinen. Das steile, mit Blech gedeckte Mansarddach ist durch schmale und breite Zwerchhäuser im Wechsel gegliedert.

Auch bei einem Parkhaus im sauerländischen Brilon war 1978 »die Erhaltung des Altstadtcharakters« ein wichtiges Ziel.[504] Das konstruktive dreigeschossige Gerüst aus Stahlstützen nahm die Fachwerkstruktur der Altstadtbebauung an der Marktstraße auf, »ohne diese zu imitieren«, außerdem sollten helle

102 Parkhaus Cäcilienstraße (1991–1992) von Kister und Scheidthauer in Köln, 2009

Mauerwerksflächen und verschieferte Fassaden- und Giebelbereiche für Anpassung sorgen. Zweimal wöchentlich wird das Erdgeschoss zur Wochenmarkthalle.

In Duderstadt hingegen diente ein abgebrochenes und als entbeinte Hülle wieder aufgebautes Fachwerkhaus als vollautomatisches Autoversteck.[505]

In der großmaßstäblichen City indes, in der kleinteilige Altstadtbebauung nicht mehr maßstabgebend ist, war Ende der 1980er Jahre Anbiederung verpönt: »Die Kaschierung eines modernen, funktionalen, technischen Bauwerks mit Dachgauben und Scheindächelchen entspricht nicht der Aufgabenstellung und dem Standort City«, heißt es 1989 in einer Publikation eines Kölner Parkhausprojektes (Abb. 102).[506] Und zu einem Entwurf für den Paderborner Altstadtrand hieß es im gleichen Jahr: »Ein Parkhaus ist ein modernes Verkehrsbauwerk, mit seinem Volumen, Maßstab und funktionalen Anforderungen, worin es sich von kleinmaßstäblicher Wohnbebauung unterscheidet.«[507] Genau dasselbe Parkhaus war für Gerd Kähler allerdings eine Plastik, ein »dekorierter Schuppen«, dessen Gesicht von seinem Charakter getrennt war.[508] Der Architekt Jörg Friedrich setzte zur Straßenseite eine perforierte Scheibe davor, eine zweite Schicht mit schrägen Lochblechen und farbigen Stahlkonstruktionen, sich dekonstruktivistisch gebende Applikationen. Die Fassade zum Wohngebiet erhielt eine wellenförmig schwingende Mauer mit wenigen unregelmäßigen Öffnungen, mal rund, mal eckig, ohne Bezug zum Bauwerk dahinter. Kähler plädierte für eine Trennung von Funktion und Form. Sie stelle »eine Art Camouflage dar. Das macht sie so gut: denn Parkhäuser sind doof«,[509] meinte er.

Auch Kähler sah den Umschwung in der Parkhausarchitektur um 1980 mit seinen beiden Strömungen: Die eine verstecke das Parkhaus hinter anderen Nutzungen, die andere bände Parkhäuser mit einer neuen Fassaden-

103 Parkhaus Poststraße (1981–1983) von Gerkan, Marg und Partner in Hamburg

architektur in das städtische Gefüge ein.[510] Als Beispiele für die erste Lösung nannte er die Schlossberggarage in Freiburg und das Parkhaus am Nikolaiort in Osnabrück. Eine neue Art von Fassadenarchitektur hingegen erkannte er in den Parkhäusern von GMP in Hamburg und Bremen.

Die Fassade des Parkhauses in der Hamburger Poststraße (Abb. 103) spielt auch bei der Besprechung in der *Bauwelt* 1984 die entscheidende Rolle: »Zwischen höchst unterschiedlichen Nachbarn zeigt sich das Parkhaus mit souveräner Harmonie«.[511] Es wurde 1978 von dem Hamburger Architekturbüro GMP für die Allianz-Lebensversicherungs AG entworfen und 1981 bis 1983 gebaut.[512] Die 24 Halbgeschosse, davon sechs unterirdisch, bieten rund 440 Parkstände. Zur Poststraße sind die oberen drei Parkgeschosse stufenweise zurückgesetzt, so dass die Hochgarage hier lediglich fünfgeschossig erscheint. Das Erdgeschoss ist entlang der Straße mit kleinen Läden genutzt, deren geringe Tiefe von 5 m einem Parkstand entspricht. Sieben Stahlbetonpfeiler mit Backsteinverblendung gliedern die Fassade lisenenartig in ihrer Länge. Dazwischen befinden sich im Erdgeschoss Schaufenster mit Segmentbogenabschluss. Backsteinmauern führen mit geschossweise gliedernden Segmentbögen die Fassade nach oben weiter. Die offenen Stoßfugen gewähr-

104 Hillmann-Garage (1983–1984) von Gerkan, Marg und Partner in Bremen

leisten die Querlüftung der Parkgeschosse. Die Widerlager der Bögen sind mit vorgeblendeten polierten Granitplatten hervorgehoben.

Zwischen zwei Lisenen wurde statt eines Schaufensters der über alle Geschosse reichende gläserne Aufzugsturm eingesetzt. »Das gestalterische Anliegen war, die bei Parkhäusern üblichen tristen und gleichförmigen Fassaden zu vermeiden und einen formalen Dialog mit den Bauten der Umgebung herzustellen.«[513] Der entscheidende Vorteil, den diese Hochgarage ausspielt, ist ihre Erschließung von der Rückseite. Stellt man sich die Fassade an der Poststraße anstelle der Schaufenster mit zwei Öffnungen für Ein- und Ausfahrt mit der dazugehörigen Beschilderung vor, so spräche wohl niemand mehr von »souveräner Harmonie«. Diese Problematik ist jedoch nicht gelöst, sondern nur auf die Ein- und Ausfahrt in der Straße Hohe Bleichen verlagert.

Dem Parkhaus in der Hamburger Poststraße ganz ähnlich in Organisation und Gestaltung ist die ›Hillmann-Garage‹ in Bremen (Abb. 104), 1983 bis 1984 nach Entwurf desselben Architekturbüros am Hillmannplatz erbaut.[514] Dieser liegt im Bahnhofsviertel, zwischen Hauptbahnhof und Wallanlage bzw. Stadtkern. Städtebaulich ist die Garage kein Solitär, sondern stellt die Platzkante innerhalb einer innerstädtischen heterogenen Blockrandbebauung wieder her. Daher erhielt sie eine geschlossene, 25 m hohe Fassade, orientiert an den Höhen der Nachbarbebauung. Sie wurde mit Backstein, dem in Norddeutschland üblichen und in der unmittelbaren Umgebung dominierenden Baumaterial verblendet. Zwei monochrome

Backsteinvarietäten erzielen ›wild‹ gemischt ein lebendiges Fassadenbild, eine dritte, dunkel gebrannte Klinkersorte ist für Stürze, Sockel und Konsolen verwendet. »Die Farbwahl wurde aus einer Analogie zum Bremer Hauptbahnhof getroffen«, bekundete der Architekt, der dieses Material für ein Parkhaus, »das wenig gepflegt wird und starkem Verschleiß unterliegt, [für] besonders durabel und immun gegen Verschmutzungen« hielt.[515]

Das wesentliche Fassadenelement, die lange Freitreppe, begründete sich als Haupterschließung für Fußgänger funktional, auch wenn sie heute nur noch als Fluchttreppe dient. Die Fassade wurde dadurch diagonal gegliedert und in der Tiefe gestaffelt. Diese zweite Ebene vor dem eigentlichen Parkhaus wirkt wie eine Fortführung der Fassade des Philosophenwegs, die hier um die Ecke ›geklappt‹ wurde. Die Erdgeschosszone unter der Treppe ist als Kolonnade gestaltet und nimmt wie in Hamburg Läden (4.000 m^2) auf. Zusätzlich mussten hier die Ein- und Ausfahrt untergebracht werden. Wurde die Fassade in der Hamburger Poststraße durch Pfeiler und Segmentbögen gegliedert, so ist es hier ein Fassadenraster von 1,90 × 1,90 m messenden Öffnungen im Abstand von 0,74 m. Diese liegen bei der Parkhausfassade in 0,62 m tiefen Laibungen und sind ihrerseits in sieben Mal sieben quadratische Öffnungen gegliedert, was im Innenraum ein geometrisches Licht- und Schattenspiel hervorruft und nach außen zu den regelmäßigen Fassadenrastern der benachbarten Wohnbebauung vermittelt, ohne seine Funktion zu verleugnen. Die Geschosse sind zusätzlich durch die Treppenpodeste ablesbar. In der davorliegenden Fassade der Freitreppe sind die Öffnungen bündig mit der Außenhaut und nur durch die unvermörtelten Stoßfugen erkennbar. Ziel des Architekten war es, die »Mauerwerksflächen in der Fassadenebene der Freitreppe [...] möglichst geschlossen wirken« zu lassen.[516] Zum Innenhof des Blocks ist die Fassade entsprechend der Vorderfront geöffnet, um eine kontinuierliche natürliche Lüftung zu gewährleisten. Die beiden oberen Parkgeschosse springen in der Fassade hinter einen offenen Erschließungsgang zurück. Von Gerkan sprach hier einerseits seine klar erkennbare Sprache, die sich auf eigene frühere Bauwerke bezieht (beispielsweise das Hanseviertel und das Verwaltungsgebäude der Deutschen Lufthansa in Hamburg), griff aber mit seiner Freitreppe auch ein Motiv auf, das an die Außenrampen der Hanielgarage in Düsseldorf erinnert. Diese Freitreppe klärt im Moment des Heraustretens aus dem Parkgeschoss die räumlichen Bezüge zur Stadt und ermöglicht damit Orientierung.

Die wichtige städtebauliche Beziehung zwischen Hillmann-Garage und Plaza-Hotel wurde durch die spätere Platzbebauung mit einem Verwaltungsgebäude des BHW nachhaltig zerstört. Die Garage ist damit nicht mehr auf den Platz bezogen, sondern auf eine sehr enge Straße.

Eine klare Rezeption der Parkhausarchitektur von GMP ist der Umbau des Parkhauses am Neuen Wall in Hamburg 1989 bis 1990. Der Bau im funktionalistischen Stil der 1950er Jahre von Herbert Sprotte und Peter Neve galt Kähler als ein »trotziges Relikt«, das »schon so exemplarisch für die Fortschritts- und Autogläubigkeit jener Jahre [war], daß man inzwischen tatsächlich überlegte, es unter Denkmalschutz zu stellen«.[517] Doch so weit kam es nicht in Hamburgs ›feiner Stube‹: »Aigner, Vuitton und ein Parkhaus der Fünfziger Jahre, leicht heruntergekommen, ölverschmiert: das paßte nicht zusammen, da genieren sich ja schon die Autos«.[518]

Hilfreich war in diesem Fall, dass Stadtplanungen sich ändern. So war die Fassade des Parkhauses 1956 hinter die alte Bauflucht zurückgesetzt worden, um dem Straßenverkehr mehr Platz einzuräumen. Die stehen gebliebene Vorkriegsbebauung verhinderte dies aber über vier Jahrzehnte hinweg. So erhielt der Bauherr der Garage 1989 seine alte Baulinie wieder zurück, und die Hamburger Architekten Nietz, Prasch, Sigl konnten hier im Stil von GMP neue Fassaden, ja ganze Ladenzeilen vorbauen. Stichbogenarkaden fassen die beiden unteren Geschosse zusammen, ein zurückgesetztes Glasgeschoss zuoberst, zum Bleichenfleet vorgebaut ein quadratischer Turm, Mauerflächen aus Backstein, am Sockel auch hellen Natursteinen, Fenster und Stahlapplikationen in Kupfergrün, »alles wohl proportioniert, exakt detailliert, gepflegt: Hamburger Kaufmannsstil«.[519] Und nach Norden, zur Großen Bleichen, dort wo kein Platz für ein Vorbauen war? Hier wurde die Fassade mit den bewährten Materialien und Farben in Rot und Grün weitergeführt. Die strenge horizontale Gliederung wurde durch zusätzliche Stützen zwischen denen des Altbaus gemildert. Die Brüstungen sind mit Blechen aus nichtrostendem Stahl verkleidet.

Auch in Köln war 1989 von der Stadt »im Interesse der Anwohner« eine »Kaschierung« der offenen Fassaden des Kaufhofparkhauses an der Cäcilienstraße gewünscht, konnte hier aber von den Denkmalbehörden verhindert werden.[520]

In kleineren Städten gab es neben der Anbiederung an historische Bauten ebenso den bewussten Neubau, der gleichwohl auf den Bestand Bezug nimmt – so 1989 in Reutlingen. »Man kennt sie, die zahlreichen, im Grenzbereich zwischen innerstädtischer dichter und aufgelockerter Übergangsbebauung stehenden Parkhäuser. Und man kennt die Probleme, mit denen Architekten konfrontiert sind, wenn sie die meist sehr großen, aus funktionellen Gründen kaum räumlich zu gliedernden Garagen-Baukörper optisch verträglich ins Stadtbild integrieren sollen.«[521] Bei dem Reutlinger Beispiel waren die gegenüberliegende Altstadt, die benachbarte Ringstraßenbebauung und das rückwärtig gelegene Flüsschen Echaz die städtebaulichen Bezugspunkte für einen Parkhausneubau an der Lederstraße. Das Budget war allerdings knapp bemessen, und so kam nur eine Minimal-Lösung in Frage.[522] Die Stuttgarter Architekten Dieter Herrmann und Eberhard Wahl entschieden sich für eine keineswegs historisierende Gestaltung, aber für ein Aufgreifen rundum vorgefundener Prinzipien. Zur Lederstraße sind dies die Trauf- und Firsthöhe, die vertikale Fassadengliederung und eine Fassadendreiteilung als Reminiszenz an die hier vorher stehenden drei Einzelhäuser. Zur Echaz hingegen ist es eine Fassadenbegrünung mithilfe eines Rankgerüstes und, was die Fernwirkung von den gegenüberliegenden Hügeln betrifft, einer Dachbegrünung. Die vertikalen und horizontalen Elemente des Tragwerks bilden die wesentlichen Gestaltungsmerkmale der Fassade, die nur teilweise verkleidet ist. Die Stützen wurden nicht in einheitlichem Raster angeordnet, sondern in sechs verschiedenen Breiten, die sich aus der inneren Organisation des Parkhauses entwickelten. Die horizontale Gliederung entstand aus den vorgefertigten Stahlbeton-Verbunddecken und deren Auflagern. Der vorgestellte Treppenturm teilt die Straßenfassade in zwei Bereiche. Seine Fassade ist teilweise mit farbig lackierten Aluminium-Lochblechen und Glaselementen ausgefacht. Drei schräggestellte Wellblechblenden vor den oberen beiden Geschossen mit Einschnitten für die Enden der Stahlkonstruktion erinnern an Dächer mit Gauben. Eine bautechnische Funktion haben die Wellbleche nicht. Vielmehr wurde mit wenigen Elementen eine postmoderne Architektur geschaffen, die durch eine Rhythmisierung der Fassade und durch die Fachwerkkonstruktion einen Bezug zur kleinteiligen Architektur der gegenüber liegenden Altstadt erreicht.

In der Mitte der Schauseite unter der mittleren Wellblechblende kommt auch die Assoziation eines halb geöffneten Garagen-Schwingtores auf, denn darunter steht ein ›Rolls Royce‹ (Abb. 105): Die Enden der Zu- und Abluftrohre

105 Parkhaus (1989) von Hermann und Wahl in Reutlingen, Fassadendetail, 2008

für die beiden Untergeschosse sind als Scheinwerfer interpretiert, dazwischen liegt der ›Kühlergrill‹. Die postmoderne »spaßige Applikation eines Auto-Zitates«[523] überschreitet die Grenze zum Kitsch. Ob Plagiat oder Zufall, die Idee hatten 1986 bereits Tigerman Fugman McCurry mit ihrer Hochgarage in der 60 East Lake Street in Chicago/Illinois.[524] Als architecture parlante hatte er die gesamte Front des zwischen zwei Wolkenkratzern eingeklemmten, nur zehn Geschosse hohen Bauwerks als Autofront gestaltet, mit Scheinwerfern, Kotflügeln, Kühlergrill und Kühlerfigur, bis hin zum Nummernschild.

Stärker noch als das neuartige Material Stahl steht die farbliche Gestaltung im Widerspruch zur Umgebung. »Ein Farbanstrich macht aus dem Skelettbau ein [Centre] Pompidou der Provinz.«[525] Durch das Zurücksetzen des Parkhauses von der Bauflucht der Straße kann es seine Wirkung besonders entfalten.

Zeitgleich war im pfälzischen Landau ein Parkhaus entstanden (Abb. 106). Die Stadt hatte 1985 den Entwurf einer wirtschaftlichen Hochgarage in einer Form gesucht, die ihre »eigentliche Funktion vergessen macht«. Nirgends wird der Paradigmenwechsel zum vorhergehenden Funktionalismus deutlicher formuliert. Gewünscht war eine »Integration ins ortsbezogene Stadtbild«.[526] 1989 bejubelte die *Deutsche Bauzeitung (db)* den realisierten Entwurf von Gottfried Böhm als »ein imposantes ›Stadtgebäude‹«.[527] Tatsächlich handelt es sich um eine regelmäßig gerasterte Fassade mit vorgefertigten balustradenartigen Brüstungselementen, welche die *db* als »loggiaartige Öff-

106 *Hochgarage (1989) von Böhm in Landau, 2010*

nungen« bezeichnete. Der Beton dieser Fertigteile und der Stützen ist, Bezug nehmend auf den roten Sandstein der benachbarten Bürgerhäuser, rötlich eingefärbt. Die Betonpfeiler verjüngen sich nach oben; »der sonst bei Skelettbauten vorherrschende Eindruck einer ›Baukastenbauweise‹ weicht somit einer optischen Bodenständigkeit,«[528] vermutete die *db*. Auch die gestuften Auflager für die Brüstungselemente vermeiden den Eindruck einer massengefertigten Garage. Eine zusätzliche Begrünung der Fassade sollte wohl für stärkere Akzeptanz in der Bevölkerung sorgen. In der *db* mochte man fast »bedauern, daß die Rankgewächse eines Tages einen Großteil des Gebäudes überwuchert haben werden.«

Das Bauwerk trägt zwei flach geneigte, mit roten Ziegeln gedeckte Satteldächer – in der vorhergehenden Epoche ein undenkbares Element für eine Hochgarage. Die Dachkonstruktion aus Stahl ist mit filigran wirkenden Stützen auf die zugespitzten Enden der Garagenpfeiler aufgesetzt, was ihr mit der flachen Neigung optische Leichtigkeit verleiht.

Es mutet schon seltsam an, dass das obere, von Autos noch freie Parkdeck den Journalisten der *db* »ein Gefühl wie auf der hauseigenen Dachterrasse im Süden« vermittelte. Und ähnlich euphemistisch klingt deren Behauptung: »Nicht einem Autoabstellhaus sondern einem Stadt-Palazzo gleicht das neue Parkhaus in Landau.«

Die Begrünung war schon 1979 in Düsseldorf im Ergebnis einer »Untersuchung zur Verbesserung der Fassaden bestehender Parkhäuser« als Heilmittel entdeckt worden. Untersucht worden waren die Auswirkungen von Bemalung, Verkleidung und Begrünung, von denen nur letztere als tatsächlich wirksame Maßnahme weiter verfolgt wurde.[529] Verschiedene Empfehlungen zu Rankgerüsten, Pflanzbehältern usw. folgten daraus. 1981 erhielt das Parkhaus in ›Krupp-Montex-R-Bauweise‹ am Stadtgraben mit seiner »gewaltige[n] Baumasse«[530] vor den geschlossenen Seitenwänden Holzspaliere für eine Begrünung mit Wildem Wein. Vor den Längswänden wurden im oberen Bereich Lochbleche montiert, davor ebenfalls Rankgerüste mit Pflanztrögen zwischen Ein- und Ausfahrt, teilweise hinter Glas, was ein Gewächshausklima mit ganzjähriger Begrünung gewährleisten sollte. Die Bewässerung erfolgt über ein Rohrsystem. Das Parkhaus wurde außerdem bewusst hinter die Bauflucht zurückgesetzt, um es zusätzlich durch Baumpflanzungen weniger in Erscheinung treten zu lassen. Auch in den 1990er Jahren wurde die Begrünung noch empfohlen.[531]

Das 1975 bis 1976 erbaute ›Wilhelma-Parkhaus‹ in Stuttgart musste nicht nur auf den Kulturgüterschutz der Wilhelma und des Rosensteinparks sowie den Botanischen Garten Rücksicht nehmen, sondern auch die Ablehnung durch eine Bürgerinitiative meistern. Die vom Staatlichen Hochbauamt Ludwigsburg für das Land Baden-Württemberg geplante Anlage war mit 800 Stellplätzen seinerzeit die größte Hochgarage in Stuttgart. Verdeckt wird das Parkhaus mit seinen acht Halbgeschossen gegen die Neckartalstraße durch eine historische Terrakottamauer. Das zur Wilhelma abfallende Gelände wurde durch Terrassierung der Parkdecks geschickt ausgenutzt. Die Treppenhäuser sind nicht durchgehend geschlossen, sondern, »um sie nicht zu sehr in Erscheinung treten zu lassen«, im oberen Bereich als Freitreppen gestaltet.[532] Die Baumasse wurde dadurch gemildert, dass die Parkdecks offene Fassaden erhielten. Das tragende Gerüst ist eine Fertigteil-Stahlkonstruktion aus 2,50 m breiten und 16 m langen Elementen aus unbeschichtetem, wetterfestem Stahl, nur die Geländer der Treppen erhielten einen Anstrich. Die vorgefertigten Stahlbetonplatten der Parkdecks kragen an den Fassaden zur Aufnahme von 224 Pflanzkästen aus.

Das Ziel der Camouflage erreicht hatten jedenfalls die Planer eines zweigeschossigen be-

107 *Parkhaus am Bollwerksturm (1997–1998) von mgf Architekten in Heilbronn*

grünten Parkdecks am Ufer der Nagold in Altensteig. Durch die geringe Baumasse, die niedrige Höhe und die Begrünung fiel es so wenig ins Auge, dass der beauftragte Architekturfotograf zunächst daran vorbeifuhr.[533]

Bei so viel Mimikry staunte die *db* 1989 über die Parkhäuser der 1950er Jahre: Sie »beeindruckt die Unbedenklichkeit der Architekten damals, entsprechend dem Autodesign, stromlinienförmig elegante bis selbstbewusst klotzige Ungetüme ohne jegliche Tarnung mitten in die Stadt zu stellen. Heute dagegen sind wir vorsichtiger geworden: jedes neue Parkhaus muß hinter wild wuchernden Kletterpflanzen verschwinden.«[534]

Doch Ende der 1990er Jahre ebbte die Begrünungswelle schon wieder ab. Holz hieß nun das Allheilmittel für die vom Automobil gebeutelte Stadt.

Das Parkhaus am Bollwerksturm in Heilbronn (1997–1998) ist ein lang gestreckter Körper, dessen Enden die beiden Wendelrampen für Auf- und Abfahrt bilden. Die Fassade des Parkhauses spielt eine entscheidende Rolle. »Als Antwort auf den Baumbestand des Grünzuges am Bollwerk in Heilbronn markiert ein mit senkrechten Holzlamellen verkleideter Baukörper in schlichter Geometrie den Übergang in ein Sportgelände mit Hallenbad und Eishockey-Stadion.«[535] Die Holzlamellen aus Douglasie oder Lärche, 40 × 60 mm im Querschnitt, sind senkrecht in regelmäßigem Abstand von 25 mm angebracht (Abb. 107). Zudem ist die Hälfte des Bauwerks im Abstand von etwa 1 m in voller Höhe mit einem verzinkten Drahtgeflecht umspannt. Im Zwischenraum ist eine Außentreppe untergebracht. Die Stuttgarter Architekten Mahler Günster Fuchs gewannen mit diesem Bauwerk den Renault Traffic Award. Die Jury begründete ihre Entscheidung unter anderem mit der vorbildlichen Gestaltung: »Die Fassade aus Holzlamellen gibt dem Gebäude ein ungewöhnliches Äußeres mit geschlossener Tages- und transparenter Nachtansicht. Das vorgesetzte Drahtgeflecht erzeugt eine fast schon immaterielle Anmut und schafft einen differenzierten Übergang zur Umgebung [...]«.[536]

Auch die Begründung der Jury des Deutschen Architekturpreises lobte, dass »die Automobile diskret den Blicken entzogen« und »die Umhüllung des Parkdecks wie eine abstrakte Skulptur als ›landmark‹ zur Geltung« gebracht wurde.[537] Ist es im innerstädtischen Raum oft das Ziel, die Baumasse eines Parkhauses zu verstecken, so fordert dieses Beispiel am Stadtrand als Solitär unsere Aufmerksamkeit.

Mit vertikalen Holzlatten verkleideten auch die Stuttgarter Architekten Stephan Birk und Liza Heilmeyer das Firmenparkhaus von Ernsting's Family in Coesfeld (2004–2007). Und auch die ungewöhnliche Aufgabenstellung einer dreigeschossigen Parkgarage in der Nähe des Badezentrums in St. Peter-Ording an der Nordsee wurde mit einer Holzverkleidung gelöst. Wegen des hohen Grundwasserstandes war eine Tiefgarage nicht möglich, das Untergeschoss konnte nur 1,20 m eingetieft werden. Andererseits sollte das obere Geschoss mit seiner Brüstungskante die Höhe der Dünen nicht überschreiten. Die Fassaden wurden nach Entwurf von Schnittger Architekten aus Kiel mit druckimprägnierten Kiefernholzpfählen mit 18 bis 20 cm Durchmesser verkleidet.[538] Diese sind auf Lücke gesetzt. Durch die unterschiedliche Länge der Pfähle ergibt sich eine geschwungene Silhouette in einer weich fließenden Wellenlinie.

Auch das Parkhaus am Zoo in Leipzig (2003–2004) ist eine funktionale Stahlkonstruktion mit vorgehängter Holzfassade, entworfen von Hentrich, Petschnigg und Partner (HPP). Doch sind es hier nicht einheimische Hölzer wie in Heilbronn, Coesfeld oder St. Peter-Ording, sondern Bambusstäbe (Abb. 108). Der Guadua-Bambus aus Kolumbien ist dort traditionelles robustes Baumaterial. Der rasch nachwachsende Rohstoff erreicht bis zu 25 m Höhe.[539] Die für das Bauwesen wichtigsten Eigenschaften, hohe Festigkeit und Elastizität, waren bei der Verwendung hier allerdings nicht gefragt. Die Materialwahl ergab sich vielmehr aus einer gesuchten Verbindung zum Zoo mit seinen größtenteils exotischen Tieren.

108 Zoo-Parkhaus (2003–2004) von Hentrich, Petschnigg und Partner in Leipzig

Bis in 11,20 m Traufhöhe schwingt sich eine organische Großform um die Wendelrampen. Diese sind aus Schallschutzgründen als geschlossene Stahlbetontürme konstruiert, die aber hinter der Bambusverkleidung verschwinden. Vier Parkdecks sind außen an umlaufenden Stahlbändern erkennbar, zwischen denen luftig in handbreitem Abstand die Bambusstäbe die Fassade bilden.[540] Das Treppenhaus auf der nordwestlichen Schmalseite hingegen sticht durch seine vollständige Verglasung aus der Fassade hervor. 2004 erhielten HPP für diese Hochgarage den Traffic Design Award.

Ausblick

Das Parkhaus ist tatsächlich ein »Ort der Moderne«[541], als Bautyp im 19. Jahrhundert noch nicht vorhanden und auch noch nicht notwendig. Die Innovation Hochgarage tritt zunächst als ›Fremdkörper‹ in Erscheinung. Der Stadtbild- und Denkmalpflege ist sie ein Dorn im Auge. Das sollte sich bis in die 1980er Jahre nicht ändern. Nur so ist der Abbruch der ›Garage Ponthieu‹ von Perret in Paris 1970 zu verstehen. Ein Bildband des Werkbundes Bayern »über die wachsende Zerstörung unserer Kulturlandschaft in Stadt und Land« klagte 1976 in mehreren Beispielen Großgaragen an. Über ein Parkhaus in Worms hieß es: »Kirchen, Dome, Münster, einst beherrschende Wahrzeichen einer Stadt, werden mehr und mehr durch rein ökonomischen Zwecken dienende Großbauten ihrer Aussage beraubt.«[542] Und wenige Seiten weiter über eine Hochgarage in Lübeck: »Rücksichtslose Gewinnsucht ist zumeist der Antrieb, in alte Stadtsubstanz Gebäude hineinzutreiben, die wie Einbrüche in einen noch geschlossenen Lebenskreis wirken. Typisch für diese Bauten ist ihre Maßstabslosigkeit gegenüber bestehender Architektur und ihre formale Brutalität.«[543] (Abb. 109)

In Frankreich veröffentlichte Bruno Donzet 1984 einen Aufsatz über das Parken in Altstadtquartieren, in dem er auf die Probleme der Parkhäuser und Tiefgaragen in historischen Stadtkernen einging.[544]

Natürlich ist den Kritikern im Hinblick auf die Großmaßstäblichkeit und auch manche misslungene Fassade Recht zu geben, doch

109 Parkhaus mit Altstadtrelikten am Büchel in Aachen, 2008

liegt das Problem ja nicht darin, sondern in der grassierenden Massenmotorisierung, die in vielerlei Hinsicht, nicht nur in Bezug auf Parkhäuser, die Lebensqualität besonders in den Städten erheblich einschränkt.

So erstaunt es zunächst einmal nicht, dass das architekturgeschichtliche Interesse an Parkhäusern gering blieb. Als die Stadt Köln in der ersten Hälfte der 1980er Jahre systematisch den Denkmalwert der Bauten aus den 1950er Jahren überprüfte, eine Publikation herausgab[545] und zahlreiche Beispiele schließlich unter Denkmalschutz stellte, war dies in der Bundesrepublik ein Novum und nicht nur in Köln umstritten. Ende der 1980er Jahre gab es dort lautstarke Proteste gegen den beabsichtigten Denkmalschutz für die Kaufhof-Garage von Wunderlich und Klüser in der Cäcilienstraße.[546] Es sollte mit diesem die geplante Verbindung mit dem gegenüberstehenden Parkhaus An St. Agatha über eine Brücke verhindert werden. Die Brücke wurde dennoch gebaut, nur benutzt wird sie heute nicht mehr – auf beiden Seiten verhindern dies Absperrungen.

Schon 1984 war im benachbarten Düsseldorf die ›Hanielgarage‹ in die Denkmalliste eingetragen worden. »In Europa war diese Architektur ohne Parallele«, befand Heinrich Klotz.[547] Ist sie doch ein Beispiel par excellence für die optimistische Aufbruchstimmung in den Anfangsjahren der Bundesrepublik. Die Innenstadt noch weitgehend in Trümmern, die Ringstraße gerade einmal projektiert, aber eine Großgarage für 500 Autos an der Peripherie für die kommende Kundschaft entstand bereits, in Formen, die sich vollständig von dem unterschieden, was in den zwölf langen Jahren des Dritten Reiches gebaut worden war. Das ist unzweifelhaft von einem unerhörten Zeugniswert für diese Phase unserer Geschichte. Aber wie erhält man das? Die Erneuerung der ›Hanielgarage‹ 1992 bis 1993 durfte Schneider-Esleben selbst projektieren. Die Aufhängung der Rampen blieb unverändert, doch die Stahlprofile der Fenster wurden verstärkt, um für die neue Nutzung als Autohandlung eine Wärmeschutzverglasung einbauen zu können. Die Rahmen erhielten wieder den hellen türkisfarbenen Schutzanstrich der 1950er Jahre. Nicht unberechtigte denkmalpflegerische Kritik an dieser Rekonstruktion äußerte Kähler 1989. Er wandte sich gegen die »glatte Wiederherstellung«, denn der gegenwärtige Zustand gehöre »zum Schützenden untrennbar hinzu [...] weil Bauaufgabe und Bauwerk und Alterungsprozeß eine Einheit bilden«.[548]

Von sehr viel weniger historischem Verständnis hingegen kündeten die Äußerungen eines Hamburger Oberbaudirektors Mitte der 1990er Jahre. Dieser bewertete im *Zeitmagazin* die Hamburger Parkhäuser wie das an der Großen Reichenstraße von 1963 als »städtebauliche Schrecken«, die mit Dynamit gesprengt gehörten, und fand es geradezu »pervers«, solche Bauwerke als zeittypische Kulturdenkmäler zu schützen und zu erhalten.[549] Hier äußert sich ein laienhaftes Denkmalpflegeverständnis, das in einem Parkhaus kein Geschichtsdokument, sondern nur einen hässlichen Bau sieht. So schützt Denkmalschutz allein nicht in jedem Fall vor den Baggern der Stadtsanierer und Investoren, wie das Beispiel der 1984 abgerissenen Krefelder Hochgarage in der Stephanstraße, einem Pionierbau von 1928, zeigt.[550] Sie stellte »wegen ihrer fast völlig intakten und funktionsfähigen Innenausstattung ein historisches Dokument der Anfangsphase des Kraftverkehrs von besonderer Bedeutung dar«, wie der zuständige Konservator urteilte.

Und auch in Basel musste ein wichtiger Bau der Frühzeit des Hochgaragenbaus weichen. Ende der 1980er Jahre präsentierten der Kanton Basel-Stadt und die Schweizerischen Bundesbahnen einen städtebaulichen Masterplan für das rund 1,2 Kilometer lange Gelände des schweizerischen und französischen Bahnhofs, der die ›Schlotterbeckgarage‹ überplante. Da es nicht gelang, für das Bauwerk eine geeignete

Nutzung zu finden, wurde es trotz Denkmalschutz abgebrochen und an seiner Stelle 1998 der erste Schweizer Bau des New Yorker Architekten Richard Meier errichtet.

Bei den allgegenwärtigen Problemen des ruhenden Verkehrs in den Städten »fehlt denn auch das Verständnis in der Öffentlichkeit, wenn die Denkmalpflege über den kultur- und architekturgeschichtlichen Stellenwert von Verkehrsbauten laut nachdenkt«.[551] So wurden und werden also die »Schrittmacher des Fortschritts« zu »Opfern des Fortschritts«, Titel einer 1999 erschienenen Schrift von Jan Gympel über »Bauten und Anlagen des Verkehrs«.[552]

Denkmalschutz für Parkhäuser, die aus kulturgeschichtlichen Gründen erhaltenswert sind, ist notwendig, denn: »Es läßt sich wohl mit Recht behaupten, daß die verkehrstechnische Entwicklung, die das Auto zu einem so dominierenden Faktor unseres heutigen wirtschaftlichen und sozialen Lebens gemacht hat, die Erhaltung ihrer frühen baulichen Zeugnisse als industrie- und sozialgeschichtliche Quellen zu einer dringenden Pflicht der Denkmalpflege macht. So wie die Bauten des mit der Geschichte der Industrialisierung untrennbar verbundenen Schienenverkehrs Gegenstand der Forschung und Pflege sind, müssen auch die im Zusammenhang mit dem Automobilverkehr entstandenen Anlagen als Resultat einer der folgenreichsten Bauaufgaben dieses Jahrhunderts auf ihren historischen Aussagewert hin überprüft und in den Kontext der architektur- und technikgeschichtlichen Entwicklung des 20. Jahrhunderts gestellt werden. Die architektonischen Zeugnisse aus der Frühphase des Kraftverkehrs waren dabei schon immer besonders gefährdet. Der starke Veränderungsdruck, den der technische Fortschritt auf diese Verkehrsbauten ausübte, ist die Ursache dafür gewesen, daß nur wenige Beispiele unverändert überliefert sind, die den Beginn einer völlig neuen Ära in der Geschichte des Verkehrs belegen. Umso wichtiger ist daher die Erhaltung und Erforschung der wenigen überlebenden Zeugen, die gerade angesichts der heutigen Bedeutung dieses Verkehrszweiges einen direkten Realitätsbezug haben.«[553] – So die ausführliche Argumentation des 1981 in Krefeld zuständigen Konservators Thomas Goege.

Reagierten die kommunalen Entscheidungsträger in Krefeld noch verständnislos, als die Denkmalbehörde die Eintragung der 1928 erbauten Hochgarage in die Denkmalliste verlangte, hatten es solche Bauten 20 Jahre später schon etwas leichter – zumindest, wenn sie Teile einer mittelalterlichen Stadtbefestigung enthielten. Das tut die 1964 von Franz Hart entworfene ›Salvatorgarage‹ in München mit ihrem angebauten Bürogebäude. Sie integriert Teile der Münchner Stadtmauer mit Teilen des Jungfernturms von 1430 an der nördlichen Flanke. Aus diesem Grund steht sie unter Denkmalschutz.[554] 2006 wurde eine Aufstockung dieses Split-level-Parkhauses um fünf Ebenen realisiert. Die Fassaden der neuen oberen Etagen bestehen aus Stahlplatten, in die ein Laser das Muster eines Geflechtes von Stäben geschnitten hat (Abb. 110). Deren Dichte nimmt nach oben ab, wie bei einem Baum, dessen Äste immer dünner werden. Die helle und transparente Stahlfassade steht im Kontrast zu der dunklen und regelmäßigen Backsteinfassade des Altbaus und schreibt die Baugeschichte der Stadt an diesem Ort weiter. Der Entwurf stammt von dem Münchner Architekten Peter Haimer.[555]

Eine künstlerisch gestaltete Fassade ist denn auch der stärkste Garant für einen Erhalt, wie die 1927 erbaute Motor Mart Garage in Boston/Mass. mit ihrer Art Deco-Fassade belegt. 1998 bis 1999 wurde sie komplett renoviert und dafür mit zahlreichen Preise ausgezeichnet.[556] Auch eine achtgeschossige Aufzuggarage in Downtown Los Angeles, 1924 von Curlett & Beelman im Stil des Art Deco entworfen, wurde 2005 unter Denkmalschutz gestellt.[557] Sie ist aber, nach Entwurf der Architectural Resources Group, zu Lofts ausgebaut.

110 *Salvatorgarage (1964) von Hart in München, Aufstockung (2006) von Haimer*

111 Michigan Palace in Detroit nach der Umnutzung (1976) zur Parkgarage

Und so, wie aus einem Parkhaus anderes werden kann, sind auch zu anderen Zwecken errichtete Bauten zu Parkhäusern geworden. Müller berichtete schon 1925 von der Umnutzung bestehender Bauwerke zu Großgaragen, etwa der Markthalle am Berliner Alexanderplatz.[558] Im Jahr darauf war in das Bourbaki-Panorama in Luzern eine zweigeschossige Rundgarage mit ›rota floor‹-Drehring eingebaut worden.[559]

Ein bekanntes Beispiel ist auch das 1926 erbaute Michigan Theatre Building in Detroit/Michigan (Entwurf Rapp & Rapp). Nach einer Umnutzung zum Nachtklub schloss es 1976 endgültig und wurde zum Parkhaus (Abb. 111). Trotzdem sind noch viele Bestandteile des alten Theaters vorhanden, der Kartenschalter, die viergeschossige Halle, Reste des Prosceniumsbogens, Teile des oberen Rangs und sogar der rote Vorhang.

Eine solche eher extensive Umnutzung, die auf den ersten Blick ungewöhnlich erscheinen mag, stellt letzten Endes für das Denkmal immer noch eine erhaltende Lösung dar. Denn das Theater bleibt in großen Bereichen (abgesehen vom ausgeräumten Zuschauerraum) unverändert, sein Abbruch ist zumindest hinausgeschoben, die Nutzung verlangt nicht nach intensiven Umbauten und Nachrüstungen invasiver Haustechnik. Es bleibt mehr vom Denkmal erhalten, als es bei einer ›Turbo‹-Restaurierung unverständiger Großinvestoren der Fall wäre.

Viel gravierender sind die Eingriffe, wenn mehrere Parkgeschosse die entbeinten Bauten füllen sollen, wie es etwa in Erfurt mit Backsteinbauten des Wilhelminismus oder in Gotha mit dem Waidhaus aus dem 16. Jahrhundert geplant war.[560] Nicht bei Plänen blieb es beim ›Stadtlagerhaus‹ am Hamburger Fischmarkt. Hier wurde 2001 ein 17-geschossiges automatisches Parkhaus eingebaut.

Scheinen parkende Autos in einem Theater eher als Abwertung, so wird die Nutzung von

112 Stadtstrand auf der Kaufhof-Garage in Stuttgart, 2009

Parkhäusern als Kunsthalle eher als Aufwertung des Bauwerks empfunden. Parkhäuser eignen sich offensichtlich sehr für diesen Zweck.[561] Temporär oder dauerhaft werden sie wie auch andere ›Unorte‹, etwa Luftschutzbunker, häufig zu Ausstellungshallen gemacht. So bietet Mel'nikovs Bakhmetevsky Garage für 104 Überlandbusse in Moskau heute auf 8.500 m² Grundfläche dem GCCC Moscow, dem Zentrum für Gegenwartskunst, auf Initiative von Daria Zhukova ein Zuhause. Solche mehr oder weniger schonenden Nutzungsanpassungen sind in der Baugeschichte über Jahrhunderte vorgezeichnet und der einzige Weg, gebaute Geschichtszeugnisse über einen langen Zeitraum zu erhalten – auch nach einem Ende des Automobilzeitalters. Die allerorten auf den Dachparkdecks der Hochgaragen entstehenden ›Stadtstrände‹ sind kein schlechter Anfang (Abb. 112).

Anmerkungen

1 Urs Kohlbrenner und Christfried Tschepe: Verkehrte Stadt. Wie das Auto zum Motor der Stadtplanung wurde. In: Baumeister, 88 (1991), Heft 7, S. 50–52, hier S. 51.
2 Frank Thinius: Fußgänger erblassen vor Neid. Bambus statt Sichtbeton: Der Besuch im Leipziger Zoo beginnt in seinem preisgekrönten Parkhaus. In: Welt am Sonntag, 21.11.2004.
3 Frauen und Stadtplanung. Parkhäuser und Tiefgaragen. Hg. vom Frauenbüro der Stadt Mainz. Mainz 1990; vgl. auch Birgit Bauerle: Parken in der City. Sicher unterwegs in Stuttgarter Parkhäusern. Stuttgart 1999 oder Bundeskriminalamt (Hg.): InfoDOK. Auswertung von Forschungs- und Präventionsprojekten zu Kriminalität in Parkhäusern. Wiesbaden 2005.
4 Bernd Polster: Tankstellen. Die Benzingeschichte. Berlin 1982; ders.: Super oder Normal. Tankstellen. Geschichte eines modernen Mythos. Köln 1996; Joachim Kleinmanns: Super, voll. Kleine Kulturgeschichte der Tankstelle. Marburg 2002; in den Vereinigten Staaten von Amerika schon etwas früher von Vieyra, Daniel I.: »Fill'er up«. An architectural history of America's gas stations. New York, London 1979.
5 Goege 1984; Goege 1987; Hasse 2007; zuletzt This Oberhänsli: Von der Remise zur Grossstadtgarage. In: Wege und Geschichte. Zeitschrift von Via Storia. Zentrum für Verkehrsgeschichte, o. Jg. (2009), Heft 1 (Juni), S. 10–15.
6 So Goege 1984, S. 40.
7 Heymann: Park. In: J. S. Ersch und J. G. Gruben (Hg.): Allgemeine Encyklopädie der Wissenschaften und Künste [...]. Dritte Section O–Z. Hg. von M. H. E. Meier und L. F. Kämtz. Zwölfter Theil. Leipzig: F. A. Brockhaus 1839, S. 121–122.
8 Der Neue Brockhaus. Allbuch in vier Bänden und einem Atlas. Dritter Band. Leipzig: F. A. Brockhaus 1938, S. 492.
9 So beispielsweise in Allgemeine Encyklopädie, wie Anm. 7, S. 119.
10 Deutsches Wörterbuch von Jacob Grimm und Wilhelm Grimm. Siebenter Band N. O. P. Q. Bearb. von Dr. Matthias von Lexer. Leipzig: S. Hirzel 1889, Sp. 1462.
11 Meyers Konversations-Lexikon. Ein Nachschlagewerk des allgemeinen Wissens. Fünfte, gänzlich neubearbeitete Auflage. Dreizehnter Band. Leipzig, Wien: Bibliographisches Institut 1896, S. 544.
12 Wie Anm. 10.
13 Wie Anm. 8.
14 Idelberger 1974, S. 1769.
15 Der Große Brockhaus. Sechzehnte, völlig neubearbeitete Auflage in zwölf Bänden. Achter Band. Wiesbaden 1955, S. 753 (parken) und S. 755 (Parkometer).
16 Ebda, S. 755.
17 This Oberhänsli: Parkingmeter. In: Wege und Geschichte, Heft 1/2009, S. 39.
18 1874 erweitert und 1890 durch einen Neubau ersetzt, der 1907 abbrannte. Ab 1912 wiederum Neubau, im Zweiten Weltkrieg schwer beschädigt und 1956 als ›Park-Hotel‹ wieder aufgebaut und seitdem mehrfach erweitert.
19 Eckhardt 1930.
20 Gescheit/Wittmann 1931, S. 154–156.
21 Ebda, S. 108–111.
22 Garagenhäuser für Großstädte. In: Bauwelt, 46 (1955), Heft 12, S. 226–227.
23 Georg Müller, in: Bauaktenarchiv, nach Hasse 2007, S. 109.
24 Zu den Vorläufern und insgesamt zur Geschichte des Automobils siehe Kurt Möser: Geschichte des Autos. Frankfurt/Main, New York 2002.
25 Joachim Radkau: Technik in Deutschland vom 18. Jahrhundert bis zur Gegenwart. Frankfurt am Main 1990, S. 299.
26 Patrick Robertson: The new Shell-book of firsts. London 1994; Robertson führt leider keinen Beleg an. Es handelte sich um eine Hochgarage der City & Suburban Electric Carriage Co. Ltd., die von 1901 bis 1905 Elektrofahrzeuge

produzierte. Die Garage maß pro Geschoss rund 250 m^2, dürfte also insgesamt fast 100 Fahrzeugen Platz geboten haben.

27 Die London Metropolitan Archives (LMA) verzeichnen in ihren Katalogen kein Archivgut, seien es Bauakten, Pläne, Fotos oder anderes zu der Adresse 6 Denman Street für den entsprechenden Zeitraum. Das Adressbuch (Post Office London Directory) für 1902 führt die City & Suburban Electric Carriage Company in 6 Denman Street auf, gibt aber keine Informationen zur Nutzung des Gebäudes, auch nicht im Anzeigenteil des Adressbuches. Die Listen der Bauaufsicht über Baumaßnahmen in St. James, Westminster, von Januar 1900 bis Mai 1901 (LCC/AR/BA/04/106/052, LCC/AR/BA/04/115/52) geben lediglich den Hinweis auf Umbaumaßnahmen durch die City Electric Carriage Company im März 1901, die sich auf 5–7 Denman Street beziehen, und auf die Öffnung einer Gemeinschaftswand zwischen diesen Grundstücken, die alle der City & Suburban Electric Carriage Company gehörten, im April 1901. Leider geben die Listen der Bauaufsicht in der Regel nicht den Zweck der Baumaßnahmen an, sofern es sich nicht um Neubauten handelt, so auch hier nicht (freundliche Auskunft Bridget Howlett, LMA). Ebenso negativ war die Anfrage bei der Greater London Industrial Archaeology Society (GLIAS), Auskunft des Geschäftsführers Brian James-Strong, 19.11.2007.

28 Architects' and Builders' Magazine (New York), N. S. 7 (1905/06), S. 296–301.

29 Chicago Automobile Club. In: The Architectural Record, Vol. 22 (1907), Nr. 3, S. 214.

30 Auskunft von Nancy Sparrow, Alexander Architectural Archive, The University of Texas at Austin, 11.07.2007.

31 Müller 1926, S. 286.

32 Alfred Schubert: Engel-Schuberts Handbuch des Landwirtschaftlichen Bauwesens mit Einschluss der Gebäude für landwirtschaftliches Gewerbe. Neunte, völlig neu bearb. Aufl. Berlin 1911, S. 266. Mehrere Grundriss-Beispiele dafür in Friedrich Engel u. a.: Gebäude für landwirthschaftliche und Approvisionirungs-Zwecke (Handbuch der Architektur, IV. Teil, 3. Halb-Band, hg. von Josef Durm u. a.). Darmstadt: Bergsträsser 1884.

33 Conradi 1926, S. 555.

34 Engel u. a. 1884, wie Anm. 32, S. 15.

35 Garagenbauten. In: Die Form, 7 (1932), S. 247.

36 Engel u. a. 1884, wie Anm. 32, S. 26; das Bauwerk wurde zuerst publiziert in Encyclopédie d'architecture. Revue mensuelle des travaux publics et particuliers publié sous la direction d'un comité d'architectes et d'ingénieurs, 2. Serie, 6. Bd. (1877), S. 47, Pl. 419 und 439.

37 In der bauhistorischen Literatur wird dagegen häufig das falsche Baujahr 1905 angegeben. Dieser Irrtum geht zurück auf einen Aufsatz von Paul Jamot: 1905, date décisive pour l'architecture du béton armé. In: L'art vivant, 1.9.1926, S. 643–644. Die bislang umfangreichste Dokumentation der Garage Ponthieu findet sich in Maurice Culot, David Peyceré et Gilles Ragot (Hg.): Les frères Perret. L'œuvre complète. Les Archives d'Auguste Perret (1874–1954) et Gustave Perret (1876–1952) architectes entrepreneurs. Paris 2000, S. 22 f., S. 92–94 und S. 378; weitere Dokumente publizierten Jean Louis Cohan, Joseph Abram, Guy Lambert: Encyclopédie Perret. Paris 2002, S. 106 f.

38 7, rue de Trétaigne im 18. Pariser Bezirk, nach Culot u. a. 2000, wie Anm. 37, S. 93.

39 Goege 1987, S. 68.

40 Roberto Gargiani: Auguste Perret. La théorie et l'œuvre. Traduit de l'italien par Odile Ménégaux. Paris 1994, Werkverzeichnis Nr. 18 mit der falschen Datierung um »1907«; Culot u. a. 2000, wie Anm. 37, S. 378 nennen als Datum der Erweiterungsplanung März 1928; Cohan u. a. 2002, wie Anm. 37, S. 106 f. datieren den Erweiterungsplan auf März 1923.

41 [Edmond] Uhry: Garages d'automobiles. In: L'architecte, 3 (1908), Heft 4, S. 27–30; [Robert] Mallet-Stevens und [J.] Roederer: Notes from Paris. Garage Ponthieu. In: The Architectural Review, 24 (1908), Nr. 142, S. 136–139.

42 Denkmalliste der Stadt Berlin, Chausseestraße 117 (MIT/MITTE-D), Nr. 09011059.

43 Eckhardt 1930.

44 Herbert Lüthgen: Der Benzol-Verband. Ein Beitrag zum Problem der deutschen Treibstoff-Versorgung. Diss. Universität Köln 1929, S. 104.

45 Statistisches Reichsamt (Hg.): Statistische Jahrbücher, 1929, S. 159 f. und 1932, S. 157 ff.

46 Walter Ade: Das Tankstellenproblem in Deutschland. Hamburg 1936, S. 41–43.

47 Christoph Maria Merki: Der holprige Siegeszug des Automobils 1895–1930. Zur Motorisierung des Straßenverkehrs in Frankreich, Deutschland und der Schweiz. Köln u. a. 2002, S. 40.

48 »L'Italia, rispetto all'Inghilterra, alla Germania ed alla Francia, è ancora indietro nello sviluppo dell'Automobilismo [...].« De Cupis 1929, S. 11.

49 Vgl. dazu De Cupis 1929, S. 10–11.

50 De Cupis 1929, S. 11.

51 Müller 1926, S. 284.

52 Müller 1925, S. 4.

53 Das Gross-Garagenhaus der Wender Akt.-Ges. in Charlottenburg. In: Bauwelt, 15 (1924), S. 403–407, hier S. 404.

54 Kolportiert von Georg Müller: Die Garagenfrage in Deutschland. In: VDI-Nachrichten, 4 (1924), Heft 50.

55 »Aside from the weather there is no question more discussed in our cities today than that of automobile parking.« United States Conference of Cities, 1928, zitiert nach Jane Holtz Kay: A Brief History of Parking. The Life and After-life of Paving the Planet. In: Architecture. The AIA journal. Official Magazine of the American Institut of Architects. New York, 90 (2001).

56 Conradi 1931.

57 Garage Gillis in Königsberg i. Pr. Anlage in Flachbau für 100 Personen- und Lastautos. In: Bauwelt, 18 (1927), Heft 3, S. 1–2.

58 In: Die Garage, 1 (1925), S. 193 und Nr. 10, 213.

59 Die Garage. Zeitschrift der Fachgruppe Garagengewerbe in der österreichischen Gast- und Schankgewerbeinnung. Für die Garage, Tankstelle und Servicestation. Mitteilungsorgan des Schutzverbandes der Garagenbesitzer in Wien, 1 (1929).

60 Hasse 2007, S. 10–11.

61 W. Schürmeyer: Garagenbauten in Frankfurt a. Main. In: db, 63 (1929), S. 737–742, hier S. 737.

62 Conradi 1928.

63 Georg Müller: Die Garagenausstellung in München. In: Mitteilungen des Deutschen Automobil-Händler-Verbandes, 20.08.1925.

64 Müller 1926, S. 285.

65 Bauwelt, 21 (1930), S. 1722.

66 Garagenbauten. In: Die Form, 7 (1932), S. 247, zit. nach Hasse 2007, S. 107.

67 Müller 1926.

68 Akademie der Künste, Berlin, Baukunstarchiv, Bestand Brüder Luckhardt und Alfons Anker, Werkverzeichnis Nr. 31: Großgarage für 1.000 Automobile für die Wender AG, Knobelsdorff-/Sophie-Charlottenstraße, 1924.

69 Gescheit/Wittmann 1931, S. 89–92.

70 S. Frederick Starr: K. Mel'nikov. Le pavillon soviétique, Paris 1925. Paris 1981. Allgemein zu Konstantin Mel'nikow siehe Mario Fosso: Konstantin S. Mel'nikov e la costruzione di Mosca. Milano 1999 (engl. Ausgabe: Konstantin S. Mel'nikov and the construction of Moscow. Milano 2000); S. Frederick Starr: Melnikov. Solo architect in a mass society. Princeton/New York 1978; zu Mel'nikovs Wohnhaus siehe Alessandro DeMagistris: La casa cilindrica di Konstantin Mel'nikov. 1927–1929. Torino 1998; Juhani Pallasmaa: The Melnikov House. Moscow (1927–1929). London 1996. Zur russischen Avantgarde-Architektur zuletzt Richard Pare: Verlorene Avantgarde. Russische Revolutionsarchitektur 1922–1932. Vorwort von Phyllis Lambert und Einführung von Jean-Louis Cohen. München 2007.

71 Gegründet 1855 als Compagnie Imperiale des Voitures à Paris, 1866 umbenannt in Compagnie Générale des Voitures à Paris, seit 1977 nur noch unter der Kurzbezeichnung C. G. V. firmierend (vgl. Gijs Mom: Geschiedenis van de Auto van Morgen. Deventer 1997, ders.: The electric Vehicule. Technologies and Expectations in the Automobile Age. Baltimore 2004) und 1989 in der Aktiengesellschaft SCOR aufgegangen.

72 Juan Navarro Baldeweg und Andrés Jaque: Konstantin Melnikov. Aparcamiento para 1000 Autos. 2a Variante. París 1925. Car Park for 1000 Vehicles. 2nd Version. Paris 1925 (Arquitecturas ausentes del Sigl XX, 15). Madrid 2004. Zum Auftraggeber darin S. 66.

73 Art. Das Kunstmagazin, o. Jg. (2006), Heft 1, S. 16.

74 Fondation Le Corbusier, Paris: 32065 (»Plan 8«).

75 Zu diesem Bauunternehmer siehe die kurze Notiz Joseph Mège. In: Travaux, Heft 142 (August 1946), S. 298. Mège führte das als Aktiengesellschaft firmierende Unternehmen mit 5,5

Millionen Francs Stammkapital. Der Firmensitz befand sich 138, Boulevard Malesherbes im XVII. Pariser Arrondissement. Das Unternehmen war auf öffentliche Bauvorhaben (Travaux Publics) und Stahlbetonkonstruktionen (Béton Armé) spezialisiert.

76 Vgl. Müller 1930, S. 575; Karim Hassayoune: Usages de la rampe en architecture. Entre automobiles, hommes et idées. Seminararbeit an der Ecole d'Architecture Paris Malaquais, Departement Théorie, Histoire, Projet. September 2005, S. 12.

77 Im Werkarchiv Henri Sauvages im Institut Français d'Architecture sind Unterlagen zu einem solchen Bauwerk nicht archiviert (Maurice Culot: Henri Sauvage. 1873–1932, Edition des archives d'architecture moderne. Brüssel 1978, S. 207–209). Auch im 1994 gedruckten Werkkatalog auf der Basis der Sammlungen des Institit Français d'Architecture und des Pariser Stadtarchives (The architectural drawings of Henri Sauvage. New York 1994) ist die Garage nicht enthalten. Culot 1978, S. 207–209, verzeichnet jedoch für 1927 und 1928 große Bauten mit Garagenplätzen für bis zu 4.000 Automobile, so das Giant Hotel am Quai d'Orsay und ein Terrassenhaus an der Seine.

78 http://www.fondationlecorbusier.asso.fr/fondationlc_us.htm (08.07.2008).

79 1926 Immeuble, stade, garage Cardinet – Paris (France): http://www.fondationlecorbusier.asso.fr/projets.htm (03.09.2008).

80 Etudes modernes, November 1924; Müller 1925, S. 71; [Paul] Jarnot: 1905 date décisive pour l'architecture du béton armé. In: L'art vivant, 2 (1926), S. 641–644; Conradi 1931, S. 53–54. Nicht erwähnt wird die Garage Ponthieu in Gescheit/Wittmann 1931.

81 Müller 1925, S. 71.

82 Conradi 1931, S. 54.

83 Werner Dietrich: Die »Großgarage Süd« in Halle. Denkmalfachliche Fallskizze eines außergewöhnlichen Bauwerkes des deutschen Straßenverkehrs der 1920er Jahre. In: Denkmalpflege in Sachsen-Anhalt, 10 (2002), Heft 2, S. 136–145; auch Hasse 2007, S. 101–106.

84 Stadtarchiv Halle, Akten des Magistrats, Dienststelle PVB, Pfännerhöhe 71–72, Bd. I, Bl. 2.

85 Dietrich 2002, wie Anm. 83, S. 137; auch Hasse 2007, S. 101–106.

86 Stadtarchiv Halle, Häuserarchiv, Pfännerhöhe, Großgarage Süd, Baubeschreibung zur Errichtung einer Garagenanlage auf dem Grundstück Pfännerhöhe 71/72.

87 Hallesche Nachrichten, 23.02.1929.

88 Bewohner von vier Etagen: 160 Autos. Auf der Schiebebühne in der Großgarage Süd, der größten der DDR. In: Liberal-Demokratische Zeitung, Nr. 279 (30.11.1955).

89 Conradi 1931, S. 51.

90 Vgl. Adolf Rading. Bauten, Entwürfe und Erläuterungen. Ausgewählt und zusammengestellt von Peter Pfannkuch (Schriftenreihe der Akademie der Künste, Bd. 3). Berlin 1970, zur Hochgaragenplanung für Breslau siehe S. 25. Ein ebenerdiges Garagenhof-Projekt von 1923 blieb ebenfalls unausgeführt. Von den vier Garagentrakten standen die beiden mittleren Rücken an Rücken. Nur sie, nicht die äußeren, bargen im Obergeschoss Zimmer für Chauffeure mit Gemeinschaftsbädern und Toiletten vor Kopf. Im ersten Bauabschnitt waren mit 142 Garagen geplant, im zweiten die Erweiterung auf 243. Die Zahl der Chauffeurzimmer betrug 78 im ersten und 126 nach Vollendung des zweiten Bauabschnitts. Vgl. Akademie der Künste, Berlin, Baukunstarchiv, Bestand Rading (zwei Grundriss-Reproduktionen).

91 Akademie der Künste, Berlin, Baukunstarchiv, Bestand Rading: Modellfotos und Grundrisse Erd- und Normalgeschoss. Das Modell und der Erdgeschoss-Grundriss wurden publiziert in Adolf Behne: Der moderne Zweckbau (Die Baukunst, hg. von Dagobert Frey). München 1926, S. 43 und Tafel 26.

92 Die publizierten Grundrisse sind nicht vermaßt. Die Größenverhältnisse wurden aus den Stellplatzgrößen, die mit ca. 5 m Länge angenommen wurden, errechnet.

93 Müller 1937, S. 166; Walter Lange: Die Gross-Garage Goldene Laute in Leipzig. Vom alten Fuhrmansgasthofe zur modernen Grossgarage. 8 beachtliche Geschichten. Leipzig 1928; Heinz-Jürgen Böhme: Die Goldene Laute. Vom Ausspannhof zur Großgarage. In: Waldstraßen-Viertel. Eine Publikationsreihe von PRO Leipzig, Nr. 6, 1995, S. 59–63; sowie Hasse 2007, S. 94–97.

94 Ernst Wiesel: Garagenhof Chemnitz. In: Chemnitz. Hg. vom Rate der Stadt Chemnitz. Red. Paul Uhle (Deutschlands Städtebau). Berlin 1929, S. 140–141.

95 Andreas Schenk (Bearb.): Mannheim und seine Bauten 1907–2007, Bd. 4: Bauten für Verkehr, Industrie, Gesundheit und Sport. Mannheim 2004, S. 17 f.

96 DBZ, 59 (1925), S. 45.

97 Zit. nach Stadtarchiv Mannheim, Zeitgeschichtliche Sammlung S 2/468.

98 DBZ, 61 (1927), Beilage, S. 191–192, zit. nach Goege 1987, S. 69.

99 Hans und Wassili Luckhardt, Alfons Anker: Garagen-Bau. In: Bauwelt, 15 (1924), S. 768–769.

100 Conradi 1931, S. 12.

101 Müller 1930, S. 573.

102 Conradi 1931, S. 35.

103 Conradi 1926, S. 555.

104 Garagen-Bau 1924, wie Anm. 99.

105 Ebda.

106 Conradi 1931, S. 40.

107 Siehe Tabelle in Hans Conradi: Kleingaragen, Hallengaragen Handbuch der Architektur, IV. Teil, 2. Halbband, Heft 6a. Leipzig 1931, S. 77–78.

108 Vahlefeld/Jacques 1956, S. 31 f.

109 Ernst Neufert: Bauentwurfslehre. Düsseldorf 1973[39], S. 334.

110 Henjes 1973, S. 9.

111 Gescheit/Wittmann 1931, S. 154.

112 Garagen-Bau 1924, wie Anm. 99.

113 Müller 1925, S. 98–103.

114 Müller 1926.

115 Über Hohner war Weiteres nicht in Erfahrung zu bringen. Stuttgarter Adressbücher der Zeit führen ihn nicht.

116 R.: Der Wagenhaus-Neubau in Stuttgart. In: Bauwelt, 16 (1925), S. 608; Hans Conradi: Moderne europäische Grossgaragen. In: Baumeister, 29 (1931), S. 170–175, Tafeln 36–38; vgl. auch Stadtarchiv Stuttgart, Bestand 116/3 Nr. 673 (Baurechtsakte). Die Aufnahmen in der Fotosammlung des Stadtarchivs geben nur den Zustand nach 1945 wieder, ein Foto der 1930er Jahre zeigt einen Ausschnitt der Tankstelle vor der Garage. In der Zeitungsausschnittsammlung des Stadtarchivs beginnen Berichte zur Schwabengarage erst 1959.

117 Conradi in Baumeister 1931, wie Anm. 116, S. 171.

118 Conradi 1931; Conradi in Baumeister 1931, wie Anm. 117, S. 172.

119 Wagenhaus-Neubau 1925, wie Anm. 116.

120 Nach dem gleichen Prinzip entwickelte J. H. Albarda 1960 ein Garagenhochhaus für 924 Wagen in den Niederlanden; vgl. DBZ, 65 (1960), S. 286.

121 Conradi 1931, S. 10.

122 Müller 1930, S. 571.

123 Conradi 1926, S. 556.

124 Conradi 1931, S. 12.

125 Müller 1925, S. 47.

126 Farmont 1965, S. 41.

127 Ebda, S. 42–43.

128 Das Groß-Garagenhaus der Wender Akt.-Ges. in Charlottenburg. Brüder Luckhardt und Alfons Anker Architekten B. D. A. Berlin Westend. In: Bauwelt, 15 (1924), S. 403–407; H[ans] Söder: Architektur der Großen Berliner Kunstausstellung 1924. In: Der Neubau, 6 (1924), Heft 13 (Juli), S. 155–156; Hans Luckhardt: Eine neue Massengarage. In: Der Motorwagen, 27 (1924), Heft 23 (August), S. 411–413; Walter Gropius (Hg.): Internationale Architektur (Bauhausbücher, Bd. 1). München 1925, S. 23–24; Roland Schacht: Brüder Luckhardt und Alfons Anker. In: Deutsche Kultur. Berlin o. Jg. (um 1925), S. 6–9; B.: Grossgaragenhaus für tausend Automobile. In: Architektur und Schaufenster, 24 (1927), Heft 3 (März), S. 4–5; Gustav Adolf Platz: Die Baukunst der neuesten Zeit. Berlin 1927, S. 445; Ludwig Hilberseimer: Großstadtarchitektur (Die Baubücher, Bd. 3). Stuttgart 1927, S. 84; Lenzi 1928; George Nelson: Architects of Europe today. Geb. Luckhardt, Germany. In: Pencil Points, 16 (1935), Heft 3 (März), S. 129–136.

129 Akademie der Künste, Berlin, Baukunstarchiv, Bestand Brüder Luckhardt und Alfons Anker, Werkverzeichnis Nr. 31: Großgarage für 1.000 Automobile für die Wender AG, Knobelsdorff-/Sophie-Charlottenstraße, 1924 (oder geringfügig früher). Siehe auch Udo Kultermann: Wassili und Hans Luckhardt. Bauten und Entwürfe. Tübingen 1958, Abb. S. 52 f.; Brüder Luckhardt und Alfons Anker. Berliner Architekten der Moderne (Schriftenreihe der Akademie der

Künste, Bd. 21). Berlin 1990; Dagmar Nowitzki: Hans und Wassili Luckhardt. Das architektonische Werk (Beiträge zur Kunstwissenschaft, Bd. 42). München 1992.

130 Garagen-Bau 1924, wie Anm. 99; Neue Gedanken für Garagenbauten. In: Bauwelt, 17 (1926), Heft 8 (Februar), S. 25–29.

131 Da die Grundrisse nicht vermaßt sind, musste dieses Maß aus den Angaben im Text der Erläuterungen annähernd ermittelt werden. Vgl. Groß-Garagenhaus 1924, wie Anm. 128, S. 406.

132 Nowitzki 1992, wie Anm. 129, S. 50.

133 Goege 1987, S. 69–72.

134 Ebda, S. 70.

135 Olivier Cinqualbre: Robert Mallet-Stevens, L'œuvre complète. Catalogue de l'exposition »Robert Mallet-Stevens, architecte«, présentée du 27 avril au 29 août 2005 au Centre Pompidou (Collection Classiques du XXe siècle). Paris 2005.

136 Zit. nach ebda, S. 139.

137 Autoausstellungshaus und Großgarage Marbeuf/Paris. In: Baumeister, 28 (1930), S. 93–95; Gescheit/Wittmann 1931, S. 147–151; Conradi 1931, S. 31–32; Vahlefeld/Jacques 1956.

138 Hélène Guéné: L'architecture automobile. In: Coups de volant (Monuments historiques, Nr. 134). Paris 1984, S. 33–41. Zu Robert Mallet-Stevens siehe Cinqualbre 2005.

139 Neufert 1973, wie Anm. 109, S. 335, siehe auch Baker/Funaro 1958.

140 Conradi 1931, S. 14.

141 Siehe US-Patent-Nr. 1.298.183 vom 25.03.1919, Nr. 1.349.664 vom 17.08.1920, Nr. 1.379.970 vom 31.05.1921 und Nr. 1.444.307 vom 06.02.1923, vgl. Müller 1925, S. 84.

142 Farmont 1965, S. 11.

143 Klose 1965, S. 40.

144 Müller 1925, S. 20; Müller 1930, S. 573.

145 Conradi in Baumeister 1931, wie Anm. 117, S. 175; Conradi 1931, S. 22–23.

146 Pech 2006, S. 189-190.

147 Conradi 1931, S. 25–26.

148 Junggesellenhaus mit Großgarage in Berlin-Charlottenburg. In: Bauwelt, 23 (1932), S. 158–160.

149 215 West Washington Street in the West Loop area of downtown, vgl.: Robert Bruegmann: Holabird & Roche/Holabird & Root. An illustrated catalogue of works 1880–1940. New York 1991; Werner Blaser: Chicago Architecture. Holabird & Root 1880–1992. Basel, Boston 1992; Robert Bruegmann: The architects and the city. Holabird & Roche of Chicago 1880–1918 (Chicago Architecture and Urbanism). Chicago 1997. Das Werkarchiv von Holabird & Roche bewahrt die Chicago Historical Society.

150 Mary Beth Klatt: Car Culture. Some Cities Convert Historic Parking Garages into Lofts or Lots. In: Preservation Online, 04.10.2004 (http://www.nationaltrust.org/magazine/archives/arch_story/102105.htm; 22.06.2007); schon 1976 war das Hotel abgerissen worden.

151 Conradi 1931, S. 175, gibt irrtümlich I. Greve als Architekten an; Vahlefeld/Jacques 1956, S. 160 nennen die Architekten Suter & Suter in Zürich.

152 Conradi 1931, S. 18–20.

153 Rolf Brönnimann: Basler Industriebauten 1850–1930. Die Entstehung und Entwicklung der Industriearchitektur in Basel und Umgebung. Basel 1990, S. 13 f. und 150.

154 Conradi in Baumeister 1931, wie Anm. 117, S. 172.

155 W. Schürmeyer: Garagenbauten in Frankfurt a. Main. In: Deutsche Bauzeitung, 63 (1929), S. 737–742, hier S. 740.

156 Gerhard Graubner (Hg.): Paul Bonatz und seine Schüler. Stuttgart (1931), S. 51–55.

157 Le Corbusier: Vers une Architecture. Paris 1923 (dt.: Kommende Baukunst. Stuttgart 1926).

158 Ludwig Hilberseimer: Grosstadtarchitektur. Stuttgart 1927.

159 Kenneth Frampton: Die Architektur der Moderne. Eine kritische Baugeschichte. Stuttgart 1983.

160 Valeria Farinati (Hg.): Eugenio Miozzi 1889–1979. Inventario analitico dell'archivio. Venezia 1997. Von Miozzi stammen auch die beiden Brücken über den Canal Grande nördlich und südlich der Ponte Rialto, die Ponte degli Scalzi vor dem Bahnhof und die provisorisch gedachte hölzerne Ponte dell'Accademia, die noch heute besteht.

161 Paolo Maretto: Venezia. Genua 1969, S. 100; Massimo Bortolotti: La sistemazione degli arrivi a Venezia negli anni Trenta. La stazione ferroviaria e Piazzale Roma. Diplomarbeit Vendig IUAV 1981/1982; Sergio Polano: Guida all'architettura italiana del Novecento. Mailand 1994, S. 220.

162 Auto-rimessa von rimettere im Sinne von anvertrauen ist der italienische Begriff für die Autogroßgarage Venedigs (verbreiteter ist in Italien der Begriff Autosilo). Siehe Eugenio Miozzi: Il ponte del Littorio. Venezia 1934; Alessandro L. Goldstein-Bolocan: Grande autorimessa sulla laguna. In: L'industria italiana del cemento, 6 (1934), S. 327–331; Ugo Nebbia: Autorimessa a Venezia. In: Casabella. Rivista internazionale architettura, 7 (1934), Nr. 83, S. 36–40; G. Silvestri: L'autorimessa di Venezia. In: Le vie d'Italia. Touring Club Italiano, 17 (1934), S. 873–879; Architettura nuova a Venezia. In: Architettura. Sindacato Nazionale Fascista Architetti, 4 (1935), Heft 1, S. 19–25; L'autorimessa di Venezia. In: Rassegna di architettura, 7 (1935), Heft 3, S. 92–98.

163 Baker/Funaro 1958, S. 51–53.

164 Vahlefeld/Jacques 1956, S. 174–176, mit Abbildungen und falschem Baudatum 1935/36.

165 Über die bereits in Anm. 168 genannten hinaus auch in Frankreich: A. Silvestri: La gare à étages de Venise. In: La technique des travaux. Revue mensuelle des procédés de construction moderne, 12 (1936), S. 305–311.

166 Gescheit/Wittmann 1931, S. 100–102.

167 Müller 1930.

168 Müller 1925, S. 19.

169 Nach Conradi in Baumeister 1931, wie Anm. 117, S. 175.

170 Conradi 1926, S. 555–557.

171 Großkraftwagenhaus der Siemens-Bauunion. In: Bauwelt, 17 (1926), S. 607 f.

172 Lenzi 1928, S. 447–448; De Cupis 1929, S. 26.

173 Zunächst war hier vermutlich eine doppelgängige Wendelrampe aus langen geraden Rampen geplant; vgl. Conradi 1926, S. 556.

174 Conradi 1931, S. 33–35.

175 Heinz Johannes: Neues Bauen in Berlin. Berlin 1931, S. 28, Nr. 30; Conradi in Baumeister 1931, wie Anm. 117, S. 173 f.; db, 65 (1931), S. 226–228; Gescheit/Wittmann 1931, S. 184–186; Irmgard Wirth (Bearb.): Stadt und Bezirk Charlottenburg. Einführung von Paul Ortwin Rave (Die Bau- und Kunstdenkmäler von Berlin). Berlin 1961, S. 583; Rolf Rave und Hans-Joachim Knöfel: Bauen seit 1900 in Berlin. Berlin 1968; Martin Wörner und Doris Mollenschott: Architekturführer Berlin. Berlin 1989, Nr. 154; Bauwelt, 86 (1995), S. 1219; Gympel 1999, S. 34.

176 Eckhardt 1930.

177 Siehe Thomas Katzke: Wien – Berlin. Hermann Zweigenthal in der Zeit von 1904 bis 1933. In Bauwelt, 95 (2004), Nr. 17, S. 14–19. Daraus auch die folgenden Details der Baugeschichte dieser Hochgarage.

178 Siehe Wolfgang Thöner und Peter Müller (Hg.): Bauhaus-Tradition und DDR-Moderne. Der Architekt Richard Paulick. München, Berlin 2006.

179 Eckhardt 1930.

180 Bauaktenarchiv Bd. 13, S. 27–28, zit. nach Hasse 2007, S. 110.

181 Ebda.

182 Foto Archiv Gabriele Paulick, vgl. Thöner/Müller 2006, wie Anm. 178, S. 26.

183 Eckhardt 1930.

184 Ebda.

185 Georg Müller: Die Berliner Hochgarage. In: Bauwelt, 21 (1930), S. 1413–1414; weiterhin Müller 1925, Vorwort.

186 Conradi in Baumeister 1931, wie Anm. 117, S. 174.

187 [Oskar] Korschelt und [Jacob] Renker: Die Berliner Hochgarage. In: Bauwelt, 21 (1930), S. 1701– 1702.

188 Garagenbauten. In: Die Form, 7 (1932), S. 247–254.

189 Bauaktenarchiv des Bezirksamtes Charlottenburg-Wilmersdorf/Berlin, Kantstraße 126/127, Bd. 15, 1, nach Hasse 2007, S. 108.

190 Goege 1987, S. 66–74, hier S. 72–73.

191 Vahlefeld/Jacques 1956, S. 52.

192 Conradi 1931, S. 39.

193 Gescheit/Wittmann 1931, S. 89–92.

194 Müller 1925, S. 18.

195 Conradi 1931, S. 40 f.

196 Gids van de Moderne architectuur in Den Haag. Den Haag 1998, S. 267.

197 Conradi in Baumeister 1931, wie Anm. 117, S. 175.

198 http://www2.holland.com/nl/discover/city-style/denhaag/architectuur/torengarage.jsp.

199 Conradi 1931, S. 40–41.

200 Conradi in Baumeister 1931, wie Anm. 117, S. 174.

201 Conradi 1931, S. 40; Conradi in Baumeister 1931, wie Anm. 117.
202 Ebda, S. 175.
203 Bruno Zevi: Frank Lloyd Wright. Basel 1998.
204 Conradi 1931, S. 28.
205 Ebda, S. 27.
206 Werbeanzeige in Auto-Magazin, o. Jg. (1929), Heft 16.
207 Conradi 1931, S. 8.
208 Ebda, S. 175, gibt irrtümlich I. Greve als Architekten an; Vahlefeld/Jacques 1956 auf S. 160 die Architekten Suter & Suter in Zürich.
209 Conradi 1931, S. 64.
210 Conradi 1926, 557.
211 Conradi 1931, S. 42.
212 Hentjes 1973, S. 9.
213 Conradi 1931, S. 42.
214 Ebda, S. 46.
215 Wohnhausblock mit Garagen auf dem Schramm'schen Gelände in Berlin-Wilmersdorf. In: Bauwelt, 19 (1928), Heft 3, S. 1–2.
216 Lenzi 1928, S. 446.
217 Bauwelt, 23 (1932), S. 553.
218 Culot u. a. 2000, wie Anm. 37, S. 346 f.; weitere Dokumente publizierten Cohan u. a. 2002, wie Anm. 37, S. 58.
219 Entwurf des Architekten H. Kosina. Ein Modellfoto findet sich im Bildindex Foto Marburg. Es zeigt eine dreigeschossige Halle mit Lichthof.
220 Conradi in Baumeister 1931, wie Anm. 117, S. 175.
221 Ebda.
222 Baupolizeiliche Bestimmungen. Richtlinien für die Genehmigung von Großgaragen. In: Deutsche Bauzeitung, 58 (1924), Nr. 64, S. 403–404.
223 Einige dieser Plakate sind abgedruckt in Müller 1925, S. 93–97.
224 Wambsganz 1939, S. 223.
225 Sill 1951, S. 15.
226 Verordnung über Garagen und Einstellplätze – Reichsgaragenordnung (RGaO) vom 17.2.1939, Reichsgesetzblatt I Nr. 28, S. 219, auszugsweise abgedruckt in Deutsche Bauzeitschrift, 73 (1939), S. 196–199 und S. 232–233; Verordnungen über Garagen und Einstellplätze vom 17. Februar 1939. In: db, 73 (1939), S. 196–198, und S. 232–233; Keine Bauanträge mehr ohne Garage. In: Bauwirtschaft, Wohnungs- und Siedlungspolitik, 74 (1940), S. 475–477; sowie Nowak 1952; auch: Reichsgaragenordnung vom 17.2.1939. In: Baumeister, 51 (1954), S. 161 ff., S. 589 ff. und 805 ff.
227 RGaO, wie Anm. 226, in der Fassung vom 13.9.1944, zit. nach Nowak 1952, S. 5.
228 Wambsganz 1939, S. 221.
229 § 1 (1) RGaO.
230 § 3 RGaO; vgl. auch Wambsganz 1939, S. 221.
231 § 4 RGaO. Diese Kombination wurde schon seit Beginn der 1930er Jahre propagiert; vgl. Georg Müller: Garagen im Luftschutz. In: Gasschutz und Luftschutz, 2 (1932), Nr. 12, S. 270.
232 Hans Schoßberger: Englische Luftschutzräume. In: Bauwelt, 29 (1938), S. 1049.
233 Reichsgesetzblatt I, S. 568, und Reichsarbeitsblatt I, S. 115.
234 Wambsganz 1939, S. 223.
235 Die Planungen finden sich im Bestand Otto Ernst Schweizer des Südwestdeutschen Archivs für Architektur und Ingenieurbau (saai) am Karlsruher Institut für Technologie (KIT).
236 Sill 1961, 1981[3].
237 Sill 1951, S. 27.
238 Walter Gong: Amerikas Riesenstädte ersticken im Verkehr. In: Süddeutsche Zeitung Nr. 61 (12. März 1959), S. 3.
239 Farmont 1965, S. 87–91.
240 Ebda, S. 87.
241 DBZ, 65 (1960), 286.
242 Vahlefeld/Jacques 1956, S. 14.
243 Hamburg, die Baubehörde, 18.6.1949: Dienstanweisung über die Anwendung der Verordnung über Garagen und Einstellplätze, I (2), zit. nach Nowak 1952, S. 29–33.
244 Erlass vom 28. Juli 1949, nach Nowak 1952, S. 33.
245 Runderlass des Ministers für Wiederaufbau vom 9.8.1950, Handhabung der Verordnung über Garagen und Einstellplätze durch die Baugenehmigungsbehörden, zit. nach Nowak 1952, S. 33–36.
246 »Die RGaO. ist rechtsgültig. Sie ist kein national-sozialistisches Gedankengut. Mit den durch den ständig anwachsenden motorisierten Verkehr aufgeworfenen Problemen wird in allen Ländern gerungen. Auch der deutsche Gesetzgeber mußte zu diesem Problem Stel-

lung nehmen. Daß die RGaO. gerade in die Zeit der Herrschaft des Nationalsozialismus fällt, ist daher bedeutungslos.« Der gesetzgebende Reichsarbeitsminister hat mit dem Erlass der RGaO seine Ermächtigung nicht überschritten, die RGaO steht nicht im Widerspruch zu Art. 14 des Grundgesetzes. Auch kriegszerstörte Grundstücke fallen unter die RGaO. Vgl. Anwendung der Reichsgaragenordnung, Runderlass des Ministers für Wiederaufbau des Landes Nordrhein-Westfalen vom 16.3.1951 (nach Nowak 1952, S. 36–37.

247 Rundverfügung Nr. 135/1551 des Senators für Bau- und Wohnungswesen Berlin vom 25.10.1951, nach Nowak 1952, S. 27–29.

248 Sill 1951, S. 9.

249 Ebda, S. 10.

250 Ebda, S. 19.

251 Ebda, S. 23.

252 100 Jahre Esso. Hamburg 1990.

253 Vahlefeld/Jacques 1956, S. 14.

254 Ebda, S. 14.

255 DBZ, 61 (1956), S. 636–645 und DBZ, 65 (1960), S. 236–272 und 599–604; Farmont 1965, S. 8.

256 Henjes 1966, S. 1467.

257 Hans Bernhard Reichow: Die autogerechte Stadt. Ein Weg aus dem Verkehrschaos. Ravensburg 1959, S. 55 f.

258 Tamms 1961, S. 183.

259 Ebda, S. 189–190

260 Ebda, S. 192.

261 Die Tagung des Deutschen Architekten- und Ingenieurverbandes (DAI) in Hamburg im Juli 1953. In: Baumeister, 50 (1953), S. 617.

262 Als Buch gedruckt London 1963, deutsch unter dem Titel Colin Buchanan: Verkehr in den Städten. Essen 1964; siehe auch Günther Kühne: Der Verkehr in den Städten. In: Bauwelt, 55 (1964), S. 1017–1028.

263 Kühne 1964, wie Anm. 262.

264 Ebda.

265 Josef W. Hollatz und Friedrich Tamms: Die kommunalen Verkehrsprobleme in der Bundesrepublik Deutschland. Ein Sachverständigenbericht und die Stellungsnahme der Bundesregierung. Hg. mit Unterstützung des Bundesministers für Verkehr. Essen 1965.

266 Wiegand 1961.

267 Ebda.

268 Vahlefeld/Jacques 1956, S. 4.

269 Gilbert Lupfer (Hg.): Architekturführer Dresden. Mit einer Einleitung von Jürgen Paul. Berlin 1997.

270 Berlin. Architektur von Pankow bis Köpenick. Hg. vom Institut für Städtebau und Architektur. Berlin (Ost) 1987.

271 Die Friedrichstraße, Geschichte und Geschichten. Hg. von der Berlin-Information zur 750-Jahr-Feier. Berlin (Ost) 1987; Berlin. Architektur von Pankow bis Köpenick. Berlin (Ost) 1987.

272 Idelberger 1974, S. 1769.

273 Zit. nach Klaus von Saalfeld: Mehr Licht, mehr Farbe! Farbgestaltung von Tiefgaragen. In: db, 86 (1989), Heft 11, S. 102–103.

274 Wörnitz-Parkhaus in Donauwörth. In: DBZ, 37 (1989), S. 1301–1304.

275 Wiegand 1969, S. 1145.

276 Klaus H. Schmöller: Dörflich. Rathausgarage in Rechberghausen. In: db, 86 (1989), Heft 11, S. 52–53.

277 Petra Hagen-Hodgson: Unsichtbare Architektur. In: db, 86 (1989), Heft 11, S. 116–120, hier S. 120.

278 Parkhaus mit Gewerbeschule, Wohnhäusern und Verwaltung in Karlsruhe. In: Baumeister, 76 (1979), S. 172–173.

279 Heinz Hilmer und Christoph Sattler: Altstadt-Sanierung Karlsruhe. Karlsruhe 1977.

280 Parkhäuser. Umbaut, überbaut, verkleidet. In: Baumeister, 78 (1981), S. 1103–1119, hier S. 1109.

281 Aktualität. Theater, Läden, Restaurants, Parkhäuser. In: Bauen + Wohnen, 30 (1975), S. 415–417.

282 Parkhaus mit Restaurant und Bowlinganlage in Hannover. In: Detail, 17 (1977), S. 583–587.

283 Parkhaus mit Freizeitzentrum in Lübeck. In: DBZ, 26 (1978), S. 639–640.

284 Baumeister, 76 (1979), S. 167–184.

285 Hans-Busso von Busse: Parkhaus mit Läden und Wohnungen in Coburg. In: Baumeister, 76 (1979), S. 167–170.

286 Ruedi Jost: Das innerstädtische Parkhaus. Ein Relikt der verkehrsgerechten Stadt mit Zukunft. In: Werk, 60 (1973), S. 666–668; daraus auch die folgenden Fakten.

287 Nach Neufert 1973, wie Anm. 109, S. 332.

288 Werk, 60 (1973), S. 665–703, Vorwort S. 665.

289 So das Konzept »verkehrsfreie Altstadt« in

Bremgarten/AG (Schweiz); vgl. Freiraumgestaltung beim Parkhaus Obertor Bremgarten/AG. In: Anthos, Heft 27 (1988), S. 15–18, hier S. 16.

290 Alexander Mitscherlich: Die Unwirtlichkeit unserer Städte. Anstiftung zum Unfrieden. Frankfurt am Main 1965; Wolf Jobst Siedler, Elisabeth Niggemeyer und Gina Angress: Die gemordete Stadt. Abgesang auf Putte und Straße, Platz und Baum. Berlin 1964.

291 Ru.: Ein Parkhaus wird zum Kinderhaus. Kita Dresdner Straße, Berlin-Kreuzberg. In: Bauwelt, 85 (1988), S. 1986–1989, hier S. 1986.

292 Parkhaus »Schütte« im Altstadtsanierungsgebiet Rottenburg am Neckar. In: aw, Heft 134 (1988), S. 55–59, hier S. 55.

293 Dreierlei. ZOB, Bahnhof und Parkhaus in Calw. In: db, 86 (1989), Heft 11, S. 48–51.

294 Ebda, S. 50.

295 Idelberger 1974, S. 1769.

296 Parkierungssysteme für den Flughafen Frankfurt/Main. In: DBZ, 18 (1970), S. 1139–1154.

297 Mackenroth 1961, S. 206–208.

298 Parkhaus an der Hauptwache in Frankfurt am Main. In: Architektur und Wohnform, 66 (1957), Heft 10, S. 28–33, hier S. 28.

299 Büttner 1967, S. 76.

300 1. Jahrgang 1954.

301 Farmont 1965, S. 9.

302 Wiegand 1961.

303 Mackenroth 1961, S. 202.

304 Vgl. dazu Kleinmanns 2002, wie Anm. 4.

305 Autolift »Neuer Markt«, Wien. In: db, 65 (1960), S. 264–267, hier S. 267.

306 Breenkötter/Schröder 1961, S. 105.

307 Tamms 1961, S. 188.

308 Das folgende nach Breenkötter/Schröder 1961, S. 105.

309 Peter Krieger: »Wirtschaftswunderlicher Wiederaufbau-Wettbewerb«. Architektur und Städtebau der 1950er Jahre in Hamburg. phil. Diss. Universität Hamburg 1995, S. 119.

310 Vahlefeld/Jacques 1956, ebenso Breenkötter/Schröder 1961, S. 85.

311 Breenkötter/Schröder 1961, S. 95.

312 Vahlefeld/Jacques 1956, 161.

313 Parkhaus mit Hotel in Köln. In: Baumeister, 55 (1958), S. 565–568.

314 DBZ, 65 (1960), S. 601.

315 Oswald Hederer (Hg.): Bauten und Plätze in München. München 1972, 1979², Nr. 60.

316 Alfred Dürr: Ornamente für die Salvatorgarage. In: Süddeutsche Zeitung, Nr. 15 (18.1.2010)

317 Beispiel Berlin-Kreuzberg, Reichenberger Straße, fünfgeschossiges Gebäude mit Luxuswohnungen, Garten und Parkplatz auf der Etage: Car-Loft (Titus Arnu: Auto am Bett. In: Süddeutsche Zeitung, Nr. 188 (13.08.2008), nachfolgende Angaben nach http://www.carloft.de (04.09.2008).

318 Vgl. Arthur Wortmann: Als das Auto die Architektur eroberte. In: db, 86 (1989), Heft 11, S. 14–17.

319 Armand Gruentuch, und Almut Ernst (Hg.): Convertible City. Deutscher Pavillon 10. Internationale Architekturausstellung 2006 Biennale Venedig (archplus. Zeitschrift für Architektur und Städtebau, 39 (2006), Heft 180.

320 Breenkötter/Schröder 1961, S. 95.

321 Rampengarage – Autosilo. In: db, 65 (1960), Heft 5, S. 272.

322 Vahlefeld/Jacques 1956, S. 53.

323 Farmont 1965, S. 9.

324 Breenkötter/Schröder 1961, S. 98–100.

325 Vahlefeld/Jacques 1956, S. 53.

326 Tamms 1961, S. 187.

327 H. J. H.: Der »Auto-Silo« in Heidelberg. In: Bauwelt, 46 (1955), Heft 12, S. 225. Abbildungen finden sich auch in db, 65 (1960), Heft 5, S. 272.

328 Nach Auskunft des Sohnes, Prof. Lothar Götz, sind keine Unterlagen mehr vorhanden.

329 Demonstrationsobjekt Auto-Silo. Französische und Schweizer Verkehrsexperten besuchen Karlsruhe. In: Badische Neueste Nachrichten, 9 (1954), Nr. 273 (20. November); »Halten hätt' er müssen« sagte Wimmer. Münchens Oberbürgermeister besichtigte Karlsruher Autosilo. In: Badische Neueste Nachrichten, 10 (1955), Nr. 138 (16. Juni), S. 10; Karlsruhe hat ein Motel. Eröffnung von Europas erstem Autosilo am morgigen Dienstag. In: Badische Neueste Nachrichten 10 (1955), Nr. 140 (20. Juni), S. 8.

330 »Auto-Silo« 1955, wie Anm. 327.

331 Ebda.

332 Vahlefeld/Jacques 1956, S. 156–157.

333 »Auto-Silo« 1955, wie Anm. 327.

334 Günther Bentfeld: Wahl der Bauform. In: Sill 1961, S. 107–112, hier S. 108.

335 Tel.: Autosilo Wiesbaden. In: db, 65 (1960), Heft 5, S. 270–271; Friedrich 1961, S. 164–168.

336 DBZ, 8 (1960), S. 604; Autolift »Neuer Markt«, Wien. In: db, 65 (1960), Heft 5, S. 264–267.

337 DBZ, 8 (1960), 286.

338 Tel.: Autosilo Basel. In: db, 65 (1960), Heft 5, S. 268–269.

339 Pe.: Autosilo und Hotel International, Basel. In: Baumeister, 55 (1958), S. 503–505; Autosilo Basel 1960, wie Anm. 338

340 Autosilo Basel 1960, wie Anm. 338, S. 503.

341 Pläne im Südwestdeutschen Archiv für Architektur und Ingenieurbau (saai) am Karlsruher Institut für Technologie (KIT), Bestand Immanuel Kroeker.

342 Hamburg und seine Bauten 1954–1968, hg. vom Architekten und Ingenieur-Verein Hamburg e. V. Hamburg 1969, S. 129.

343 Friedrich 1961, S. 174–177.

344 Tamms 1961, S. 47.

345 Parkhochhaus in Houndsditch, London (England). In: DBZ, 17 (1969), S. 1149.

346 Enrico D. Bona: Autosilo meccanizzato. In: Casabella, 34 (1970), Heft 2, S. 16–21; Parkhaus an der Via Gozzi, Mailand. In: Werk, 60 (1973), S. 700–702.

347 DBZ, 65 (1960), 286.

348 Im Original: » La rampe triomphait. Et pour longtemps«, in: Constantin Sfezzo: Jaurès avait raison. Mémoires d'un industriel. Lausanne 1985, 362.

349 Uhu. Das neue Ullsteinmagazin, 9 (1932/1933), Heft 1; vgl. auch Ullstein-Bildarchiv, Bild Nr. 00439173.

350 DBZ, 65 (1960), 286.

351 Ebda.

352 Vahlefeld/Jacques 1956, S. 54.

353 Der Kleindienst-Autoparker. In: DBZ, 18 (1970), S. 1056.

354 Idelberger 1974, S. 1772.

355 R. W./E. R. [Rudolf Wittmann, Erhard Rabus]: Automatisches Hochregallager. Ein mechanisches Parksystem für PKW. In: Baumeister, 88 (1991), Heft 7, S. 48–49.

356 Gerhard Ullman: Zwischen den Orten – zwischen den Zeiten. Ein Haus für Lagertechnik in Vorarlberg. In: Bauwelt, 86 (1995), S. 1224–1227.

357 http://www.kauffmanntheilig.de/gb_9513.htm (13.11.2006); Jan R. Krause: Smart-story. Vertriebscenter für den Smart. Vom Architekturwettbewerb zum realisierten Projekt. In: AIT, 107 (1999), Heft 1/2, S. 56–59.

358 http://www.henn.de (17.12.2007).

359 Die Neue Stadt, 5 (1951), S. 384–387; Der Baumeister, 51 (1954), S. 86; Klose 1965, S. 88–91; Paul Schneider-Esleben: Entwürfe und Bauten. 1949–1987 (Schriften des Deutschen Architekturmuseums zur Architekturgeschichte und Architekturtheorie, hg. von Heinrich Klotz). Braunschweig 1987; Winfried Nerdinger und Cornelius Tafel: Architekturführer Deutschland 20. Jahrhundert. Basel, Berlin, Boston 1996, S. 215; Gympel 1999, S. 37–38.

360 Paul Schneider von [sic!] Esleben. Entwürfe und Bauten. Einführung von Heinrich Klotz. Ostfildern 1996, zur Hanielgarage S. 9 sowie S. 36–43; Die Neue Stadt, 5 (1951), S. 384–387; Der Baumeister, 51 (1954), S. 86; Klose 1965, S. 88–91; Vahlefeld/Jacques 1956, S. 166–167; Gerd Kähler: Auto, Freiheit und Demokratie. Ein nostalgischer Rückblick. In: db, 86 (1989), S. 96–98.

361 Hanielgarage am Lichtplatz in Düsseldorf. In: Der Baumeister, 51 (1954), S. 87.

362 Zit. nach Schneider Esleben 1996, wie Anm. 360, S. 36.

363 Hanielgarage 1954, wie Anm. 361, S. 87.

364 Schneider Esleben 1996, wie Anm. 360, S. 249 und 256.

365 Friedrich 1961, S. 114–117; Parkgarage in Hamburg. In: DBZ, 14 (1966), S. 1477.

366 Parkgarage in Hamburg. In: DBZ, 14 (1966), S. 1477.

367 Farmont 1965, S. 45–47.

368 Parkhaus am Stachus, München. In: db, 65 (1960), S. 251–252.

369 Pech 2006, S. 188.

370 Vahlefeld/Jacques 1953, S. 163.

371 Parkhaus Augsburg. In: DBZ, 6 (1958), S. 392–393.

372 Tel.: Parkhaus Grottenau, Augsburg. In: db, 65 (1960), S. 236–239, hier S. 237.

373 Ebda.

374 Ebda.

375 MF: Parkhaus am Neuen Wall, Hamburg. In: Architektur und Wohnform, 69 (1961), Heft 2, S. 52–55; Friedrich 1961, S. 118–122.

376 Dazu gehören der Zoo-Palast, das Bikinihaus

gegenüber der Kaiser-Wilhelm-Gedächtniskirche und das DOB-Hochhaus (Hutmacher-Haus) gegenüber dem Bahnhofsgebäude, 1955–1957 nach Plänen der Architekten Paul Schwebes und Hans Schoßberger mit Büro- und Ausstellungsflächen für die Damenoberbekleidungsindustrie (DOB) errichtet. Vgl. Irmgard Wirth (Bearb.): Stadt und Bezirk Charlottenburg. Einführung von Paul Ortwin Rave (Die Bauwerke und Kunstdenkmäler von Berlin). Berlin 1961, S. 584; die Deutsche Bauzeitung spricht nicht nur die Gesamtanlage, sondern auch das Parkhaus den Architekten Paul Schwebes und Hans Schoßberger zu: Parkhaus am Zoo, Berlin. In: db, 65 (1960), S. 246–248.

377 Farmont 1965, S. 18–20.

378 Parkhaus Breuninger, Stuttgart. In: db, 65 (1960), S. 241–245.

379 Parkhaus Breuninger in Stuttgart. In: Architektur und Wohnform, 69 (1961) Heft 2, S. 41–46.

380 Ngl. [Siegfried Nagel]: Parkhaus Breuninger in Stuttgart. In: DBZ, 16 (1968), S. 179–180.

381 Siehe Längsschnitt in db, 65 (1960), S. 242; Parkhaus Breuninger in Stuttgart. In: DBZ, 22 (1974), S. 1713–1714.

382 Parkhaus Breuninger 1960, wie Anm. 378.

383 Nagel/Linke 1973, S. 44–45.

384 Wiegand 1969, S. 1141.

385 Parkhaus auf dem Deutschhausgelände in Ulm – Donau (BRD). In: Werk, 60 (1973), S. 695–697.

386 Farmont 1965, S. 37–39.

387 DBZ, 65 (1960), S. 290; Tragwerksplanung Pirlet und Kempen, Aachen.

388 Rathaus-Garage. In: Bauherr Stadt Stuttgart, Bd. 3. Stuttgart 1963, S. 22; die DBZ, 14 (1966), Heft 8, 242B, nennt andere Urheber: E. Groß, Hertkorn und Willwersch.

389 Parkgebäude am Rathaus, Stuttgart. In: db, 65 (1960), S. 255–257; Parkgarage am Rathaus in Stuttgart. In: DBZ, 14 (1966), S. 1476.

390 Parkgebäude 1960, wie Anm. 389.

391 Farmont 1965, S. 72–74; Friedrich 1961; DBZ, 65 (1960), S. 603.

392 Parkhaus an der Hauptwache in Frankfurt am Main. In: Architektur und Wohnform, 65 (1957), Heft 10, S. 28–33.

393 Ebda.

394 Falk Jaeger: Bauen in Deutschland. Ein Führer durch die Architektur des 20. Jahrhunderts in der Bundesrepublik und in West-Berlin. Stuttgart 1985, S. 124.

395 Farmont 1965, S. 66–69.

396 Zu Hermann Wunderlich vgl. Margit Jansen: Symbol des Wirtschaftswunder. Zwei Bauten von Hermann Wunderlich. In: Denkmalpflege im Rheinland, 7 (1990), Heft 1, S. 36–38.

397 Neubauten der Kaufhof AG in Köln. In: Baumeister, 56 (1959), S. 11–16; Friedrich 1961.

398 Gg. [Thomas Goege]: Die Kaufhof-Garage – ein übler städtebaulicher Mißgriff? In: Denkmalpflege im Rheinland, 6 (1989), Heft 4, S. 34–35.

399 Farmont 1965, S. 75–76 und 80.

400 Ebda; Ngl. [Siegfried Nagel]: Parkhaus Rödingsmarkt in Hamburg. In: DBZ, 18 (1970), S. 1091–1092.

401 Vahlefeld/Jacques 1956, S. 161.

402 Ebda, S. 158–159.

403 Parkhaus Horten in Hamburg. In: DBZ, 17 (1969), S. 1153.

404 Vahlefeld/Jacques 1956, S. 161.

405 Breenkötter/Schröder 1961, S. 91.

406 Die Hochgarage in Kassel. In: DBZ, 6 (1958), S. 390–391.

407 Zit. nach Kassel 1956. Hg. von der Presseabteilung der Stadt Kassel. Kassel o. J. (1957), o. P.

408 Farmont 1965, S. 55–56; Nagel/Linke 1973, S. 52–53.

409 Nagel/Linke 1973, S. 40–41; S.: Das Parkhaus N 2 in Mannheim. In: DBZ, 18 (1970), S. 1093–1094.

410 BMW-Olympia-Parkhaus in München. In: DBZ, 22 (1974), S. 1715–1716.

411 Friedrich 1961, S. 133–136.

412 Farmont 1965, S. 57–58.

413 Parkhaus Rathausterrasse, Bern. In: Werk, 60 (1973), S. 681–682.

414 Kurt Höfler: Turmgarage »H«. In: db, 65 (1960), S. 257, Patent-Nr. H 38 650 V 37 f.

415 Farmont 1965, S. 65.

416 Förster 1970, S. 52–53.

417 Entwicklung und Varianten mehrgeschossiger Parkbauten. In: Architektur und Wohnform, 69 (1961), Heft 2, S. 66–68, hier S. 68; Sill 1961, S. 24–25.

418 GMP [Gerkan, Marg und Partner]: Parkhaus am Flughafen Hamburg. In: Baumeister, 88 (1991), Heft 7, S. 33–35.; Parkhaus Flughafen-Fuhlsbüttel, Hamburg. In: Detail, 31 (1991), Heft 1, Tafel BI–IV; GMP (Gerkan, Marg und Partner): Leichter Einzylinder. Parkhaus am Flughafen Hamburg. In: AIT, 99 (1991), Heft 12, S. 154–156.

419 Henjes 1966, S. 1467.

420 Die neue Stadt, 4 (1950), 423.

421 DBZ, 4 (1956), S. 374

422 Henjes 1966, S. 1471.

423 Farmont 1965, S. 81–85.

424 Tiefgaragen als Mehrzweckbauten. 1. Mindestanforderungen, 2. Ausführung. Fassung vom 12. November 1968. Hg. vom Bundesministerium für Wohnungswesen und Städtebau. Koblenz: Zivilschutz-Verlag 1969; Bautechnische Grundsätze für Groß-Schutzräume des Grundschutzes in Verbindung mit Tiefgaragen als Mehrzweckbauten. Fassung November 1971. Hg. vom Bundesministerium für Städtebau und Wohnungswesen und dem Bundesministerium für Wirtschaft und Finanzen. Bonn 1971.

425 Henjes 1966, S. 1471.

426 Votivparkgarage in Wien. In: DBZ, 54 (1966), Heft 8, 242 B.

427 Der Parking de la Riponne, Lausanne. In: Werk, 60 (1973), S. 689–692.

428 Unterwassergarage für 1450 Wagen am Pont du Mont-Blanc, Genf. In: Werk, 60 (1973), S. 683–688; P. Knoblauch: Unterwassergarage Pont du Mont-Blanc in Genf. In: Beton- und Stahlbetonbau, 66 (1971), S. 185–188.

429 Vahlefeld/Jacques 1956, S. 51.

430 Petra Hagen-Hodgson: Unsichtbare Architektur. In: db, 86 (1989), Heft 11, S. 116–120.

431 http://www.skanska.com/en/News--Press/Display/?hid=7463&language=EN (29.04.2010)

432 Parkhaus Jelmoli, Zürich. In: Werk, 60 (1973), S. 672–673; Parkhaus in Zürich. In: DBZ, 22 (1974), S. 1717–1718

433 Tamms 1961, S. 185.

434 Gunter Schweikhart: Erneut geplant: Tiefgarage unter dem Residenzplatz in Würzburg. In: Kunstchronik, 38 (1985), S. 317–319, und Leserbrief dazu von Georg Mörsch, S. 539–541.

435 Mörsch 1985, wie Anm. 434.

436 Walter Anselment: Unterm Markt. Tiefgarage Marktplatz in Freudenstadt. In: db, 86 (1989), Heft 11, S. 38–41.

437 Joachim Andreas Joedicke: High Tech in Biberach (?). In: Werk, Bauen + Wohnen, 77 (1990), Heft 4, S. 64–65; Zugangsbauwerke Tiefgarage Biberach. In: Detail, 31 (1991), Heft 1, Tafel SI–IV.

438 Ebda.

439 Parkhaus in Balingen. In: Baumeister, 88 (1991), Heft 7, S. 42–44, hier S. 43.

440 Tiefgarage in Pullach. In: Baumeister, 88 (1991), Heft 7, S. 44–47.

441 Ebda.

442 Großgarage Schober, Pforzheim. In: db, 65 (1960), S. 253–254.

443 Wiegand 1969, S. 1142.

444 Andreas Nitsch und Michael Buchmann: Hochfester Beton für filigrane Parkhäuser. In: Baugewerbe, 87 (2006), Nr. 12, S. 19–22.

445 Ebda.

446 Josef Hegger u.a.: Vorgefertigte Parkhäuser aus hochfestem Beton. In: Beton- und Stahlbetonbau, 99 (2004), S. 718–725.

447 Hans Jürgen Sontag: Stählerne Parkhäuser. In: Bauwelt, 61 (1970), S. 330–335.

448 Nagel/Linke 1973, S. 62.

449 Sontag 1970, wie Anm. 447, S. 330.

450 Idelberger 1973.

451 Ebda.

452 Parkdeck an der Gessnerallee, Zürich. In: Werk, 60 (1973), S. 674–675.

453 DBZ, 65 (1960), 286.

454 Ebda.

455 Farmont 1965, S. 21–23.

456 Kaufhaus-Hochgarage in Salt Lake City. In: Architektur und Wohnform, 69 (1961), Heft 2, S. 56–59.

457 A. Peltzer hatte schon 1913 in Chicago die Idee des Hubdeckenverfahrens, konnte sie wegen der unzureichenden Hebetechnik jedoch nicht umsetzen. Erst nach dem Zweiten Weltkrieg, 1946, entwickelte B. Lafaille auf Initiative des französischen Bauministeriums ein Hubdeckenverfahren, welches in der Nähe von Paris erprobt wurde. In den USA erkannten P. Youtz und T. Slick zunächst unabhängig voneinander die Vorteile des Verfahrens, brachten es aber nach zweieinhalbjähriger Prüfung schließlich gemeinsam als Youtz-Slick Lift-Slab-Verfahren heraus. Es folgten Lizenzen in Kanada, Australien und Westeuropa sowie weitere Patente und Versuche im internationalen Rahmen. In

Deutschland entwickelte F. Vaessen ein Hubdeckenverfahren für ›Hochtief‹. Nach erfolgreichen Versuchen wurde das Verfahren in Deutschland erstmals 1967 beim Bau des Verwaltungsgebäudes der Oberfinanzdirektion in Münster (Westfalen) eingesetzt. Vgl. Oskar Büttner: Hubverfahren im Hochbau. Stuttgart 1972, S. 71–82.

458 Farmont 1965, S. 15–17.

459 Parkhaus aus Stahlbetonfertigteilen in Bochum. In: Bauwelt, 52 (1961), S. 272–275.

460 Parkhaus auf dem Deutschhausgelände Ulm-Donau (BRD). In: Werk, 60 (1973), S. 695–697; siehe auch Nagel/Linke 1973, S. 54–57.

461 Jürgen Jödicke: Architektur aus Leidenschaft. 25 Jahre Arbeit Karl Schwanzer. Wien 1974; Peter M. Bode und Gustav Peichl: Architektur aus Österreich seit 1960. Salzburg, Wien 1980.

462 W. Gehm: BMW-Parkhaus in München. In: Bauwelt, 61 (1970), S. 1448–1452.

463 Betonschachtel für 1586 PKW. In: Baumeister, 67 (1970), S. 1338–1340; Gehm 1970, wie Anm. 462; auch Nagel/Linke 1973, S. 42–43.

464 Gehm 1970, wie Anm. 462, S. 1448.

465 BMW-Olympia-Parkhaus in München. In: DBZ, 22 (1974), S. 1715–1716; Betonschachtel 1970, wie Anm. 463.

466 Vahlefeld/Jacques 1956, S. 14 und 16.

467 Tamms 1961, S. 183.

468 Wiegand 1961.

469 Wiegand 1969, S. 1134.

470 Gympel 1999, S. 37.

471 DBZ, 8 (1960), S. 286.

472 Ngl. [Siegfried Nagel]: Parkhaus Breuninger in Stuttgart. In: DBZ, 16 (1968), S. 179–180.

473 DBZ, 8 (1960), S. 286.

474 Ebda, S. 286 und 290.

475 Architektur und Wohnform, 65 (1957), Heft 10, S. 28–33

476 DBZ, 2 (1956), S. 374.

477 Peter Krieger: »Wirtschaftswunderlicher Wiederaufbau-Wettbewerb«. Architektur und Städtebau der 1950er Jahre in Hamburg. phil. Diss. Universität Hamburg 1995, S. 119.

478 Parkhaus an der Hauptwache in Frankfurt am Main. In: Architektur und Wohnform, 65 (1957), Heft 10, S. 28–33.

479 Oswald Hederer (Hg.): Bauten und Plätze in München. München 1972, 1979[2], Nr. 33.

480 Nagel/Linke 1973, S. 40–41; S.: Das Parkhaus N 2 in Mannheim. In: DBZ, 18 (1970), S. 1093–1094.

481 Henley 2007, S. 104.

482 Kaufhaus-Hochgarage in Salt Lake City. In: Architektur und Wohnform, 69 (1961), S. 56–59.

483 Parkhaus mit Restaurant und Bowlinganlage in Hannover. In: Detail, 17 (1977), S. 583–587, daraus auch das folgende Zitat.

484 Parkhaus am Ratinger Tor in Düsseldorf. In: DBZ, 17 (1969), S. 1153.

485 Parkhaus Horten in Hamburg. In: DBZ, 17 (1969), S. 1154.

486 Kauf- und Parkhaus Friedrichshafen. In: Bauwelt, 81 (1990), S. 1514; kr.: Kaufhaus ahoi! Kauf- und Parkhaus in Friedrichshafen. In: db, 81 (1990), Heft 10, S. 62–66.

487 Nagel/Linke 1973, S. 44–45.

488 Parkhaus Staatstheater in Wiesbaden. In: Baumeister, 76 (1979), S. 175–176.

489 Parkhaus in Nürnberg. In: db, 65 (1960), Heft 5, S. 240.

490 Ngl. [Siegfried Nagel]: Parkhaus am Sterntor in Nürnberg. In: DBZ, 16 (1968), S. 177–178.

491 Parkhaus in Nürnberg, Vorentwurf. In: Architektur und Wohnform, 69 (1961), Heft 2, S. 47–49.

492 City-Parkhaus Trier. In: DBZ, 24 (1976), S. 286.

493 »Parkhaus Stadtmitte« in Lage. In: DBZ, 37 (1989), S. 1278–1279; Gerd Kähler: Camouflage erwünscht. Drei Parkhausprojekte. In: db, 86 (1989), Heft 11, S. 54–58, hier S. 58.

494 Erste Preise. Parkhäuser. In: Deutsches Architektenblatt, 17 (1984), S. 1239–1242, hier S. 1239.

495 Ebda, S. 1242.

496 Parkhaus mit Altenwohnungen in Verden. In: Baumeister, 76 (1979), S. 174–175.

497 Parkhäuser. Umbaut, überbaut, verkleidet. In: Baumeister, 78 (1981), S. 1103–1119, hier S. 1103.

498 Manfred Schonlau: Wohn- und Geschäftshaus mit Parkhaus in Marktredwitz/Oberfranken. In: Bauwelt, 73 (1982), S. 752–755.

499 Ebda.

500 Parkhaus mit Gewerbeschule, Wohnhäusern und Verwaltung in Karlsruhe. In: Baumeister, 76 (1979), S. 172–173.

501 Landratsamt mit öffentlicher Tiefgarage in Schwäbisch-Hall. In: Detail, 21 (1981), S. 649–651, hier S. 649.

502 Wörnitz-Parkhaus in Donauwörth. In: DBZ, 37

(1989), S. 1301–1304, daraus auch die folgenden Zitate.

503 Bereicherung. Parkhaus »Am alten Schloß« in Emmendingen. In: db, 86 (1989), Heft 11, S. 42–45.

504 Parkhaus in Brilon. In: DBZ, 30 (1982), S. 333–334.

505 AIT, 103 (1995), Heft 7/8, S. 96–97.

506 Parkhaus »An St. Agatha«, Köln. In: DBZ, 37 (1989), S. 1274–1275.

507 Parkhaus Borchener Straße, Paderborn. In: DBZ, 37 (1989), S. 1276–1277.

508 Kähler 1989, wie Anm. 493, S. 56.

509 Ebda, S. 58.

510 Ebda, S. 54.

511 Parkhaus Poststraße. In: Bauwelt, 75 (1984), S. 1444–1447, hier S. 1445.

512 Meinhard von Gerkan: Bauten für den Verkehr. Basel 1997, S. 230–231.

513 Parkhaus Poststraße 1984, wie Anm. 511, S. 1445.

514 MvG [Meinhard von Gerkan]: Parkhaus am Hillmannplatz in Bremen. In: Detail, 25 (1985), S. 597–600.

515 Ebda, S. 597.

516 Meinhard von Gerkan: Architektur 1983–1988. Stuttgart 1988, S. 225.

517 Kähler 1989, wie Anm. 493, S. 54.

518 Ebda.

519 Ebda, S. 56.

520 Goege 1989, wie Anm. 398.

521 Parkhaus in Reutlingen. In: Baumeister, 86 (1989), Heft 1, S. 70–73.

522 Susanne Ehrlinger und Kaye Geipel: Ein »Rolls« für Reutlingen. In: db, 86 (1989), Heft 11, S. 18–23.

523 Parkhaus in Reutlingen 1989, wie Anm. 521.

524 Amber Sayah: Parkhaus Lederstraße. In: Bauwelt, 81 (1990), Heft 1, S. 8–10; Henley 2007, S. 132–137.

525 Ehrlinger/Geipel 1989, wie Anm. 522.

526 Susanne Ehrlinger und Kaye Geipel: Prototyp Parkpalazzo. Parkhaus in Landau. In: db, 86 (1989), Heft 11, S. 24–29, hier S. 26.

527 Ebda.

528 Ebda, S. 28.

529 Parkhäuser. Umbaut, überbaut, verkleidet. In: Baumeister, 78 (1981), S. 1103–1119, hier S. 1113–1115.

530 Ebda, S. 1116–1117.

531 Christoph Althaus: Fassadengrün am Parkhaus. Erfahrungen und Empfehlungen für die Praxis. In: Neue Landschaft, 41 (1996), S. 800–806.

532 Parkhaus Wilhelma in Stuttgart. In: DBZ, 30 (1982), S. 335–336.

533 Wilfried Dechau: Schnörkellos. Parkdeck in Altensteig. In: db, 86 (1989), Heft 11, S. 30–31.

534 sas: Damals ... In: db, 86 (1989), Heft 11, S. 13.

535 Parkhaus am Bollwerksturm in Heilbronn. In: Werner Durth: Architektur in Deutschland ’01. Deutscher Architekturpreis 2001. Stuttgart, Zürich o.J., S. 93–95.

536 http://www.akbw.de/beispielhaftes-bauen/parkhaus-am-bollwerksturm_667.htm (25.01.2008).

537 Durth 2001, wie Anm. 535.

538 Parkhäuser 1981, wie Anm. 529, S. 1118–1119.

539 Frank Thinius: Fußgänger erblassen vor Neid. Bambus statt Sichtbeton: Der Besuch im Leipziger Zoo beginnt in seinem preisgekrönten Parkhaus. In: Welt am Sonntag, 21.11.2004.

540 Mit Bambus hatten schon Buckminster Fuller, Frei Otto und Renzo Piano experimentiert, Simón Vélez hatte auf der Expo 2000 in Hannover einen Bambus-Pavillon für die Umweltorganisation Zeri errichtet.

541 So der Titel eines Buches von Alexa Geisthövel und Habbo Knoch: Orte der Moderne. Frankfurt/Main 2005, das aber die Parkhäuser als wirkliche Orte der Moderne ignoriert.

542 Hans Wichmann: Ohne Vergangenheit keine Zukunft. Bildfolgen über die wachsende Zerstörung unserer Kulturlandschaft in Stadt und Land. Hg. vom Werkbund Bayern unter Mitwirkung von Christoph Hackelsberger, Pierre Mendell und Klaus Oberer. Donauwörth 1976, S. 193, das Foto dazu auf S. 143.

543 Ebda, S. 149.

544 Bruno Donzet: Stationnement en quartiers anciens ... In: Coups de Volant. Monuments historiques, 134 (1984), S. 44–48.

545 Wolfram Hagspiel, Hiltrud Kier und Ulrich Krings: Köln. Architektur der 50er Jahre (Stadtspuren. Denkmäler in Köln, Bd. 6). Köln 1986; zum Kaufhofparkhaus darin S. 42.

546 Goege 1989, wie Anm. 398.

547 Schneider Esleben 1996, wie Anm. 360, S. 25.

548 Vgl. Kähler 1989, wie Anm. 360, Hervorhebung im Original.

549 Egbert Kossak in: Zeitmagazin, 14.10.1994, S. 33.

550 Goege 1987, S. 69.

551 Ebda, S. 73–74.

552 Gympel 1999, darin S. 37–38 auch die Krefelder Hochgarage.

553 Goege 1984, S. 40.

554 Dürr 2010, wie Anm. 316.

555 Ebda.

556 http://www.motormartgarage.com/history.html (30.8.2010).

557 Mary Beth Klatt: Car Culture. Some Cities Convert Historic Parking Garages into Lofts or Lots. In: Preservation Online, 04.10.2004 (http://www.nationaltrust.org/magazine/archives/arch_story/102105.htm; 22.06.2007).

558 Müller 1925, S. 101 und 103.

559 Conradi 1931; This Oberhänsli: Die Panorama-Garage in Luzern. In: Wege und Geschichte, o. Jg. (2009), Heft 1, S. 15.

560 Dieter Bartezko: Parken wie im Mittelalter. Wo Menschen fehlen, fallen Denkmäler. Abschreckende Beispiele in den historischen Zentren von Gotha und Erfurt. In: Frankfurter Allgemeine Zeitung, Nr. 161, 14.07.2005, S. 34.

561 Vgl. etwa Manfred de LaMotte: Fluxus-Virus 1962–1992. Köln 1992; Gabriele Basch: Galerie im Parkhaus. Berlin 1998.

Anhang

Abkürzungen

AIT	Architektur, Innenarchitektur, Technischer Ausbau
aw	Architektur + Wettbewerbe
db	Deutsche Bauzeitung
DBZ	Deutsche Bauzeitschrift

Literaturhinweise

Andreani, Francesco: Parcheggi. Storia, opere e idee per realizzare parcheggi in nome dell'abitare. Roma 1995

Baker, Geoffrey and Bruno Funaro: Parking. New York 1958, 1963[2]

Bayer, Erwin: Parkhäuser – aber richtig. Ein Leitfaden für Bauherren, Architekten und Ingenieure. Düsseldorf 1993, 2005[3]

Bell, Jonathan: Carchitecture. When the car and city collide. Basel u. a. 2001

Breenkötter, Gerhard und Eitel Fritz Schröder: Der Betrieb von Parkbauten. In: Sill 1961, S. 85–106

Büttner, Oskar: Parkplätze und Großgaragen. Bauten für den ruhenden Verkehr. Berlin 1967

Childs, Mark C.: Parking spaces. A design, implementation and use manual for architects, planners and engineers. New York 1999

Chrest, Anthony P.: Parking Structures. Planning, design, construction, maintenance and repair. New York 1989, Boston 2001[3]

Concrete car parks. Design and maintenance issues. British Cement Association. Crowthorn 1997

Conradi, Hanns [sic!]: Ein Garagenhotel in München. In: Bauwelt, 19 (1928), Heft 38, S. 4–5

Conradi, Hans: Grossgaragen (Handbuch der Architektur, Teil 4, Halbband 2, Heft 6 b). Leipzig 1931

Cupis, Guido de: La Casa dell'Automobile in Roma. Roma 1929

Degenkolbe, Horst (Bearb.): Parkhäuser. Stuttgart 1985[2]

Desanctis, Diambra und Alberto Gatti: L'architettura del parcheggio. Roma 1993

Dittrich, Gerhard G.: Tiefgaragen. Grundlagen, Planung, Wirtschaftlichkeit. Stuttgart 1974

Eckhardt, F.: Die erste Berliner Hochgarage. In: Bauwelt, 21 (1930), S. 1350–1351

Farmont, Hans: Parken. Parkhäuser in der Stadt. Düsseldorf 1965

Ferrari, Gianluigi und Marco Riccardi: Posto Auto. Tipologie e tecnologie nella realizzazione di parcheggi pubblici e privati. Milano 1989

Flade, Antje: Parkhaus oder Straßenrand? Darmstadt 1988

Förster, Fren (Hg.): Parkhäuser, Oasen im Verkehr. Hamburg 1970

Friedrich, Karl: Beispiele für Parkbauten. In: Sill 1961, S. 113–182

Gescheit, H. und K. Wittmann (Hg.): Neuzeitlicher Verkehrsbau. Potsdam 1931

Girnau, Günter: Unterirdischer Städtebau. Planungs-, Konstruktions- und Kostenelemente. Berlin 1970

Goege, Thomas: Eine Hochgarage in Krefeld. Zum Denkmalwert von Verkehrsbauten. In: Udo Mainzer (Hg.): Denkmalpflege in der Praxis (Mitteilungen aus dem Rheinischen Amt für Denkmalpflege, 6). Köln 1984, S. 40–54

Goege, Thomas: Garagenarchitektur. Zum Denkmalwert von Verkehrsbauten. In: Deutsche Kunst und Denkmalpflege, 45 (1987), Heft 1, S. 66–74

Gympel, Jan: Schrittmacher des Fortschritts – Opfer des Fortschritts? Bauten und Anlagen des Verkehrs. Bonn 1999

Hasse, Jürgen: Übersehene Räume. Zur Kulturgeschichte und Heterotopologie des Parkhauses. Bielefeld 2007

Henjes, Klaus: Parkgaragen. In: DBZ, 14 (1966), S. 1467–1472

Henley, Simon: Parkhaus-Architekturen. Material, Form, Konstruktion. Sulgen, Zürich 2007

Hezel, Dieter (Bearb.): Parkhäuser – Konstruktionen. Stuttgart 1991, 1994[3]

Hollatz, Joseph Walther u. a. (Hg.): Die kommunalen

Verkehrsprobleme in der Bundesrepublik Deutschland. Ein Sachverständigenbericht und die Stellungnahme der Bundesregierung. Essen 1965

Idelberger, Klaus: Parkhäuser mit Stahltragwerk. In: db, 107 (1973), S. 316–326

Idelberger, Klaus: Parkhäuser aus der Serienfertigung. In: DBZ, 22 (1974), 1677 und 1769–1772

Irmscher, Ilja: Parkhäuser. Handbuch und Planungshilfe. Berlin 2010

Jennes, Monika: Tiefgaragen, Parkhäuser, Parkdecks und -dächer nutzerfreundlich planen, bauen, ausgestalten, unterhalten, Instandsetzungskonzepte. Darmstadt 1998

Klose, Dietrich: Parkhäuser und Tiefgaragen. Stuttgart 1965 (engl.: Metropolitan parking structures. New York 1965)

Koengeter, Bernd (Bearb.): Parkhäuser in der Stadtplanung. Stuttgart 1994[3]

Lenzi, Luigi: I garages. In: Architettura e arti decorative, 7 (1928), S. 440–470

Mackenroth, Werner: Rentabilität und Finanzierung von Parkbauten. In: Sill 1961, S. 201–209

Meyhofer, Dirk: Motortecture. Architektur für Automobilität. Ludwigsburg 2003

Müller, Georg: Grosstadt-Garagen. Berlin 1925

Müller, Georg: Zur Garagenfrage. In: Zentralblatt der Bauverwaltung, 46 (1926), S. 281–286

Müller, Georg: Garagenbauten. In: Wasmuths Lexikon der Baukunst, Zweiter Band. Berlin 1930, S. 570–575

Müller, Georg: Garagen in ihrer Bedeutung für Kraftverkehr und Städtebau. Berlin 1937

Nagel, Siegfried und Siegfried Linke: Bauten des Verkehrswesens. Gütersloh 1973

Nowak, Robert: Garagen und Einstellplätze. Verkehr mit brennbaren Flüssigkeiten. Tankstellen. Sammlung der gültigen bauaufsichtlichen (baupolizeilichen) Bestimmungen mit Erläuterungen. Köln 1952

Parkbauten. Parkhäuser, Parkdecks, Tiefgaragen, Parksilos. Hg. von der Beratungsstelle für Stahlverwendung. 2. Aufl. Düsseldorf 1972 (Merkblatt Stahl, 211)

Pech, Anton (Hg.): Parkhäuser, Garagen. Wien, New York 2006

Prestele, Gerhard: Parkplatzlärmstudie. Untersuchung von Schallemissionen aus Parkplätzen, Autohöfen und Omnibusbahnhöfen sowie von Parkhäusern und Tiefgaragen. Augsburg 2003

Richter, Falk: Modell zur Abschätzung der verkehrlichen Luftschadstoffemission in Parkbauten. Dresden 2001

Schwarzmann, Friedrich: Benutzerfreundliche Parkhäuser. Erfahrungen aus der Praxis. Empfehlungen für die Praxis. München 1992

Sill, Otto: Die Parkraumnot. Umfang des ruhenden Kraftwagenverkehrs und Bedarf an Stellraum in Städten. Berlin, Bielefeld, München 1951

Sill, Otto: Parkbauten. Handbuch für Planung, Bau und Betrieb von Parkhäusern und Tiefgaragen. Wiesbaden 1961, 1981[3]

Stock, Ralf: Benutzerfreundliche Parkhäuser. Erfahrungen aus der Praxis. Empfehlungen für die Praxis. München 2000

Tamms, Friedrich: Parkbauten im Stadtbild. In: Sill 1961, S. 183–192

Traffic in towns. A study of the long term problems of traffic in urban areas. London 1963 (deutsch: Verkehr in Städten. Essen 1964)

Vahlefeld, Rolf und Friedrich Jacques: Garagen- und Tankstellenbau. Anlage, Bau, Ausstattung. München 1953, 1956[2], Lizenzausgabe im VEB Verlag Technik, Berlin (Ost) 1956.

Wambsganz, [Ludwig]: Planung und Anlage von Garagen. In: db, 73 (1939), S. 221–223

Wen, Yi-Kwei und G. L. Yeo: Design live loads for parking garages. A report to the Structural Engineering Institute of the American Society of Civil Engineers. Reston/Virginia 2000

Wiegand, Gerd: Parkgaragen sind Neuland. In: Architektur und Wohnform, 69 (1961), Heft 2, S. 64–69

Wiegand, Gerd: 15 Jahre Parkhausentwicklung. In: DBZ, 17 (1969), S. 1133–1146

Bildnachweis

Die Zahlen beziehen sich auf die Bildnummern.

Akademie der Künste, Baukunstarchiv, Berlin: 16
Fonds Perret frères, CNAM/SIAF/CAPA, Paris, Archives d'architecture du XXe siècle/Auguste Perret/UFSE/SAIF/année.: 6
Simon Böhm, Stuttgart: 46
Carloft GmbH, Berlin: 49
Fondation Le Corbusier, Paris, 32065: 12
Gemeentearchief Den Haag: 40, 41 und S. 4
Roland Halbe: 56
Hamburgisches Architekturarchiv, Foto: Ernst Scheel: 47, 61, 63, 74, 75 und S. 81
Kathrin Häusler, Karlsruhe: 55
Henn Architekten, Foto: HG Esch: 57
Ulf Peter Hille, Karlsruhe: 105
Werner Huthmacher: 101
Joachim Kleinmanns: 1, 32, 34, 38, 45, 46, 50, 58, 64, 68, 73, 80, 88, 89, 90, 91, 95, 96, 99, 100, 102, 106, 109, 110, 112
mgf Architekten, Stuttgart: 72; Foto: Christian Richters: 107
Melinda Müller, Karlsruhe: 50, 51, 52
Rheinisches Amt für Denkmalpflege, Pulheim-Brauweiler: 18, 24
saai | Südwestdeutsches Archiv für Architektur und Ingenieurbau, Karlsruhe, Foto: Carl Albiker: 8
Stadtarchiv Kassel, Foto: Günther Becker: 78, 79
Ullstein-Bildarchiv, Berlin: 54
Università IUAV di Venezia, Archivio Progetti, fondo Eugenio Miozzi: 33
von Gerkan, Marg und Partner: 84, 86; Foto: Heiner Leiska: 83, 103, 104; Foto: Oliver Heissner: 85

aus Publikationen

Architectural Record, 22 (1907), S. 214: 3
Architektur und Wohnform, 66 (1957): 70
Baker/Funaro 1958: 67
Baldeweg 2004: 10, 11
Baumeister, 55 (1958): 48
Baumeister, 29 (1931): 20, 21
Bauwelt, 15 (1924): 23
Bauwelt, 17 (1926): 35
Bauwelt, 21 (1930): 36
Bauwelt, 52 (1961): 93, 94
Büttner 1967: 2, 5, 44, 81, 92
Conradi 1931: 31, 37, 39
db, 57 (1960): 62, 65, 69
DBZ, 8 (1960): 77
DBZ, 14 (1966): 19, 22, 28, 30, 60
DBZ, 16 (1968): 66
Denkmalpflege in Sachsen-Anhalt, 10 (2002): 13, 14, 15
Erich Köhrer (Hg.): Das Land Baden. Seine Entwicklung und seine Zukunft. Berlin 1925: 17
Gescheit/Wittmann 1931: 9, 26, 27, 29
Handbuch der Architektur, IV/3: 4
Henley 2007: 53, 108
Klose 1965: 71, 97, 98
Maurice Culot, David Peyceré et Gilles Ragot (Hg.): Les frères Perret. L'œuvre complète. Les Archives d'Auguste Perret (1874–1954) et Gustave Perret (1876–1952) architectes entrepreneurs. Paris 2000: 7 und S. 13
Müller 1925: 42
Olivier Cinqualbre u. a. (Hg.): Robert Mallet-Stevens. L'œuvre complète. Paris: Éditions du Centre Pompidou 2005: 25
Parkhäuser. Oasen des Verkehrs, 1970: 82
Vahlefeld/Jacques 1956: 59, 76
Werk, 60 (1973): 87

aus dem Internet

http://interactive.wxxi.org/highlights/2010/01/ blueprint-america-"beyond-motor-city", Foto: Sean Doerr: 111

Ortsregister

Aachen 76, 126, 179
Alfeld/Leine 118
Algier 75
Altensteig 176
Amsterdam 8, 91
Atlanta/Georgia 125
Augsburg 111, 112, 120, 125, 160
Bad Salzuflen 88, 92
Baden-Baden 82, 93
Balingen 150
Bamberg 90
Basel 55, 73, 90, 106, 180
Berlin 12, 22, 23, 24, 26, 27, 35, 44, 45, 52, 53, 56, 60, 61, 62, 63, 69, 75, 76, 83, 98, 118, 121, 123, 128, 130, 154, 183
Bern 140
Biberach 150
Bielefeld 125, 153
Bochum 154, 155, 156
Bonn 82, 100, 149
Boston/Massachusetts 50, 181
Bremen 12, 145, 169, 170, 171
Breslau 33
Brilon 167
Brüssel 101
Budapest 26, 61
Calw 92
Chambord 60
Chemnitz 34
Chicago/Illinois 14, 15, 26, 51, 55, 103, 140, 160, 161, 173
Cincinnati/Ohio 103
Coburg 90
Coesfeld 177
Den Haag 4, 69, 93, 134, 136, 154
Dessau 118
Detroit/Michigan 159, 183
Donaueschingen 16
Donauwörth 88, 167
Dortmund 140, 141
Dresden 87, 112, 115
Duderstadt 168
Duisburg 139, 151, 152
Düsseldorf 68, 73, 85, 97, 116, 117, 123, 125, 145, 160, 163, 171, 175, 180
Emmendingen 167
Englewood/New Jersey 50
Erfurt 183
Essen 135, 139, 155
Frankfurt/Main 53, 56, 64, 85, 93, 94, 100, 118, 121, 128, 129, 130, 162
Freiburg/Breisgau 91, 167, 169
Freudenstadt 149
Friedrichshafen 163
Friolzheim 113
Genf 146
Göteborg 146
Gotha 183
Großglockner 123, 130
Halle/Saale 5, 21, 30, 31, 32, 33, 100
Hamburg 4, 10, 43, 78, 81, 82, 83, 84, 85, 86, 94, 96, 97, 103, 107, 109, 112, 118, 119, 120, 121, 132, 134, 135, 141, 142, 143, 144, 162, 163, 169, 170, 171, 172, 180, 183
Hannover 90, 153, 163, 164
Heidelberg 103, 105, 106
Heilbronn 112, 130, 131, 176, 177
Hongkong 146
Houston/Texas 83, 154
Kansas City/Kansas 72
Karlsruhe 37, 82, 89, 90, 103, 104, 105, 106, 139, 146, 149, 167
Kassel 97, 134, 136, 137, 139, 151, 163, 165
Kempten/Allgäu 88
Kiel 153, 154, 177
Köln 56, 90, 94, 95, 97, 98, 99, 100, 109, 111, 118, 131, 132, 168, 172, 180
Königsberg/Preußen 25
Kopenhagen 139
Krefeld 35, 46, 180, 181
Lage/Lippe 88, 166
Landau 173, 174, 175
Langenfeld/Rheinland 109
Lausanne 109, 146
Leipzig 34, 100, 177
Leonberg 114
Liverpool 90
London 14, 18, 84, 106, 107, 108, 111, 154
Los Angeles 181
Lübeck 90, 179
Ludwigsburg 175
Luzern 183
Lyon 144
Maastricht 100
Madrid 74
Mailand 75, 107, 120

Mannheim 34, 139, 162, 163
Marktredwitz 166
Melsungen 130
Minden/Westfalen 94
Möckmühl 166
Moskau 26, 50, 184
München 163, 167, 181, 182
Münchеn 25, 75, 97, 99, 100, 106, 107, 114, 118, 119, 120, 124, 125, 139, 145, 150, 151, 157, 162
Münster/Westfalen 139, 165
New Haven 159
New York 14, 26, 50, 71, 103, 109, 110, 154, 155, 180
Nürnberg 125, 140, 165
Offenburg 144
Orvieto 60
Oslo 146
Osnabrück 88, 169
Paderborn 168
Paris 5, 13, 17, 18, 19, 20, 21, 23, 26, 27, 28, 29, 30, 47, 48, 56, 57, 72, 84, 101, 115, 179
Passau 166
Pforzheim 151
Philadelphia 86
Pittsburgh/Pennsylvania 148
Prag 53
Pullach 150
Rechberghausen 88
Reutlingen 172, 173
Rom 36, 42, 61, 62, 74
Rottenburg/Neckar 91
Rotterdam 87
Saarbrücken 149
Saas Fee 117
Salt Lake City/Utah 154, 163
Salzburg 130
San Francisco/California 98, 148
Schwäbisch Hall 167
Sindelfingen 112, 113
St. Peter-Ording 177
Stuttgart 5, 37, 39, 40, 79, 86, 99, 100, 112, 113, 122, 123, 124, 125, 126, 127, 134, 138, 139, 150, 160, 175, 184
Toulouse 163
Trier 166
Tübingen 152
Turin 56
Ulm 125, 157
Venedig 50, 57, 60, 74, 117, 128
Verden/Aller 90, 166
Vorarlberg 112
Washington/D.C. 103
Weimar 148
Wien 106, 146
Wiesbaden 90, 106, 165
Winston-Salem/North Carolina 50
Wolfsburg 114, 115, 140
Worms 179
Wuppertal 134
Würzburg 140, 141, 148
Zürich 33, 90, 101, 106, 147, 149, 154

Namensregister

Alkemade, Floris 93
Anker, Alfons 26, 36, 39, 44, 45, 56, 61
Anselment, Walter 149
Architectural Resources Group 181
Arroyo, Ambrosio 74
Arroyo, F. 74
Attendahl, Kurt 157
Bacchetti, Enrico 62
Bachmann, Jürgen 75
Bakema & van den Broek 87
Balla, Stefan 26, 27, 69, 140
Balser, E. 56
Bassewitz, H. v. 135
Baumgartner, W. Emil 55
Baumschlager & Eberle 112
Baur, Willy 151
Bazin, Léon Emile 48, 49
Benz, Carl 14
Bielenberg, Hans 121, 123
Birk, Stephan 177
Bleiker, Hans 125, 157
Bode, Paul 97, 136, 137, 163
Böhm, Gottfried 173, 174
Bonatz, Paul 124
Borelli 75
Braddock, T. und P. H. 106
Brauer, Max 86
Brundig, Ernst 136, 137, 138
Budeit, H. J. 140
Bunau-Varilla, Etienne 49
Buranelli, Albert 111
Buren, Daniel 144
Büttner, Oskar 94
Cabinet & Genard 163
Citroën, André 49
Clemens VII., Papst 60
Colonnese 75
Conradi, Hans 16, 25, 30, 36, 42, 51, 55, 56, 67, 69, 73, 74, 75, 76
Cortona, Domenico da 60
Cronauer, Karl 123
Cupis, Guido de 23, 61
Curlett & Beelman 181
D'Humy, Fernand Emile 50, 51, 57, 64, 67, 120, 121, 123, 157
Dahmen von Buchholz, A. 145
Deimling-Ostrinsky, Robert 118
Dick, Manfred 100
Donzet, Bruno 179
Dörr, Rudolf 106
Ebersold, E. W. 60
Ebert, Kurt Walther 151
Eckhardt, F. 63, 64, 66
Engels, Hans 139
Fahr + Partner 150
Farmont, Hans 43, 83, 123, 125
Fischer, C. F. 135
Ford, Henry 14
Frampton, Kenneth 57
Fränkel, Rudolf 75
Franz I., König von Frankreich 60
Freyssinet, Eugène 151
Friedrich, Jörg 168
Gautrand, Manuel 115
Gegenheimer, H. 163
Gerkan Marg und Partner 141, 142, 143, 169, 170, 172
Gerkan, Meinhard von 144, 171
Geselle, Erich 109
Goege, Thomas 9, 18, 21, 181
Goldberg, Bertrand 140
Götz, Karl 103, 104, 105
Greve, Jan 69, 70, 71
Grimm, Jacob und Wilhelm 9, 11
Gropius, Walter 64, 66
Gruen, Victor 154
Gympel, Jan 160, 181
Haimer, Peter 181, 182
Hamens 145
Haniel, Franz 117, 160
Harrington, Ralph 50
Hart, Franz 162, 181, 182
Heeb, Adolf 126, 127
Heimeyer, Liza 177
Henjes, Klaus 145
Henn Architekten 114, 115
Hentrich, Helmut 145
Hentrich, Petschnigg & Partner 177, 178
Herrmann, Dieter 172, 173
Hertlein, Hans 61, 62
Heymann 9
Hilberseimer, Ludwig 57
Hillmer, Jürgen 144
Hilmer & Sattler 89
Hindermann, Hans 55
Hochstrasser, Fred 125, 157

Höfler, Kurt 140
Hohner 39, 40, 41, 43
Holabird & Roche 55
Hollatz, Josef W. 87
Holt, A. F. 154
Idelberger, Klaus 153
Ingenhoven und Partner 144
Jacques, Friedrich 87, 102, 111, 120, 134, 146, 159
Jönsson, Hans 107
Kaag + Schwarz 150
Kähler, Gerd 168, 171, 180
Kahn Associates, Albert 159
Kauffmann, Theilig & Partner 114
Kayser, C. 87
Kister und Scheidthauer 168
Klotz, Heinrich 180
Klötzel, H. 87
Klüser, Reinhold 126, 131, 132, 134, 180
Köberich 138
Koch & Kienzle 15, 61
Köllensperger, Günther 130
Koolhaas, Rem 93
Korschelt, Otto 64, 67
Krämer, Georg 34
Kramer, Gernot 89, 167
Kroeker, Immanuel 107
Kurochin, Andrey 28
Kuthe, Arnold 22
Laprade, Albert 48, 49
Le Corbusier 30, 49, 57, 100
Leonhardt, Fritz 151
Lill, Hansjakob 118
Lohmüller, Bruno 64
Luckhardt, Hans und Wassili 26, 36, 39, 44, 45, 46, 56, 61, 93
Mackenroth, Werner 94, 95
Magee, Carl 11
Mallet-Stevens, Robert 47, 49
Marshall & Fox 14, 15
Martens, Rainer 125
Maté, Rudolf 53
Mège, Joseph 29, 30
Meid, Max 128, 129
Meier, Richard 181
Mel'nikov, Konstantin Stepanovic 26, 27, 28, 29, 47, 50, 56, 101, 184
Mendelssohn, Erich 34, 56
Mertens, Walter 56
mfg Architekten/Mahler Günster Fuchs 131, 176
Mies van der Rohe, Ludwig 66, 100
Miozzi, Eugenio 57, 58
Mitscherlich, Alexander 91
Mörsch, Georg 149
Müller, Georg 15, 23, 25, 26, 30, 39, 43, 51, 61, 67, 68, 69, 183
Muzio 75
Nägeli, Walter 130
Neufert, Ernst 37
Neve, Peter 4, 96, 119, 121, 132, 134, 171
Nicolai, Reichel, Sassenscheidt 150
Nietz, Pasch, Sigl 172
NL Architects 91
Nolte, Ernst 97, 98
Obst, Manfred 138
Ohlmeier Architekten 138
Paulick, Richard 64
Perogalli, Carlo 107
Perret, Auguste 5, 13, 18, 19, 20, 21, 22, 25, 30, 31, 34, 37, 74, 100, 103, 179
Perret, Brüder 75
Petry + Wittfoht 112, 113, 139, 165
Piazolo 141
Pistor, Otto 25
Poelzig, Hans 34, 63
Prouvé, Jean 49
Rading, Adolf 33
Rapp & Rapp 183
Ravazé, André 49
Rebay, Hilla von 71
Reichow, Hans Bernhard 85, 86
Renker, Jakob 64, 67
Rhode, Helmut 139
Rincòn, Pietro 74
Romeick, Helmut 128, 129
Rudolph, Paul 159
Sangallo, Antonio di 60
Sauvage, Henri 18, 29
Schaate und Möritz 138
Schinckel, Clemens von 118
Schindler, Luder & Schröder 31
Schmidt & Schmersahl 92
Schneider-Esleben, Paul 97, 116, 117, 118, 160, 163, 180
Schnittger Architekten 177
Schwanzer, Karl 106, 139, 157
Schwarz, Rudolf 117
Schweizer, Otto Ernst 82
Seifert and Partners 107

Serini, Emil und Peter 162, 163
Serlin, Louis 63, 64, 67, 68
Shaw, Metz & Dolio 160, 161
Siedler, Wolf Jobst 91
Siegel 167
Sill, Otto 82, 84, 96, 106
Snelling & Potter 14
Sommerer, Roland 167
Sprotte, Herbert 4, 96, 119, 121, 132, 134, 171
Staudt, Carl 35, 46, 68
Steidle, Otto 167
Stirling Wilford & Associates 130
Strebel, Hannes 146
Šuchov, Vladimir Grigor'evic 26
Surenbruck 43
Tablar, William 98
Tamms, Friedrich 85, 87, 97, 103, 107, 148, 159
Targe, Michel 144
Tatlin, Vladimir 61
Tellmann, B. 87
Thaon, M. 107
Tigerman Fugman McCurry 173
Trucco, Giaccomo Matté 56
Tutenberg, Walter 30, 31
Vahlefeld, Rolf 87, 102, 111, 120, 134, 146, 159
Vasconi, Claude & Partner 130
Vinci, Leonardo da 60
Vittorio Emanuele III., italienischer König 56
VMX Architects 8
Wahl, Eberhard 172, 173
Wallack, Franz 130
Warnsdorf, Adolf 34
Weinbrenner, Adolf 16
Wiegand + Schneckenburger 167
Wiegand, Gerd 88, 95, 120, 121, 122, 123, 124, 125, 139, 159, 160
Wiel Arets Architects 100
Wieschemann, Paul 155, 156
Wiest + Partner 89, 167
Wilford, C. Edmund 108
Wilhelm II., deutscher Kaiser 14
Wilke 164
Wilmotte, Jean-Michel 144
Wright, Frank Lloyd 71
Wulf & Partner 100
Wunderlich, Hermann 126, 131, 132, 134, 180
Zhukova, Daria 184
Zinnauer, Wilhelm 130
Zweigenthal, Hermann 63, 64, 67, 68

Dank

Für Hinweise und sonstige Unterstützung danke ich:

Bettina Ahrens, gmp, Hamburg; Norbert Baues, Hamburgisches Architekturarchiv; Julia Beierbach, wittfoht architekten, Stuttgart; Frau Bock, Akademie der Künste, Baukunstarchiv, Berlin; Johannes von Bodungen, Berlin; Riccardo Domenichini, Universität IUAV Venedig, Archivio Progetti; Christoph Engel, Karlsruher Institut für Technologie; Asita Farnusch, Cottbus; Stephen Freeth, Guildhall Library, Manuscripts section, London; Josef Hämmerl, mgf Architekten, Stuttgart; Reiner Herzig, Kauffmann Theilig und Partner, Ostfildern; Bridget Howlett, London Metropolitan Archives; Gerhard Kabierske, saai, Karlsruher Institut für Technologie; Johannes Kauka, CarLoft GmbH, Berlin; Martin Kunz, saai, Karlsruher Institut für Technologie; Wolfram Lürzing, Frey Services Deutschland GmbH, Stuttgart; Elke Machon, Stadtarchiv Stuttgart; Kurt Möser, Karlsruher Institut für Technologie; Marco Pogacnik, Universität IUAV Venedig; Bettina Rinke, Detmold; Jean-Sébastien Sauvé, Karlsruher Institut für Technologie; Adele Scampoli, Venedig; Andreas Schenk, Stadtarchiv Mannheim; Christiane Tresp, LVR-Amt für Denkmalpflege, Pulheim; Christiane Weber, Stuttgart; Ariane Weidlich, Murnau; Paul Wolff, Henn Architekten, München